1 등급을 위한 서술형 명품 영어

WHITE
label

화 이 트 라 벨

환경을 사랑하는 JINHAK
진학사 〈화이트라벨〉시리즈는 친환경 용지로 만듭니다.

화이트라벨 서술형 문장완성북

이 책을 집필하신 분들

이정민 온라인 메가스터디   음승표 엠듀오학원

이 책의 기획·검토에 도움을 주신 분들

강윤구 최강영어 백년대계	김현우 로엘입시전문학원	석미경 Tom&Toe 스터디 수학영어	윤형석 분당 삼성영어	임백규 동화고등학교
고경민 고선생영어	나규성 비전21학원	신은주 명문학원	이동현 쌤마스터입시학원	장가은 앨리스영어학원
구대만 잇올스파르타&Havruta 고등영어	류성준 타임영어학원	신호현 아로새김학원	이상윤 대치모노스학원	조원웅 클라비스영어전문학원
권미애 제아영어학원	민승규 민승규영어학원	심소미 화성 정도학원	이승현 대구 학문당입시학원	주미현 노블어학원 지산본원
김동운 영어하다학원	박귀남 스티나영어학원	양준용 YD 아카데미	이종주 TJCLASS 영어학원	채진오 전한나 영어학원
김일환 김일환어학원&고등영어	박미애 명문지혜학원	오희정 엠베스트SE논현캐슬	이종태 당찬학원	최성원 패스파인더
김자영 J 영어	서상천 대찬학원	유영목 전주 유영목영어전문	이진동 청담영어전문학원	

2판2쇄 2024년 6월 10일 **펴낸이** 신원근 **펴낸곳** ㈜진학사 블랙라벨부 **기획편집** 윤문영 **디자인** 이지영 **마케팅** 박세라

주소 서울시 종로구 경희궁길 34 **학습 문의** booksupport@jinhak.com **영업 문의** 02 734 7999 **팩스** 02 722 2537 **출판 등록** 제300-2001-202호

www.jinhak.com

WHITE
label

화 이 트 라 벨

서 술 형
문장완성북

서술형,
단어 배열에서 시작하라!

Q **내신 영어는 어떻게 공부해야 하나요?**

서술형이 문제예요 ㅠㅠ
어법에 맞게 배열하라는 문제 나오면…
답이 없어요..
이거 때문에 등급이 안 올라서 어떡하죠?

Q **영어 내신 서술형 대비 어떻게 하세요?**

내신 이번엔 무조건 100 맞아야 하는데
서술형이 걱정입니다.
다 외우시나요?
아니면 중요 문장만 외우시나요?

＊실제 인터넷 게시글 사례

수시 전형으로 대입을 준비하는 학생이 많아지면서, 고1 때부터 내신 성적은 중요하게 되었다. 대부분의 학생들이 서술형을 준비하는 방식은 달달 외우는 것이지만, 외우기만 해서는 다 맞을 수 없는 것이 바로 서술형이다. 그 중에서도 대부분의 학교에서 가장 많이 출제되고 있는 서술형 유형은 바로 **'단어 배열'**! 주어진 단어를 배열해서 문장을 만들거나, 조건에 맞게 변형도 해야 하는 **'단어 배열'** 유형은 문장의 구조와 구문을 알아야 하고, 어법에 대한 이해도 있어야 하므로 풀기 쉽지 않다.

서술형 중에 빈출도가 가장 높으면서 까다로운 유형인 **단어 배열**!
내신을 위해서는 서술형 한 문제도 놓칠 수 없다!

서술형의 시작은 단어 배열.
그 해결의 시작은 〈화이트라벨 서술형 문장완성북〉

1위 단어 배열
2위 단순 주관식
3위 틀린 어법 고치기
4위 순수 영작
5위 요약문 빈칸 완성

＊강남구 및 서울 자사고 실제 내신 시험지
65개를 바탕으로 분석. 빈출도 순 정렬.

특징

1 문항 당 배점이 크다!

1회의 영어 내신 시험을 100점으로 했을 때, 영어 서술형은 평균적으로 7~8문제 가량 나오고, 약 35점을 차지하고 있다. 서술형 문제 하나가 약 4~5점 정도를 차지할 만큼 문제 하나당 배점이 크다. 문제에 따라 부분 점수가 있는 경우도 있지만, 하나만 틀려도 타격이 크다는 것은 확실하다.

2 '단어 배열' 문제가 가장 많다!

도표를 보면 학교에 따라 특정 유형은 나타나지 않는 경우도 있으나, 대체로 단어 배열 문제가 가장 많았고, 그 다음으로는 단순 주관식이나 공통 단어 찾아 넣는 문제가 많았다. 그리고 어법이 틀린 단어를 찾아 바르게 고치는 유형이 세 번째로 많은 것을 알 수 있다. 단순 주관식이나 공통 단어 찾기 문제 같은 경우는 주관식 유형이라 쉬운 편에 속하지만, 단어 배열이나 어법 문항의 경우에는 문장의 구조나 표현도 알아야 하고, 어법에 대한 이해도 있어야 하므로 어려운 편에 속한다.

공부법

1 내신 시험 범위의 지문을 완벽히 공부하자!

영어 서술형은 내신 시험에서 나온다. 내신 시험 범위에 포함된 모든 지문에 대해 숙지하고 있어야 내신 시험을 잘 해결할 수 있다. 객관식과 서술형 문제 모두 어디서, 어떻게 변형되어 나올지 모르기 때문에 수업에서 중요하게 다루었던 구문, 표현, 핵심어 등을 꼭 기억하고 있어야 한다.

2 '단어 배열' 문제는 이렇게 해결하자!

가장 많이 등장하는 단어 배열 문제는 문장 구조에 대한 이해가 없으면 풀기 쉽지 않은 것이 사실이다. 모든 단어들이 제공되어 있는 경우에도, 한글 뜻만 가지고 문장을 만들어 내기는 쉽지 않다. 단어 배열 문제가 어렵다고 느껴진다면, 먼저 직독직해를 하듯이 한글 뜻을 나눠본 후에, 그에 맞게 영어 단어를 배열해 보는 것이 좋다. 또 다른 방법으로는 먼저 동사를 찾아보는 것이다. 1문장에 1동사이므로, 동사인 단어들이 몇 개인지 찾아보도록 한다. 그래서 문장이 복문인지, 단문인지를 생각하면서 주어와 동사를 배열해 보는 것도 방법이다.

구성과 특징

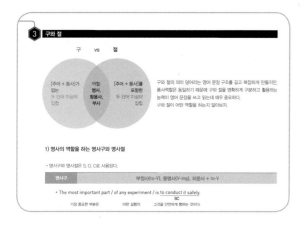

영어 문장을 이해하는 첫걸음!

문장 완성 Warming up

단어 배열 문제에서 영어 어순을 이해하고 문장을 쓰려면 문장 구성 원리부터 알아야 합니다. 이 코너에서는 문장 구성 성분과 다양한 형식에 대한 설명을 통해 영어 문장을 먼저 이해할 수 있습니다.

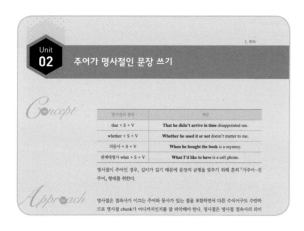

서술형 대표 문장을 통해 개념 쏙쏙!

Concept & Approach

가장 중요하고 필수적인 문장을 학습하기 위해 최신 교과서 문법을 적용하여 20개의 주제로 뽑았습니다. 각 문장의 개념과 문장 완성을 위한 접근법을 제시하여, 단어 배열 연습을 위한 기초를 다질 수 있습니다.

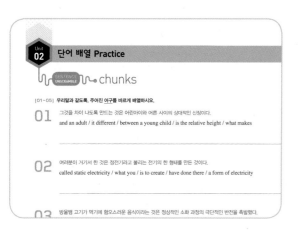

단어 배열 연습으로 서술형 대비!

단어 배열 Practice

최신 교과서 문장과 교육청 기출 문장을 통해 집중적인 단어 배열 연습을 할 수 있습니다. 세 가지 형식인 chunk 배열, 단어 배열, 그리고 조건 배열을 통해 다양하게 연습할 수 있습니다.

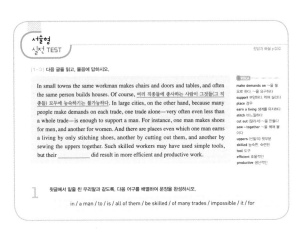

다양한 지문을 통한 내신 대비!
서술형 실전 TEST

서술형에는 단어 배열 문제뿐 아니라 다양한 형태의 서술형이 등장하고 있습니다. 내신 기출 문제를 통해 실제 학교에서 등장하고 있는 서술형 문항을 접해보며 내신 시험에 대처하는 능력을 키울 수 있습니다.

문제 해결을 위한 나만의 선생님! 정답과 해설

모든 단어 배열 문제는
스텝별 해결 방법으로 풀이하여,
이해하기 쉽고 간단하게
제시하였습니다.

지문과 문제에 대한
이해를 도울 수 있도록
해석과 해설을 충실하게
실었습니다.

구문 분석을 통해 어렵거나 중요한 문장 안에
들어있는 다양한 문법적 요소를 익힐 수 있게 합니다.
또한 VOCA Plus는 지문에서 제시되지 않은
중요 표현들을 정리하였습니다.

Contents

White Label

문장 완성
Warming up

영어 문장이
길고 복잡해 보여도,
결국 스브콤(S, V, C, O, M)이다!

1 문장 요소

영어 문장이 완전한 의미를 갖도록 꼭 필요한 것을 문장 요소(문장 성분)라고 한다.
문장 요소는 다음의 4가지로, 수식어(구)는 문장 요소에 포함되지 않는다.

문장 요소	의미와 역할
주어 **S**ubject	문장에서 동사의 주체
동사 **V**erb	주어의 동작이나 상태를 설명
보어 **C**omplement	주어나 목적어의 상태를 보충 설명 (1) 주격보어 SC(Subject Complement) : 주어 보충 설명 (2) 목적격보어 OC(Object Complement) : 목적어 보충 설명
목적어 **O**bject	동사나 전치사의 대상 (1) 간접목적어 IO(Indirect Object) : ～에게 (2) 직접목적어 DO(Direct Object) : ～을/를
수식어(구) **M**odifier	문장 요소를 꾸며주는 말

다음 문장을 읽고, 문장 요소를 적으시오. (S, V, SC, OC, O, IO, DO, M을 사용 할 것)

1. Sally   lives in Seoul.

   Sally는   산다   서울에

2. Silk feels smooth.

   비단은   부드럽다

3. King Sejong created Hangeul in 1443.

   세종대왕은   창제했다   한글을   1443년에

4. An intelligence test gave them a high score.

   지능검사는   주었다 그들에게   높은 점수를

5. People call   you a walking dictionary.

   사람들은 부른다 당신을 걸어 다니는 사전이라고

1. Sally lives in Seoul.
   S   V   M

2. Silk feels smooth.
   S   V   SC

3. King Sejong created Hangeul in 1443.
   S   V   O   M

4. An intelligence test gave them a high score.
   S   V   IO   DO

5. People call you a walking dictionary.
   S   V   O   OC

010 · 화이트라벨 서술형 문장완성북

2 문장의 형식

어떤 문장은 S + V로만 이뤄져도 문장이 되고, 어떤 문장은 S + V + IO + DO로 이뤄져야 문장이 된다.

동사의 종류에 따라 동사 뒤에 어떤 문장 요소를 써야 하는지가 결정되기 때문이다.

기본 어순 (S + V) 뒤에 등장하는 문장 요소들은 '동사'에 따라 달라지고, 동사별로 뒤에 이어지는 문장 요소들을 정리한 것이 '문장의 형식'이 된다. 문장의 구조를 알기 위해 문장의 형식과 그에 따른 동사에 대해 알아보자.

1형식 문장   S + V(완전자동사) + (M)

주어의 동작이나 상태를 설명하는 **완전자동사**가 사용되는 문장이다.
동사 뒤에는 주로 장소, 방법, 시간 등을 나타내는 부사적 수식어가 이어진다.

Many people	lived	around the Nile / in ancient Egypt.
S	V	M
많은 사람들이	살았다	나일강 주변에 / 고대 이집트에서

A light mist	lay	along the earth.
S	V	M
옅은 안개가	놓여있었다	지표면을 따라서

주의할 완전자동사

matter 중요하다 (= count)   *ex.* It doesn't matter to me. 그것은 나에게 중요하지 않다.
work 작동하다, 효과가 있다   *ex.* The switch doesn't work. 스위치가 작동하지 않는다.
do 충분하다   *ex.* That will do. 그것으로 충분하다. (이제 됐으니 그만 둬.)
pay 수지맞다, 이익이 되다   *ex.* This job doesn't pay. 이 일은 수지가 안 맞는다.

2형식 문장 S + V(불완전자동사) + SC

주어의 동작이나 상태를 설명하기 위해서 반드시 **주격보어**가 필요한 **불완전자동사**가 사용된 문장이다.

Sally	looks so beautiful	today.
S	V + SC	M
Sally는	매우 아름다워보인다	오늘

Beans	are a good source	of vitamins A and C.
S	V + SC	M
콩은	훌륭한 원천이다	비타민 A와 C의

🔍 자주 사용되는 2형식 동사

~이다, 되다	be, seem, appear, prove
(~한 상태로) 유지하다	keep, remain, stay
(~한 상태로) 변화하다	turn, get, grow, become, go
감각	look, feel, taste, smell, sound

＊불완전자동사는 주로 「불완전자동사 + 형용사」의 덩어리로 쓰이는 것을 주의하자.

3형식 문장 S + V(완전타동사) + O

주어가 행한 동작이나 상태의 대상이 되는 **목적어**가 반드시 필요한 **완전타동사**가 사용된 문장이다.

Two thieves	stopped	a train.
S	V	O
두명의 도둑들이	멈췄다	기차를

Mosquitoes	easily enter	the ground-level houses	and bite	the people.
S	M + V1	O1	접속사 + V1	O1
모기들은	쉽게 들어간다	1층집을	그리고 문다	사람들을

S + V(수여동사) + IO + DO

'주다'라는 의미의 수여동사와 2개의 목적어가 필요한 문장이다.
간접목적어(~에게)를 먼저 쓰고 뒤에 **직접목적어(~을/를)**를 쓰는 어순을 주의해야 한다.
4형식의 목적어 순서를 '직접목적어 + 전치사 + 간접목적어'로 바꾸어 쓸 수 있는데, '전치사 + 간접목적어'는 수식어구(M)가
되므로 3형식 문장이 된다.

We   will not give   anyone   your personal information.
S   V   IO   DO
우리는   주지 않을 것이다   누구에게도   당신의 개인 정보를

Plant or animal specimens   teach   children   the natural world.
S   V   IO   DO
식물이나 동물의 표본은   가르쳐준다   아이들에게   자연 세상을

c.f) He   bought   pretty dolls   for his daughter. (3형식. M은 형식에 들어가지 않음)
S   V   O   M
그는   사주었다   예쁜 인형들을   그의 딸을 위해서

S + V(불완전타동사) + O + OC

불완전타동사가 사용되어 목적어 뒤에 **목적어**를 보충 설명하는 **목적격 보어**가 꼭 필요한 문장이다.
목적격 보어는 대체로 명사와 형용사만 가능하다는 점을 주의한다.
목적어와 목적격 보어는 의미상으로 '주어'와 '서술어'관계이다.

We all   consider   him   a genius. [him = a genius]
S   V   O   OC
우리 모두   여긴다   그를   천재라고

Hammurabi   made   his empire   more stable. [his empire = more stable]
S   V   O   OC
함무라비는   만들었다   그의 제국을   더 안정적으로

자주 사용되는 5형식 동사

think, believe, consider, make, keep, leave, find, call 등

S + V(불완전타동사) + O + OC (준동사 : 동사원형, to부정사, 분사)

목적격 보어 자리에 명사와 형용사 외에 다양한 준동사가 사용되는 문장구조이다.
불완전 타동사(5가지 종류)에 따라 목적격 보어의 형태가 달라진다.
목적어와 목적격 보어는 의미상으로 '주어'와 '서술어'관계이고, 능동/수동 관계에 따라 준동사의 형태가 달라질 수 있음을 주의한다.

❶ OT동사 : 목적격 보어(OC) 자리에 to부정사를 쓰는 동사

allow, advise, ask, cause, expect, encourage, enable, force, lead,
motivate, order, permit, persuade, teach, tell, want 등

Scientists	can encourage	even more people	to protect the species.
S	V	O	OC
과학자들은	권장할 수 있다	훨씬 더 많은 사람들을	그 생물종을 보호하도록

❷ help + 목적어 + OC ((to) 동사원형)

She	helped	me	to solve the problem.
S	V	O	OC
그녀는	도와주었다	나를	그 문제를 해결하도록

❸ 지각동사(see, watch, hear, feel, notice 등) + 목적어 + OC (V, V-ing / p.p.)

I	heard	my name	called	in a crowded subway.
S	V	O	OC	M
나는	들었다	내 이름이	불리는 것을	혼잡한 지하철에서

❹ 사역동사(let, make, have) + 목적어 + OC (V / p.p.) ＊ let은 수동관계일 경우 be p.p.

His mom	made	him	clean the room.
S	V	O	OC
그의 엄마는	시켰다	그가	방을 청소하도록

❺ get(시키다) + 목적어 + OC (to-V / p.p.)

My father	got	his car	repaired.
S	V	O	OC
아버지는	시켰다	그의 차가	수리되도록
(아버지는 자동차 수리를 맡겼다)			

구 vs 절

[주어 + 동사]가 없는 두 단어 이상의 집합	역할: **명사, 형용사, 부사**	[주어 + 동사]를 **포함한** 두 단어 이상의 집합

구와 절의 의미 덩어리는 영어 문장 구조를 길고 복잡하게 만들지만, 품사역할은 동일하기 때문에 구와 절을 명확하게 구분하고 활용하는 능력이 영어 문장을 쓰고 읽는데 매우 중요하다.
구와 절이 어떤 역할을 하는지 알아보자.

1) 명사의 역할을 하는 명사구와 명사절

• 명사구와 명사절은 S, O, C로 사용된다.

명사구	부정사(to-V), 동명사(V-ing), 의문사 + to-V

• The most important part / of any experiment / is to conduct it safely.
　　　　　　　　　　　　　　　　　　　　　　　　　SC

　가장 중요한 부분은　　　　　어떤 실험의　　그것을 안전하게 행하는 것이다.

• Eating delicious foods together / makes relationships / strong.
　　　　　　　S

　함께 맛있는 음식을 먹는 것은　　　　관계를 만든다　　튼튼하도록

• People must learn / how to think well / to achieve their dreams.
　　　　　　　　　　　　　　O

　사람들은 배워야 한다　잘 생각하는 방법을　　그들의 꿈을 이루기 위해서

명사절	명사절 접속사 (that / if [whether] / 의문사 / 관계대명사 what) + S + V
	*단, 접속사 if가 이끄는 명사절은 주어로 사용되지 않음

• It turns out / that sitting up straight / can improve / how you feel about yourself.
　가S　　　　　진S (that절)　　　　　　　　improve의 목적어로 사용된 명사절

　판명되었다　똑바로 앉는 것은　향상시킬 수 있다는 것이　여러분이 자신에게 어떻게 느끼는지를

• Whether the cup is half empty or half full / depends on / your point of view.
　　　　　　　　　　S

　컵이 반이 비어있는지 아니면 반이 차있는지는　　～에 달려 있다　　너의 관점

• To get the most / out of what you read, / you must find the hidden information.
　　　　　　　　　　　O

　가장 많은 것을 얻기 위해서　여러분이 읽은 것에서　　여러분은 감춰진 정보를 찾아야만 한다

2) 형용사의 역할을 하는 형용사구와 형용사절

• 형용사구와 형용사절은 명사를 후치 수식하고, M으로 사용된다.

형용사구	부정사(to-V), 현재/과거분사, 전치사 + (대)명사

＊「명사 + 형용사구」의 어순으로 쓰이며, 명사에 대한 추가정보를 제공한다.

[to부정사구]
• The willingness / to take a risk / is very important / in starting a new business.
　　의지는　　위험을 감수하려는　　매우 중요하다　　새로운 사업을 시작할 때
　　　　　　　　　　M

[분사 형용사구]
• Many governments / have passed / a law / forbidding smoking / inside public buildings.
　많은 정부가　　　통과시켰다　　법을　　흡연을 금지하는 / 공공 건물에서
　　　　　　　　　　　　　　　　　　M

[전명구]
• In the early 1990s, / Norway / introduced / a carbon tax / on emission / from energy.
　1990년대 초에　　노르웨이는　　도입했다　　탄소세를　배출가스에 대한 / 에너지로부터 나오는
　　　　　　　　　　　　　　　　　　　　　　M

형용사절	관계대명사 / 관계부사 + S + V ~

＊「관계대명사/관계부사 + S + V ~」의 의미덩어리가 앞의 (대)명사(선행사)를 수식한다.

[형용사절 – 주격 관계대명사]
• Kids / who watch a lot of TV / are more likely to be overweight / than those / who do not.
　아이들은　TV를 많이 시청하는　　더 과체중이 될 거 같다　　아이들 보다　그렇지 않은
　　　　　　　　M　　　　　　　　　　　　　　　　　　　　　　　　　　　　M

[형용사절 – 목적격 관계대명사]
• Hypnosis is a natural state / which we frequently go into and out of.
　최면은　자연스러운 상태이다　　우리가 종종 들어가고 나오는
　　　　　　　　　　　　　　M

[형용사절 – 소유격 관계대명사]
• The teacher noticed a girl / whose name was Serena.
　선생님은　알아보았다　한 소녀를　　이름이 Serena 였던
　　　　　　　　　　　　　　　M

[형용사절 – 관계부사]
• Imagine a world / where we all cooperate / with each other.
　상상해봐라　세상을　　우리 모두가 협력할 수 있는 / 서로서로
　　　　　　　　　　M

3) 부사의 역할을 하는 부사구와 부사절

• 부사구와 부사절은 동사, 형용사, 부사, 문장전체 수식하고, M으로 사용된다.

부사구	부정사, 분사구문, 전치사 + (대)명사

＊부정사는 목적, 원인, 이유, 결과, 정도를 나타내는 의미로 사용되고, 분사구문은 이유, 조건, 시간, 양보, 부대상황을 나타내는 의미로 사용된다.

[부정사 부사구 : 목적]
• People use coin tosses / **to break ties** / or **make decision**.
　　　　　　　　　　　　　　 M
　사람들은 동전 던지기를 사용한다 / 승부를 가르기 위해서 / 또는 결정을 내리기 위해서

[분사구문 부사구 : 시간]
• **Motivated by feeling of guilt**, / people are inclined to make amends / for their actions.
　　　　　　 M
　　　죄책감에 자극을 받게 될 때　　　 사람들은　　 보상을 하는 경향이 있다　　 그들의 행동에 대해

[전+명 부사구]
• Pompeii was destroyed and buried / **during a long eruption of the volcano**.
　　　　　　　　　　　　　　　　　　　　　　　 M
　폼페이는　　　 파괴되고 묻혔다　　　　　　　 화산의 긴 분출 동안에

부사절	부사절 접속사 + S + V ～

[부사절 시간]
• **When children are accustomed / to using a toilet**, they can gain independence.
　　　　　　　　　　 M
　　아이들이 익숙해졌을 때 / 화장실을 사용하는 것에　　　 아이들은 자립심을 얻을 수 있다

[부사절1 : 시간, 부사절2 : 비유]
• People can actually end up appearing more foolish / **when they act** / **as if they had knowledge**.
　　　　　　　　　　　　　　　　　　　　　　　　 M1　　　　　　 M2
　사람들은　　 실제로는 결국 더 어리석게 보일 수 있다　 그들이 행동할 때　 그들이 지식이 있는 것처럼

[부사절 결과]
• The rock is **so** close / to the top of the water / **that all the vessels / that try to sail over it / hit it**.
　　　　　　　　　　　　　　　　　　　　　　 M
　그 바위는 매우 가깝다　　　 물의 표면에　　 그래서 모든 배들은 / 그 위로 항해하려는 / 그것(바위)에 충돌한다

'단어 배열'이란?

서술형 문제에서 가장 빈번하게 출제되는 유형으로, 주어진 단어를 배열하여 문장을 완성하는 문항이다.
학교마다 다양한 스타일로 출제되지만, 가장 많이 출제된 세가지 유형으로 정리할 수 있다.

단어 배열 해결 전략

1 우리말에서 S, V, C, O, M을 먼저 찾아 본다. 모두 찾기가 어렵다면 S, V에 해당하는 부분만 찾아도 좋다.

   * 우리말로 의역된 문장의 경우, 문장 구조를 빨리 파악하기가 어렵기 때문에 제시된 단어를 통해 유추하도록 한다.

2 S와 V에 해당하는 영단어나 어구를 찾아 먼저 배열해보고, 나머지 단어들을 연결시킨다.
   이때 사용한 단어에는 체크 표시를 하여 중복 사용하지 않도록 한다.

3 사용하지 않은 단어가 없는지 다시 한 번 확인한다.

유형 1	유형 예제

Chunks
• 난이도 ★
• 의미단위의 구 형태로
  나눠진 단어를
  배열하는 유형
	* 우리말과 같도록, 주어진 <u>어구</u>를 바르게 배열하시오.
	
	당신이 이 설문을 끝내고 난 후에, 그것을 점원에게 제출해주세요.
	
	have completed / to one of / you / it / please hand / this survey / the checkout clerks
	
	After _____

Solution
의미단위로 끊어져 있는 상태이므로 기본적인 어순 배열만 안다면 어렵지는 않다.
하지만 문제에서 요구하는 답은 한가지이므로 제시된 chunks를 그대로 사용하여 알맞게 배열하도록 한다.

유형 2	유형 예제

Words
- 난이도 ★★
- 하나하나 전부 나눠진 단어를 배열하는 유형

* 우리말과 같도록, 주어진 단어를 바르게 배열하시오.

나중에 그는 자신의 아버지의 도움으로 나무에서 내려올 수 있었다.

father / could / the help / his / of / climb / with / from / he / the tree / down

Later, _____

Solution
거의 다 단어 단위로 잘려있기 때문에, 난이도가 높은 배열 문제이다. 다양한 숙어 표현을 숙지하고 문장 구조에 대한 이해가 선행되어야 하므로 문법에 대한 기본기를 쌓도록 해야 한다. 실제로 문제를 풀 때는, 단어들을 조합하여 chunks를 먼저 만들어 본 후에, 그 chunks를 배열해보는 것도 도움이 된다.

유형 3	유형 예제

Addition & Transformation
- 난이도 ★★★
- 주어진 조건에 맞게 단어 추가 또는 어형 변형하여 배열하는 유형

* 우리말과 같도록, 조건에 맞게 문장을 완성하시오.

나는 맹그로브의 아름다운 잎과 꽃에 마음이 사로잡혔다. (12단어, 대소문자 구별할 것)

of / fascinate / the mangroves

_____

Solution
제시된 단어 외에 필요한 단어를 추가로 넣고, 필요시에는 주어진 단어의 어형을 바꾸어야 하며, 총 단어 개수도 맞춰서 문장을 완성해야 하므로 가장 까다로운 유형이다. 따라서 기본적인 어휘력과 문장구조, 그리고 문법에 대한 이해까지 있어야 해결할 수 있는 유형이다.

아주 어려운 단어는 일반적으로 제시되기 때문에, 기본적인 어휘력은 필수이다. 하지만 동사의 경우에는 시제 또는 수동태에 따른 어형 변화가 필요하므로 우리말의 의미를 잘 파악하여 동사를 변형시킨다. 그리고 특정 동사에 따라 문장 구조가 달라지기도 하므로, 1~5형식에 대한 이해가 필요하다.

White Label ✏

문장 완성
Practice

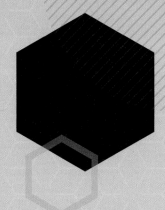

Unit 01

주어가 명사구인 문장 쓰기

명사구의 종류	예문
to부정사(to-V)구	**To write** is harder than to read.
동명사(-ing)구	**Keeping it safe** is important.
「의문사 + to-V」구	**Who to ask for permission** seems unclear.

to부정사와 동명사는 동사가 명사화된 것이므로 to부정사(구)나 동명사(구)가 주어의 자리에 나올 수 있다. 또한 기출 지문 속에서 사용된 빈도로 보면, 동명사(구)가 주어로 더 자주 제시되고, to부정사(구)는 「가주어-진주어」로 제시되는 경향이 있다.

＊to부정사(구)는 주어의 역할을 할 수는 있으나 실제 사용 빈도는 적은 편이다.

to부정사나 동명사는 목적어, 보어, 수식어구를 가질 수 있으므로, 이를 포함하는 명사구 '의미덩어리'(이하 chunk)를 잘 파악해야 한다. 주어로 사용된 명사구는 '~하는 것은, ~하는 것이'라고 해석되므로, 주어진 우리말에서 주어가 어디까지인지를 먼저 찾아 표시한 후, 제시된 영단어들 중 명사구에 해당하는 것을 파악하도록 한다.

[1-2] 우리말과 같도록, 주어진 <u>어구</u>를 바르게 배열하시오.

1

여러분이 이미 갖고 있는 것을 재사용하는 것은 여러분이 돈을 절약하는 것을 도와준다.
already have / reusing / helps you / what you / save money

STEP 1 핵심 POINT 동명사구인 주어 chunk

<u>여러분이 이미 갖고 있는 것을 재사용하는 것은</u> <u>여러분이</u> <u>돈을 절약하는 것을</u> <u>도와준다.</u>
　　　　　　S　　　　　　　　　　　　　　　　O　　　　　OC　　　　　　V

STEP 2 <u>Reusing / what you already have</u>　　<u>helps</u>　　<u>you</u>　　<u>save money.</u>
　　　　　　　　　　S　　　　　　　　　　　　V　　　　O　　　　OC
　　재사용하는 것은 / 여러분이 이미 갖고 있는 것을　도와준다　여러분이　돈을 절약하는 것을

Tip • 제시된 단어 중에 동명사 reusing이 있으므로 이를 이용하여 주어 chunk를 만든다.
　　• help + O + OC(V / to-V) : O가 OC하는 것을 돕다

2

모든 상황에서 용감한 것은 강한 결단력을 필요로 한다.
requires / to be / under all circumstances / strong determination / courageous

---

STEP 1 　핵심 POINT　to부정사구인 주어 chunk
모든 상황에서 용감한 것은　강한 결단력을　필요로 한다.
　　　　　　　S　　　　　　　O　　　　　V

STEP 2 　To be courageous / under all circumstances　requires　strong determination.
　　　　　　　　　　　　　S　　　　　　　　　　　　　V　　　　　O
　　　　　용감한 것은 / 모든 상황에서　　　　　필요로 한다　강한 결단력을

Tip　• 제시된 단어 중에 to부정사 to be가 있으므로 이를 이용하여 주어 chunk를 만든다.
　　　• under circumstance : 상황에서

---

3 우리말과 같도록, 주어진 <u>단어</u>를 바르게 배열하시오.

당신의 오래된 티셔츠 또는 스웨터로 쿠션을 만드는 것은 재미있는 작업이다.
cushion / fun / your / from / or / project / old / sweaters / a / is / T-shirts / creating / a

---

STEP 1 　핵심 POINT　동명사구인 주어 chunk
당신의 오래된 티셔츠 또는 스웨터로 쿠션을 만드는 것은　재미있는 작업이다.
　　　　　　　　　　　S　　　　　　　　　　　　　　　V + SC

STEP 2 　Creating a cushion / from your old T-shirts or sweaters　is a fun project.
　　　　　　　　　　　　　　　S　　　　　　　　　　　　　　　　V + SC
　　　　쿠션을 만드는 것은 / 당신의 오래된 티셔츠 또는 스웨터로　　재미있는 작업이다

Tip　• 제시된 단어 중에 동명사 creating이 있으므로 이를 이용하여 주어 chunk를 만든다.

---

4 우리말과 같도록, <u>조건에 맞게 문장을 완성하시오</u>. (13 단어, 「의문사 + to-V를 이용할 것」, 필요시 어형 변화할 것)

악화되고 있는 상황을 고칠 수 있는 방법은 다음 회의에 논의될 것이다.
the next meeting / discuss / the deteriorating situation / at / remedy

---

STEP 1 　핵심 POINT　의문사 + to부정사구인 주어 chunk
악화되고 있는 상황을 고칠 수 있는 방법은　다음 회의에　논의될 것이다.
　　　　　　　　　S　　　　　　　　　　　　M　　　　　V

STEP 2 　How to remedy the deteriorating situation　will be discussed　at the next meeting.
　　　　　　　　　　　　　S　　　　　　　　　　　　　V　　　　　　　M
　　　악화되고 있는 상황을 고칠 수 있는 방법은　　논의될 것이다　　다음 회의에

Tip　• '~하는 방법'에 해당하는 말로 「의문사 + to-V」를 이용하여 주어 chunk를 만든다.
　　　• how to-V : ~하는 방법
　　　• discuss는 '논의하다'란 뜻의 타동사로 '논의되다'라는 수동의 의미를 갖도록 be p.p.의 수동태 형태로 변화시킨다.

단어 배열 Practice

SENTENCE
UNSCRAMBLE ～ chunks

[01~05] 우리말과 같도록, 주어진 <u>어구</u>를 바르게 배열하시오.

01 겨울에 수영하러 가는 것은 당신이 아주 건강해지는 기분이 들도록 만든다.

in winter / to go swimming / very healthy / makes you feel

_____

02 지면으로부터 15,000피트 떨어진 하늘에서 떨어지는 것은 내 소원 목록에는 결코 있지 않았다.

on my wish list / from the ground / fifteen thousand feet / was never / falling through the sky

_____

03 물건을 아주 쉽게 버릴 수 있다는 것은 우리가 가지고 있는 실제의 물건들에 대해 우리를 무감각하도록 만든다.

of things / we possess / so easily to dispose / to the actual objects / makes us insensitive / being able

_____

04 바람과 태양(에너지)을 뒷받침할 수 있는 믿을 만한 에너지를 보유하는 것은 모든 것이 원활하게 작동하도록 하기 위해 필요할 것이다.

will be necessary / wind and solar / having reliable energy storage / to run smoothly / for everything / to back up

_____

05 당신의 문제에 있어 당신의 역할을 받아들이는 것은 해결책이 당신 안에 있다는 것을 당신이 이해한다는 것을 의미한다.

that the solution / means / accepting your role / that you understand / lies within you / in your problems

_____

SENTENCE UNSCRAMBLE words

[06~10] 우리말과 같도록, 주어진 단어를 바르게 배열하시오.

06 그 아이스크림을 선택하는 것은 그 초콜릿 칩 쿠키를 먹을 수 없다는 것을 의미한다.

the / chocolate / chip / cookies / select / not / means / eat / to / being / the / ice / cream / to / able

07 당신의 아이가 영리한지 아닌지를 결정하는 것은 주의 깊은 관찰력을 필요로 한다.

is / requires / deciding / whether / bright / your / observation / careful / child

08 행동 패턴을 인지하는 데 전문가가 되는 것은 당신의 인생에서 스트레스를 줄이도록 당신을 도와줄 수 있다.

an expert / can / your / life / reduce / becoming / in / recognizing / the stress / patterns / of / help / you / behavior / in

09 학교 실험실에서 과학을 하는 것은 그것(과학)에 관하여 읽는 것보다 훨씬 더 흥미로울 수 있다.

interesting / much / the / school / it / be / than / reading / about / in / science / more / laboratory / can / doing

10 희귀한 유전적 질병을 가진 가족을 연구하는 것이 의사들로 하여금 세대에 걸친 질병의 유전적 원인을 추적하도록 가능케 해왔다.

of / has / doctors / generations / with / to / disease / allowed / families / through / the genetic basis / trace / studying / genetic / disorders / rare

SENTENCE UNSCRAMBLE ⟿ addition & transformation

[11~15] 우리말과 같도록, 조건에 맞게 문장을 완성하시오.

11
어떤 것을 크게 말하는 것은 단지 그것을 생각하는 것보다 더 강력한 기억을 만든다. (12 단어, 동명사를 주어로 사용할 것, 필요시 어형 변화할 것)

more powerful / aloud / create / only think / memory / say / a

_____

12
최신 제품을 가진다는 것이 그것을 오랫동안 사용한다는 것보다 더 중요하다. (13 단어, 비교급을 사용할 것, 필요시 어형 변화할 것)

make / getting / is / of / durable use / the latest thing / it

_____

13
직원들이 가끔씩 집에서 일하도록 허용하는 것은 더 좋은 아이디어와 결과들을 만들어 낼 것이다. (13 단어, 동명사를 주어로 사용할 것)

allow / generate / from home / occasionally work / results / employees

_____

14
아이들이 불쾌한 경험들을 겪지 않기를 원하는 것은 고귀한 목적이다. (14 단어, to부정사를 주어로 사용할 것, 필요시 어형 변화할 것)

want / go through / children / a noble aim / to spare / unpleasant

_____

15
살아가는 방법을 알아내기 위해서 노인들의 의견을 듣는 것은 우리 사회에서 그다지 흔하지 않다. (17 단어, 동명사를 주어로 사용할 것, 「의문사 + to-V」를 사용할 것)

in / very common / older people / society / to find out / listen to

_____

[1~3] 다음 글을 읽고, 물음에 답하시오.

VOCA

thump 두드리다
surround 둘러싸다
dramatic 인상적인, 극적인
extreme 극단적인
quite a few 상당수(의)
volunteer 지원자
notice 알아차리다, 인식하다
apply to ~에 적용되다
professional 직업적인, 전문
적인
endless 무한한, 끝없는

> As they passed the ball, a man in a gorilla suit (a) <u>walked</u> into the middle of the group, thumped his chest a bit and then walked off.

George Orwell wrote: "당신의 코앞에 있는 것을 보는 것은 끊임없는 노력을 필요로 한다." We are surrounded by opportunities, but often we do not even see (b) <u>them</u>. (①) Professor Richard Wiseman did a dramatic and extreme test of this. (②) He asked a group of volunteers (c) <u>to count</u> the number of times a basketball team passed the ball. (③) (d) <u>Quite a few</u> volunteers counted correctly, but only 5 out of over 20 volunteers noticed the gorilla. (④) The same applies to our professional lives. (⑤) We are so focused on keeping score and (e) <u>managing</u> day to day (f) <u>what</u> we do not notice the endless opportunities that are in front of our noses.

1 글의 흐름으로 보아, ① ~ ⑤ 중 주어진 문장이 들어가기에 가장 적절한 곳은? (   )

2 윗글에서 밑줄 친 우리말과 같도록, 다음 어구를 배열하여 문장을 완성하시오. (대소문자 구별할 것)

struggle / is / constant / your nose / in front of / needs / to see / what

_____

숙명여고 1학년 서술형 응용

3 윗글의 밑줄 친 (a) ~ (f) 중 어법상 틀린 부분을 찾아 올바른 형태로 고쳐 쓰시오.

(   ) _____ → _____

Unit 02
주어가 명사절인 문장 쓰기

명사절의 종류	예문
that + S + V	**That he didn't arrive in time** disappointed me.
whether + S + V	**Whether he used it or not** doesn't matter to me.
의문사 + S + V	**When he bought the book** is a mystery.
관계대명사 what + S + V	**What I'd like to have** is a cell phone.

명사절이 주어인 경우, 길이가 길기 때문에 문장의 균형을 맞추기 위해 흔히 「가주어−진주어」 형태를 취한다.

명사절은 접속사가 이끄는 주어와 동사가 있는 절을 포함하면서 다른 수식어구도 수반하므로 명사절 chunk가 어디까지인지를 잘 파악해야 한다. 명사절은 명사절 접속사의 의미에 따라 해석되므로, 주어진 우리말에서 주어가 어떻게 해석되고 있는지를 파악하는 것이 중요하다.

[1-2] 우리말과 같도록, 주어진 <u>어구</u>를 바르게 배열하시오.

1 구텐베르크가 했던 것은 두 개의 장치를 새로운 방식으로 보는 것과 그것들을 결합하는 것이었다.
and combine them / view the two devices / what Gutenberg did / in a new way / was

---

STEP 1 **핵심 POINT** 관계대명사 what절인 주어 chunk
<u>구텐베르크가 했던 것은</u> <u>두 개의 장치를 새로운 방식으로 보는 것과 그것들을 결합하는 것이었다.</u>
　　　　S　　　　　　　　　　　　V + SC1 + SC2

STEP 2 <u>What Gutenberg did</u>　<u>was</u>　view the two devices / in a new way / and combine them.
　　　　　　S　　　　　　　　V　　　　　　　　SC1 + SC2
　　구텐베르크가 했던 것은　~이었다　두 개의 장치를 보는 것 / 새로운 방식으로 / 그리고 그것들을 결합하는 것

Tip • 관계대명사 What이 이끄는 절이 주어로 쓰였다.
• and를 중심으로 병렬 구조를 이루는 view ~와 combine ~은 to가 생략된 to부정사구로, 주어가 what이나 all일 때 주격보어로 사용된 to부정사(구)의 to는 주로 생략된다.

2

내가 오늘 정말로 말하고 싶은 것은 여러분들의 지식과 경험이 다른 사람들을 돕기 위해서 사용될 수 있다는 것이다.

can be used / is that your knowledge and skills / to tell you today / to help others / what I really want

---

STEP 1 　핵심 POINT　관계대명사 what절인 주어 chunk

내가 오늘 정말로 말하고 싶은 것은　여러분들의 지식과 경험이 다른 사람들을 돕기 위해서 사용될 수 있다는 것이다.
　　　　　　S　　　　　　　　　　　　　　　　　　V + SC

STEP 2 　What I really want to tell you today　is　that your knowledge and skills / can be used / to help others.
　　　　　　　　　　S　　　　　　　　　　　V　　　　　　　　　　　　　SC
　　　내가 오늘 정말로 말하고 싶은 것은　~이다　여러분들의 지식과 경험이 / 사용될 수 있다는 것이다 / 다른 사람들을 돕기 위해서

Tip　• 관계대명사 What이 이끄는 절이 주어로 쓰였다.
　　　• 접속사 that이 이끄는 절이 주격보어로 쓰였다.

3　우리말과 같도록, 주어진 <u>단어</u>를 바르게 배열하시오.

그의 약해지는 시력에도 불구하고, 모네가 계속 그림을 그렸다는 것이 더 중요하다.

Monet / continued / is / that / eyesight / more / it / paint / important / failing / to / his

Despite _____.

STEP 1 　핵심 POINT　「가주어-진주어 that절」인 주어 chunk

그의 약해지는 시력에도 불구하고,　모네가 계속 그림을 그렸다는 것이　더 중요하다.
　　　　　　M　　　　　　　　　　　　　　진S　　　　　　　　가S + V + SC

STEP 2 　Despite his failing eyesight,　it is more important　that Monet continued to paint.
　　　　　　　　M　　　　　　　　　　가S + V + SC　　　　　　　진S
　　　그의 약해지는 시력에도 불구하고　　더 중요하다　　모네가 계속 그림을 그렸다는 것이

Tip　• 전치사 Despite로 시작하는 구는 부사구이다.
　　　• 주절은 「가주어-진주어」 구조를 취하고 있으며, 진주어는 접속사 that이 이끄는 절이다.

4　우리말과 같도록, <u>조건에 맞게 문장을 완성하시오.</u> (18 단어, 단어 중복 사용 가능)

네가 그녀를 좋아하는지 아닌지는 그녀가 훌륭한 조언을 갖고 있는지 아닌지와 별개의 문제이다.

or not / a separate matter / good advice / has / from / whether

---

STEP 1 　핵심 POINT　접속사 whether절인 주어 chunk

네가 그녀를 좋아하는지 아닌지는　그녀가 훌륭한 조언을 갖고 있는지 아닌지와　별개의 문제이다.
　　　　　S　　　　　　　　　　　　　　　　　　M　　　　　　　　　　　V + SC

STEP 2 　Whether you like her or not　is a separate matter　from whether she has good advice or not.
　　　　　　　　S　　　　　　　　　V + SC　　　　　　　　　　　M
　　　네가 그녀를 좋아하는지 아닌지는　별개의 문제이다　그녀가 훌륭한 조언을 갖고 있는지 아닌지와

Tip　• whether A or not : A인지 아닌지
　　　• 첫 번째 Whether가 이끄는 절은 주어로 쓰였고, 두 번째 whether가 이끄는 절은 전치사 from의 목적어로 쓰였다.

단어 배열 Practice

SENTENCE
UNSCRAMBLE chunks

[01~05] 우리말과 같도록, 주어진 <u>어구</u>를 바르게 배열하시오.

01 그것을 차이 나도록 만드는 것은 어린아이와 어른 사이의 상대적인 신장이다.

and an adult / it different / between a young child / is the relative height / what makes

_____

02 여러분이 거기서 한 것은 정전기라고 불리는 전기의 한 형태를 만든 것이다.

called static electricity / what you / is to create / have done there / a form of electricity

_____

03 방울뱀 고기가 먹기에 혐오스러운 음식이라는 것은 정상적인 소화 과정의 극단적인 반전을 촉발했다.

of the normal digestive process / is a disgusting thing / triggered / a violent reversal / to eat / that rattlesnake meat

_____

04 이런 부모들이 깨닫지 못하는 것은 그들이 그들의 자녀의 삶을 더 즐겁게 만들 수 없다는 것이다.

they can't make / of their children / don't realize / the lives / more pleasant / is that / what these parents

_____

05 안전에 지출된 그 돈이 현명한 결정으로 보일지 그렇게 보이지 않을지는 비교의 상황에 달려 있을 것이다.

is seen / of comparison / or not / spent on safety / will depend on / the context / whether the money / as a wise decision

_____

~ words

[06~10] 우리말과 같도록, 주어진 단어를 바르게 배열하시오.

06 사람을 게으르게 만드는 것은 목표와 목적의 부족이다.

a lack / causes / and / purpose / to / of / be / what / goals / inactive / is / a person

07 여성이 노예인지 더 부유한 계층 출신인지가 많은 차이를 만들었다.

whether / or / a / wealthier / a woman / difference / of / class / a slave / deal / from / was / made / great / a / came

08 당신이 당신의 교수들을 어떻게 부르는지는 대학 문화와 교수 자신의 선호도와 같은 많은 요소들에 달려 있다.

preference / professors / you / factors / as / culture / on / how / depends / address / and / many / college / their / own / your / such

09 더욱 놀라운 것은 당신이 실제 오렌지 안에서보다 하얀색 속껍질 안에서 더 많은 비타민 C를 찾을 수 있다는 것이다.

more / more / than / the / what / vitamin C / find / the / can / in / actual / that / white / in / pith / is / is / you / orange / surprising

10 그의 진짜 모습이 공교롭게도 잘생긴 왕자였다는 것은 그녀가 크게 보상을 받았다는 것을 상징적으로 보여 준다.

she / true self / was / his / shows / symbolically / a / handsome / just / happened / to / be / that / rewarded greatly / that / prince

addition & transformation

[11~15] 우리말과 같도록, 조건에 맞게 문장을 완성하시오.

11 우리가 어떻게 세상을 보는지는 우리가 그것(세상)으로부터 무엇을 원하는지에 달려 있다. (12 단어, 필요시 어형 변화할 것)

depend / from / how / the world / what

_____

12 내가 하기로 결심했던 일은 뉴욕에 계신 나의 할머니께 편지를 쓰는 것이었다. (16 단어, 관계대명사 what을 주어로 쓸 것)

to write / was / do / in New York / decided

_____

13 그가 그것을 사용했던 아니던 나에게는 중요하지 않다. (10 단어)

matter / to / whether

_____

14 사람들이 얼마나 긍정적으로 잠재적 관계를 평가했는지가 그들이 얼마나 많은 공통점을 가졌는지보다 더 중요했다. (17 단어, 단어 중복 사용 가능, 필요시 어형 변화할 것)

rate / was / in common / positive / people / a potential relationship / much / how

_____

15 나를 아프게 하는 것은 사건 그 자체가 아니라, 그나 그녀가 무비판적으로 택했던 반응이다. (17 단어, 관계대명사 what을 주어로 쓸 것, 「not A but B」를 사용할 것)

the response / the occurrence itself / hurts / is / has uncritically adopted

_____

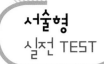

[1~3] 다음 글을 읽고, 물음에 답하시오.

Don't let (a) <u>distractions</u> interrupt your attentive listening to the speaker. You want to send the message that 화자가 말하고 있는 것이 여러분에게 중요하다. That message will ring hollow if you answer your cell phone and put the speaker on hold. If your cell phone rings while you are in a conversation, fight the urge to answer. For reasons unknown, most people feel compelled to answer a ringing phone. The fact that your cell phone is ringing doesn't mean you have to answer it. Rarely are phone calls urgent. If no message is left, that is clearly (b) <u>the case</u>. And if a message is left, you can listen to it, usually in a matter of minutes, once your conversation has finished. Even in today's tech-savvy world, answering phone calls during a conversation is disrespectful.

VOCA

distraction 주의를 산만하게 하는 것
interrupt 방해하다
attentive 주의 깊은
ring hollow 공허하게 들리다
put ~ on hold ~을 기다리게 하다, ~을 보류하다
urge 충동
compel 강요하다, 억지로 ~ 하게 하다
urgent 긴급한
in a matter of ~ 만[안]에
tech-savvy 기술 사용이 능숙한
disrespectful 무례한

1 윗글의 필자가 주장하는 바로 가장 적절한 것은?

① 공공장소에서는 작은 목소리로 통화하라.
② 상대방의 눈을 바라보면서 대화에 집중하라.
③ 상대방의 말을 주의 깊게 들을 때는 전화를 받지 마라.
④ 늦은 시각에는 전화를 걸거나 문자 메시지를 보내지 마라.
⑤ 상대방의 이야기를 먼저 듣고 자신이 하고 싶은 말을 하라.

압구정고 2학년 서술형 응용

2 윗글의 밑줄 친 (a)와 (b)가 의미하는 바를 찾아 우리말로 쓰시오.

(a) _____

(b) _____

3 윗글에서 밑줄 친 우리말과 같도록, 다음 단어를 배열하여 문장을 완성하시오.

the / what / saying / is / important / speaker / you / to / is

Unit 03
주어가 형용사구의 수식을 받는 문장 쓰기

형용사구의 종류	예문
to부정사(to-V)구	A chance **to explain** disappeared.
분사(-ing/p.p.)구	The woman **dressed in white** is my friend.
전명(전치사 + 명사)구	The road **in front of my house** is too narrow.

수식받는 주어와 주어를 수식하는 형용사구 chunk를 파악하는 것이 중요하다. 형용사구는 대체로 주어를 뒤에서 수식하므로, 문장을 쓸 때도 주어의 뒤쪽에 위치시킨다. 주어진 우리말이 '~하는, ~할'로 해석되면 to부정사, '~하고 있는, ~ 당한'으로 해석되면 분사를 쓴다. 그리고 제시된 영단어 중에서 우리말 수식어구와 어울리는 전치사를 찾아 단어를 배열하도록 한다.

[1-2] 우리말과 같도록, 주어진 <u>어구</u>를 바르게 배열하시오.

1

가장 인상적인 방들 중의 하나는 Four Doors Room이었다.

the most impressive rooms / the Four Doors Room / was / one of

---

STEP 1 　핵심 POINT 전명구의 수식을 받는 주어 chunk, 「one of the + 최상급 + 복수명사」

가장 인상적인 방들 중의 하나는　Four Doors Room이었다.
　　　　　S　　　　　　　　　　V + SC

STEP 2 　One / of the most impressive rooms　was the Four Doors Room.
　　　　　　　　　　S　　　　　　　　　　　　V + SC
　　　하나는 / 가장 인상적인 방들 중의　　　Four Doors Room이었다

Tip • of ~ rooms는 전명구로, One ~ rooms가 주어구를 이룬다.
　　　• one of the + 최상급 + 복수명사 : 가장 ~한 것들 중의 하나

2

소리를 흡수하는 한지의 두께와 능력은 음향 스피커가 가장 작은 진동들을 포착하도록 도와준다.

pick up / Hanji's thickness / help the speakers / the smallest vibrations / and ability / to absorb sound

---

STEP 1 핵심 POINT to부정사구의 수식을 받는 주어 chunk

소리를 흡수하는 한지의 두께와 능력은　음향 스피커가　가장 작은 진동들을 포착하도록　도와준다.
　　　　　　S　　　　　　　　　　O　　　　　　　OC　　　　　　　　V

STEP 2 Hanji's thickness and ability / to absorb sound　help　the speakers　pick up the smallest vibrations.
　　　　　　　　　　S　　　　　　　　　　　V　　　　O　　　　　　　OC
한지의 두께와 능력은 / 소리를 흡수하는　　도와준다　음향 스피커가　가장 작은 진동들을 포착하도록

Tip • to부정사구인 to absorb sound가 앞에 있는 명사구를 수식하여 주어구를 이룬다.
　　　• help + O + OC(V / to-V) : O가 OC 하는 것을 돕다

---

3 우리말과 같도록, 주어진 단어를 바르게 배열하시오.

Kyle Parsons라는 한 남성이 오래된 오토바이 타이어를 창의적으로 재사용해 오고 있다.

motorcycle / Kyle Parsons / has / a / man / named / creatively / reusing / been / old / tires

---

STEP 1 핵심 POINT 과거분사구의 수식을 받는 주어 chunk

Kyle Parsons라는 한 남성이　오래된 오토바이 타이어를　창의적으로 재사용해 오고 있다.
　　　　　　S　　　　　　　　　　O　　　　　　　　　　V

STEP 2 A man / named Kyle Parsons　has been creatively reusing　old motorcycle tires.
　　　　　　　S　　　　　　　　　　V　　　　　　　　O
한 남성이 / Kyle Parsons라는　　창의적으로 재사용해 오고 있다　오래된 오토바이 타이어를

Tip • 과거분사구인 named Kyle Parsons가 앞에 있는 명사를 수식하여 주어구를 이룬다.
　　　• have[has] been + -ing : 현재완료 진행형

---

4 우리말과 같도록, 조건에 맞게 문장을 완성하시오. (13 단어, 필요시 어형 변화할 것)

감내 줄다리기(Gamnae Juldarigi)에 사용되는 밧줄은 게처럼 보이도록 만들어진다.

a crab / look like / to / the rope / make / in

STEP 1 핵심 POINT 과거분사구의 수식을 받는 주어 chunk

감내 줄다리기에 사용되는 밧줄은　게처럼 보이도록　만들어진다.
　　　　　　S　　　　　　　SC　　　　　V

STEP 2 The rope / used in Gamnae Juldarigi　is made　to look like a crab.
　　　　　　　S　　　　　　　　　　V　　　　SC
밧줄은 / 감내 줄다리기에 사용되는　　만들어진다　게처럼 보이도록

Tip • 과거분사구인 used ~ Juldarigi가 앞에 있는 명사를 수식하여 주어구를 이룬다.
　　　• look like + 명사 : ~처럼 보이다

Unit 03 단어 배열 Practice

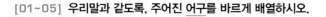
SENTENCE UNSCRAMBLE ⌐⌐• chunks

[01~05] 우리말과 같도록, 주어진 <u>어구</u>를 바르게 배열하시오.

01 유럽을 통합하는 문제에 관한 현재의 의견 불일치는 유럽 분열의 전형이다.

are typical / about the issue / of Europe's disunity / the current disagreements / of unifying Europe

_____

02 설문 조사에 포함된 시나리오들은 구조될 수 있었던 보행자와 탑승자의 수를 달리했다.

involved in the surveys / and passenger lives / varied in / that could be saved / the scenarios / the number of pedestrian

_____

03 그 믿음을 시험해 볼 방법은 당신이 받아들일 수 있다고 믿는 것의 범위 내에서 고수하는 것이다.

that belief / to be acceptable / the way / is to stick / what you believe / to test / within the range of

_____

04 휴대 기기를 사용하는 운전자들은 4배 더 사고를 내고 자신이나 타인을 다치게 할 것 같다.

and injure themselves / are four times / have an accident / drivers / or others / more likely to / using mobile devices

_____

05 르네상스의 가장 흥미 있는 그림들 중의 하나는 Albrecht Dürer가 그린 잡초가 무성한 지대의 정교한 묘사이다.

of ground / of a weedy patch / of the Renaissance / one / of the most curious paintings / is a careful depiction / by Albrecht Dürer

_____

SENTENCE UNSCRAMBLE ⟶ words

[06~10] 우리말과 같도록, 주어진 단어를 바르게 배열하시오.

06
우편물로 편지를 받는 것에 대한 흥미로운 무언가가 있다.

the / getting / exciting / is / a letter / something / there / about / in / mail

07
즐거움을 포기하고 시험을 위해 공부한다는 그의 결정이 올바른 것임이 증명되었다.

exam / decision / good / a / to / his / study / turned out / give / the / fun / one / having / and / for / up

08
그 동물 센터의 직원들 중의 한 명은 무엇이 잘못되었는지를 알아냈다.

at / workers / has / what / the animal / the / one / out / wrong / of / center / found / was

09
그렇게 하지 않는 것은 관련된 사람들에게 부정적인 결과를 가져올 수 있는 오해를 불러일으킬 것이다.

who / failure / lead / consequences / those / to / will / negative / that / to / may / misunderstanding / for / do / so / are / have / involved

10
어떻게 그 나무가 거꾸로 땅에 박히게 되었는지에 대한 설명을 제공하는 수많은 이야기들이 있다.

how / explanations / down / stuffed in / offering / of / stories / are / the tree / be / numerous / upside / there / came / to / the / ground

~ addition & transformation

[11~15] 우리말과 같도록, 조건에 맞게 문장을 완성하시오.

11 기억에서 보내진 그 정보는 우리가 가상의 청취를 하도록 허락할 것이다. (13 단어, 필요시 어형 변화할 것)

us / from / send / have / a fake listen

_____

12 학생들에게 존중을 보여 주는 가장 중요한 방법은 그들을 문제 해결에 포함시키는 것이다. (15 단어, to부정사를 2번 사용할 것)

respect / involve / show / to students / in problem-solving

_____

13 관계에서 장기간의 행복을 보장하는 최고의 방법은 당신의 첫사랑에 집착하지 않는 것이다. (19 단어, to부정사를 2번 사용할 것)

best way / not / make sure / first love / long-term / in a relationship / stick to

_____

14 패스트푸드 체인점의 경제적인 성공에 대한 한 가지 중요한 이유는 그들의 노동 비용이 낮다는 사실이었다. (20 단어, 동격의 that을 사용할 것, 현재완료 시제를 사용할 것)

low / labor costs / their / the financial success / been / fast-food chains / for / the fact

_____

15 암스테르담에서 도쿄로 가는 최고의 방법은 지중해 노선이라고 알려진 것을 따라서 동쪽 방향으로 향하는 것이다. (24 단어, 「from A to B」를 사용할 것, to부정사를 2번 사용할 것, 필요시 어형 변화할 것)

head / Tokyo / in an easterly direction / as / is / the Mediterranean route / Amsterdam / along / know / is / what / get

_____

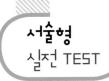

[1~3] 다음 글을 읽고, 물음에 답하시오.

The competition to sell manuscripts to publishers (a) <u>is</u> fierce. I would estimate that 출판사에 보내진 자료 중 1% 미만이 출판된다. Since so much material is (b) <u>being written</u>, publishers can be very selective. The material they choose to publish must not only have commercial value, but (c) <u>being</u> very (d) <u>competently</u> written and free of editing and factual errors. Any manuscript that contains errors stands little chance at being accepted for publication. Most publishers will not want to waste time with writers (e) <u>whose</u> material contains too many mistakes.

VOCA

competition 경쟁
manuscript 원고, 필사본
publisher 출판사, 출판업자
fierce 치열한
estimate 추산하다
selective 선택적인, 선별적인
commercial 상업적인
competently 적절하게, 유능하게
editing 편집(상의)
stand little chance at ~의 가능성이 거의 없다

중대부고 1학년 서술형 응용

1 윗글의 밑줄 친 (a) ~ (e) 중 어법상 틀린 부분을 찾아 올바른 형태로 고쳐 쓰시오.

(   ) _____ → _____

2 윗글에서 밑줄 친 우리말과 같도록, 다음 어구를 배열하여 문장을 완성하시오.

to / ever published / less than / is / publishers / the material / one percent / of / sent

_____

이화여고 2학년 서술형 응용

3 윗글의 제목을 다음과 같이 쓸 때, 빈칸에 들어갈 알맞은 단어를 주어진 철자로 시작하여 쓰시오. (본문의 어휘를 사용할 것, 필요시 어형 변화할 것)

How P_____ S_____ Manuscripts

Unit 04 주어가 형용사절의 수식을 받는 문장 쓰기

Concept 개념

형용사절의 종류	예문
관계대명사절	The woman **who lives next door** is too shy.
관계부사절	The old building **where we stayed** was clean.

관계대명사 : who, whose, whom, which, that
관계부사 : when, where, why, how
＊관계대명사와 관계부사는 선행사인 명사를 수식하는 '형용사절'을 만드는 접속사이다.

Approach 접근

수식받는 주어와 주어를 수식하는 형용사절 chunk를 파악하는 것이 가장 중요하다. 형용
사절은 주로 '~하는'으로 해석되는데, 이는 앞에서 배웠던 형용사구와 해석상 유사해 보
인다. 하지만 제시된 단어들을 통해 연습하다 보면 그 차이점을 알 수 있게 되므로, 형용
사구와 형용사절이 들어간 다양한 문장을 써보며 연습해 보는 것이 좋다. 또한 목적격 관
계대명사와 관계부사는 경우에 따라 생략이 가능해서 문항에서 관계사가 제시되지 않는
경우도 있으므로, 관계사가 없는 상태의 문장 구조도 알아 두는 것이 좋다. (Unit 12 참고)

[1-2] 우리말과 같도록, 주어진 어구를 바르게 배열하시오.

1

소셜 미디어를 사용하는 사람들이 항상 서로에게 더 가까워지는 것은 아니다.
social media / become closer / those / who use / to one another / do not always

---

STEP 1   핵심 POINT 관계대명사 who절의 수식을 받는 주어 chunk

<u>소셜 미디어를 사용하는 사람들이</u>   항상 서로에게 더 가까워지는 것은 아니다.
          S   V + SC + M

STEP 2   <u>Those / who use social media</u>   <u>do not always become closer / to one another.</u>
                  S   V + SC + M
         사람들이 / 소셜 미디어를 사용하는   항상 더 가까워지는 것은 아니다 / 서로에게

Tip • 관계대명사 who가 이끄는 절은 형용사절로서 선행사 Those를 수식하여 주어구를 이룬다.
       • not ~ always는 '항상 ~인 것은 아니다'라는 의미의 부분부정을 나타낸다.

2

타이어의 재료가 되는 고무는 자연적으로 탈색되어 흰색이나 갈색이 되었다.

from which tires / and became / were made / the rubber / was naturally colored off / white or tan

---

STEP 1   핵심 POINT 「전치사 + 관계대명사절」의 수식을 받는 주어 chunk

타이어의 재료가 되는 고무는   자연적으로 탈색되어   흰색이나 갈색이 되었다.

              S   V1   V2 + SC

STEP 2   The rubber / from which tires were made   was naturally colored off   and   became white or tan.

                          S   V1   접속사   V2 + SC

           고무는 / 타이어의 재료가 되는   자연적으로 탈색되었다   그리고   흰색이나 갈색이 되었다.

Tip • 「전치사 + 관계대명사」인 from which가 이끄는 절은 형용사절로서 선행사 The rubber를 수식하여 주어구를 이룬다.
이때 전치사를 주어구의 뒤로 보내도 된다. (= The rubber which tires were made from ~)

---

3 우리말과 같도록, 주어진 단어를 바르게 배열하시오.

베니스에 대해 나를 감동시켰던 첫 번째는 그곳이 얼마나 다채로운 곳인지였다.

about / thing / was / that / the / first / how / was / colorful / Venice / impressed / me / it

---

STEP 1   핵심 POINT 관계대명사 that절의 수식을 받는 주어 chunk

베니스에 대해 나를 감동시켰던 첫 번째는   그곳이 얼마나 다채로운 곳인지였다.

                     S   V + SC

STEP 2   The first thing / that impressed me / about Venice   was   how colorful it was.

                             S   V   SC

          첫 번째는 / 나를 감동시켰던 / 베니스에 대해   ~였다   그곳이 얼마나 다채로운 곳인지

Tip • 관계대명사 that이 이끄는 절은 형용사절로서 선행사 The first thing을 수식하여 주어구를 이룬다.
• 간접의문문 : 의문부사 + 형용사 + S + V

---

4 우리말과 같도록, 조건에 맞게 문장을 완성하시오. (25 단어, 단어 중복 사용 가능, 필요시 어형 변화할 것)

질문하는 사람은 잠깐 동안 바보이지만, 질문하지 않는 사람은 평생 동안 바보이다.

a fool / the man / for a life / ask / a question / who / but / for a minute

---

STEP 1   핵심 POINT 관계대명사 who절의 수식을 받는 주어 chunk

질문하는 사람은   잠깐 동안   바보이지만,   질문하지 않는 사람은   평생 동안   바보이다.

       S1   M1   V1 + SC1   S2   M2   V2 + SC2

STEP 2   The man / who asks a question   is a fool / for a minute,   but   the man / who does not ask   is a fool / for a life.

                   S1   V1 + SC1 + M1   접속사   S2   V2 + SC2 + M2

      사람은 / 질문하는   바보이다 / 잠깐 동안   하지만   사람은 / 질문하지 않는   바보이다 / 평생 동안

Tip • 관계대명사 who가 이끄는 두 개의 절은 형용사절로서 각각 The man과 the man을 수식하여 주어구를 이룬다.

단어 배열 Practice

SENTENCE UNSCRAMBLE chunks

[01~05] 우리말과 같도록, 주어진 어구를 바르게 배열하시오.

01 부모가 시간이나 내용 제한을 설정한 아이들은 하루에 세 시간 덜 접속한다.

each day / or content limits / set any time / three hours less / kids / whose parents / are plugged in

02 위험을 기꺼이 감수하려는 사람은 문신 새기기를 좋아할 것이며 그리고 또한 오토바이를 탈 가능성이 더 높다.

take risks / on a motorcycle / likes to / and also / takes more chances / be tattooed / a person / who is willing to

03 예술가의 개성보다는 전통의 준수에 우선권이 주어졌던 시기가 있었다.

to an observance / to an artist's personality / there was / rather than / of tradition / a time / when priority was given

04 친한 친구들과 함께 서 있었던 참가자들은 그 언덕의 경사도에 대해 상당히 더 낮은 추정치를 주었다.

significantly lower estimates / close friends / that stood with / of the hill / gave / the participants / of the steepness

05 폭풍우 동안에 우리가 종종 보는 번개는 전기를 띤 구름과 지면 사이의 전하의 큰 흐름에 의해서 야기된다.

of electrical charges / that we often see / and the earth / between charged clouds / during a storm / is caused / the lightning / by a large flow

SENTENCE UNSCRAMBLE → words

[06~10] 우리말과 같도록, 주어진 <u>단어</u>를 바르게 배열하시오.

06 자신을 다른 사람들과 비교하는 사람은 두려움의 상태에서 산다.

in / others / compares / to / fear / lives / the person / a state / who / himself / of

---

07 상어의 이익을 위해 사람들이 취할 수 있는 어떤 조치든 전체 생태계에 유익하다.

for / of / action / is / ecosystem / that / the / good / sharks / entire / people / can / the benefit / any / for / take

---

08 개인의 선택이나 취향의 차이점들에 의해 만들어지는 행복의 불평등은 허용 가능하다.

driven / that / by / tastes / in / of / acceptable / or / differences / inequality / well-being / is / choices / individual / is

---

09 한때 전통적인 보통 신문 크기로 출판되었던 신문들이 타블로이드판으로 전환하도록 강요받는다.

forced / the traditional / size / switch / to / tabloid / layout / in / a / once published / broadsheet / that / newspapers / are / to / were

---

10 사람들은 그들이 다른 사람들에게 있다고 설명한 어떤 특성을 가지고 있는 것으로 인식된다는 흥미로운 현상이 있다.

an / that / trait / others / phenomenon / there / where / in / as / possessing / a / they / interesting / people / perceived / is / describe / are

---

SENTENCE UNSCRAMBLE · addition & transformation

[11~15] 우리말과 같도록, <u>조건에 맞게</u> 문장을 완성하시오.

11
우리가 아는 위대한 사상가들 중 첫 번째 사람은 Miletus의 Thales였다. (14 단어, 관계대명사 that을 사용할 것)

know of / great thinkers / Thales of Miletus

_____

12
개인적인 고난을 경험해 온 많은 부모님들은 그들의 자녀들을 위해 더 나은 삶을 살기를 바란다. (14 단어, 관계대명사 who를 사용할 것, 현재완료 시제를 사용할 것)

experience / better / personal hardship / for / desire / children

_____

13
당신의 아이가 곤충들에 의해 물리는 것으로부터 보호하기 위해 당신이 할 수 있는 여러 가지 것들이 있다. (17 단어, 관계대명사 which를 사용할 것, 필요시 어형 변화할 것)

from / several things / can do / to / child / be / by insects / bitten / prevent

_____

14
자신들을 가치 있는 사람이라고 여기는 사람들은 그들의 건강에 대해 아는 것에 더 동의하는 경향이 있다. (17 단어, 관계대명사 who를 사용할 것)

consider / agree to / valuable / know about / more / themselves / likely to

_____

15
여러분이 인간관계에서 발전시킬 수 있는 가장 중요한 기술은 다른 사람들의 관점으로부터 사물들을 보는 능력이다. (22 단어, 관계대명사 that을 사용할 것)

see / points of view / skill / is / things / others' / from / you / the ability / in human relations

_____

[1~3] 다음 글을 읽고, 물음에 답하시오.

According to an Australian study, a person's c＿＿＿＿＿＿＿ in the kitchen is linked to the kind of food that he or she tends to enjoy eating. Compared to the average person, 자신이 만든 요리에 자부심을 가지는 사람들은 채식과 건강식품을 먹는 것을 더 즐기는 경향이 있다. Moreover, this group is more likely than the average person to enjoy eating diverse kinds of food: from salads and seafood to hamburgers and hot chips. In contrast, people who say "I would rather clean than make dishes," don't share this wide-ranging enthusiasm for food. They are less likely than the average person to enjoy different types of food. In general, they eat out less than the average person except for when it comes to eating at fast-food restaurants.

VOCA

be linked to ~와 연관성이 있다
tend to ~하는 경향이 있다
average 평균적인
diverse 다양한
hot chip 감자튀김
wide-ranging 광범위한
enthusiasm 열정
eat out 외식하다

1 윗글의 내용을 한 문장으로 요약하고자 한다. 빈칸 (A)와 (B)에 들어갈 말로 가장 적절한 것은?

In general, people who are confident in ＿＿(A)＿＿ are more likely to enjoy ＿＿(B)＿＿ foods than those who are not.

	(A)	(B)		(A)	(B)
①	cooking	······ various	②	cooking	······ specific
③	tasting	······ organic	④	dieting	······ healthy
⑤	dieting	······ exotic			

경문고 2학년 서술형 응용

2 윗글의 빈칸에 들어갈 알맞은 단어를 쓰시오. (c를 포함한 10자)

c＿＿＿＿＿＿＿＿＿

3 윗글에서 밑줄 친 우리말과 같도록, 다음 어구를 배열하여 문장을 완성하시오.

those who / vegetarian food / enjoy eating / health food / and /
they make / the dishes / are proud of / are / more likely to

Unit 05

가주어 문장 쓰기

Concept

가주어	진주어	예문
It	to부정사(to-V)구	**It** is necessary for him **to work** on the weekend.
	동명사(-ing)구	가주어　　의미상의 주어　　진주어
	that절	
	whether절	**It** is natural **making** mistakes in English.
	의문사절	가주어　　진주어

명사구나 명사절이 주어로 사용되면 주어의 길이가 길어지는 편인데, 이때 문장의 균형을 위해 주어를 뒤로 보내고 의미가 없는 가주어 it을 주어로 하는 「가주어–진주어」 구문으로 쓸 수 있다.

＊to부정사와 동명사도 동사의 성질을 가지고 있으므로 동작(행위)의 주체가 있을 수 있는데, 이것을 '의미상의 주어'라고 한다. to부정사의 의미상의 주어: for + (대)명사 / 동명사의 의미상의 주어: 소유격/목적격

Approach

주어진 우리말에서 주어가 될 부분을 먼저 파악하되, 문항에 따라 가주어 it을 쓰라는 조건이 주어질 수도 있고, 조건이 주어지지 않을 수도 있다. 조건이 주어지지 않을 경우에는 제시된 영단어에 it이 있는지 확인하고, 우리말에서 '그것'이라고 해석되는 부분이 없다면 의미가 없는 가주어임을 떠올려 「가주어–진주어」 구문으로 쓰도록 한다.

[1-2] 우리말과 같도록, 주어진 <u>어구</u>를 바르게 배열하시오.

1

여러분이 완전히 새로운 환경에서 새로운 사람들과 어울리는 것은 쉽지 않을 것이다.
may not be easy / to fit in / in a whole / with new people / for you / it / new environment

---

STEP 1 　핵심 POINT　「가주어–to부정사구 진주어」
여러분이　완전히 새로운 환경에서 새로운 사람들과 어울리는 것은　쉽지 않을 것이다.
의미상의 S　　　　　　　　　　　　진S　　　　　　　　　　　가S + V + SC

STEP 2 　It may not be easy　for you　to fit in / with new people / in a whole new environment.
　　　　　　가S + V + SC　　의미상의 S　　　　　　　진S
　　　　　　쉽지 않을 것이다　여러분이　어울리는 것은 / 새로운 사람들과 / 완전히 새로운 환경에서

Tip • for you는 「for + 목적격」으로 to부정사의 동작(행위)을 하는 주체를 의미하는 의미상의 주어이다.

2

눈물을 참으려 노력하는 것은 소용이 없었다.
trying / it was / the tears / no use / to hold back

STEP 1   핵심 POINT 「가주어-동명사구 진주어」

눈물을 참으려 노력하는 것은 소용이 없었다.
　　　　진S　　　　　　가S + V + SC

STEP 2   It was no use trying to hold back the tears.
　　　　　가S + V + SC　　　　　　진S
　　　　　소용이 없었다　　눈물을 참으려 노력하는 것은

Tip • It is no use + -ing : ~해도 소용없다 (= It is useless to-V)

---

3   우리말과 같도록, 주어진 단어를 바르게 배열하시오.

환경뿐만 아니라 한 장소의 유산을 보존하는 것이 가능하다.
possible / to / place / as / well / the environment / it's / of / the heritage / as / a / preserve

---

STEP 1   핵심 POINT 「가주어-to부정사구 진주어」

환경뿐만 아니라 한 장소의 유산을 보존하는 것이 가능하다.
　　　　　　진S　　　　　　　　가S + V + SC

STEP 2   It's possible to preserve / the heritage of a place / as well as the environment.
　　　　가S + V + SC　　　　　　　　　　　　진S
　　　　가능하다　　　보존하는 것이 / 한 장소의 유산을 / 환경뿐만 아니라

Tip • B as well as A : A뿐만 아니라 B도(= not only A but also B)

---

4   우리말과 같도록, 조건에 맞게 문장을 완성하시오. (12 단어, 「가주어-진주어」 구문을 사용할 것, 필요시 어형 변화할 것)

파란 색상은 당신의 식욕을 자연스럽게 억제한다는 것이 증명되었다.
appetite / naturally suppresses / has / the color blue / demonstrate

---

STEP 1   핵심 POINT 「가주어-that절 진주어」

파란 색상은 당신의 식욕을 자연스럽게 억제한다는 것이 증명되었다.
　　　　　　　진S　　　　　　　　　　가S + V

STEP 2   It has been demonstrated that the color blue naturally suppresses / your appetite.
　　　　　가S + V　　　　　　　　　　　진S
　　　　　증명되었다　　　파란 색상은 자연스럽게 억제한다는 것이 / 당신의 식욕을

Tip • 접속사 that이 이끄는 명사절이 진주어이다.

SENTENCE
UNSCRAMBLE · chunks

[01~05] 우리말과 같도록, 주어진 어구를 바르게 배열하시오.

01 당신이 기꺼이 제 학생들에게 특별 강연을 해 주고 당신의 여행에 관한 이야기를 나누어 주는 것이 제 희망입니다.

a special lecture / that you would be / it is my hope / about your travels / to my class / and share stories / willing to give

_____

02 함께 일함으로써 어떻게 문제가 축복으로 변할 수 있는지를 보는 것은 아주 멋졌다.

how a problem / by working together / it was so beautiful / could be turned / to see / into a blessing

_____

03 더 낮은 속도에서의 충돌이 사망 또는 중상을 덜 초래할 것 같다는 것은 분명하다.

is less likely / that a collision / to result in / at a lower speed / death or serious injury / it is obvious

_____

04 그러한 사소한 행동으로 당신이 누군가의 하루를 밝게 할 수 있다는 것을 아는 것은 유쾌한 느낌이디.

with such a small gesture / brightening up / someone's day / knowing / it is a lovely feeling / that you could be

_____

05 성인으로서 내 자신이 일 년 내내 전국으로 여행하는 것을 발견하게 되는 것은 아이러니하다.

from state to state / that as an adult / throughout the year / I find myself traveling / it is ironic

_____

words

[06~10] 우리말과 같도록, 주어진 <u>단어</u>를 바르게 배열하시오.

06 우리가 감정이 없는 삶을 상상하는 것은 거의 불가능하다.

is / without / a / life / impossible / to / imagine / for / us / emotion / it / nearly

---

07 우리의 건강을 위해 우리가 먹는 음식의 양을 조절하는 것은 필수적이다.

is / of / to / control / we / our / eat / well-being / it / the / food / essential / for / amount / that

---

08 소음에 대한 지속적인 노출이 아이들의 학업 성취와 관계가 있다는 것은 놀랍지 않다.

achievement / children's / related / not / academic / that / to / noise / is / to / surprising / it / constant / is / exposure

---

09 당신의 사회적 집단 속에 있지 않은 사람들과 사귀는 것은 흥미로울 수 있다.

friends / to / not / circle / who / exciting / social / be / with / are / in / it / can / people / make / your

---

10 울음이 아기의 폐를 더 튼튼하게 해 주거나 혈액에 산소를 보낸다는 것을 아는 것은 도움이 될 수 있다.

to / know / lungs / to / oxygen / be / his / blood / that / may / baby's / makes / helpful / the / it / crying / or / sends / stronger

---

~~• addition & transformation

[11~15] 우리말과 같도록, <u>조건에 맞게</u> 문장을 완성하시오.

11 외부 사건이 당신을 언짢게 한다고 믿는 것은 당연하다. (10 단어, 「가주어(it) ~ 진주어(to-V)」를 사용할 것, upset은 동사로 사용할 것)

external events / natural / upset

_____

12 개인의 사생활을 보호하는 데 추가적인 조치들을 취하는 것이 필수적이다. (12 단어, 「가주어(it) ~ 진주어(to-V)」를 사용할 것, 필요시 어형 변화할 것)

take / an individual's privacy / protect / further steps / necessary / in

_____

13 그런 긴장을 유발하는 상황들을 비난하는 대신에 당신의 머리카락을 염색하는 것이 현명할지도 모른다. (14 단어, 「가주어(it) ~ 진주어(to-V)」를 사용할 것, 필요시 어형 변화할 것)

wise / those stressful situations / might / dye / blame / instead of

_____

14 회사들은 무엇이 그들의 직원들이 그들의 직업에 대하여 만족하도록 만드는지 아는 것이 중요하다. (15 단어, 「가주어(it) ~ 진주어(to-V)」를 사용할 것, 의미상의 주어를 사용할 것, 필요시 어형 변화할 것)

makes / satisfy / what / employees / companies / with their jobs / important

_____

15 바른 자세로 앉는 것이 당신이 스스로에 대해서 어떻게 느끼는지를 향상시킬 수 있는 것으로 드러났다. (14 단어, 「가주어(it) ~ 진주어(that)」를 사용할 것, 필요시 어형 변화할 것)

you / improve / turns out / straight / can / sit up / feel about

_____

[1~3] 다음 글을 읽고, 물음에 답하시오.

In small towns the same workman makes chairs and doors and tables, and often the same person builds houses. Of course, <u>여러 직종들에 종사하는 사람이 그것들(그 직종들) 모두에 능숙하기는 불가능하다.</u> In large cities, on the other hand, because many people make demands on each trade, one trade alone—very often even less than a whole trade—is enough to support a man. For instance, one man makes shoes for men, and another for women. And there are places even which one man earns a living by only stitching shoes, another by cutting out them, and another by sewing the uppers together. Such skilled workers may have used simple tools, but their _____ did result in more efficient and productive work.

VOCA

make demands on ~을 필요로 하다, ~을 요구하다
support 부양하다, 먹여 살리다
place 경우
earn a living 생계를 유지하다
stitch 바느질하다
cut out (잘라서) ~을 만들다
sew ~ together ~을 꿰매 붙이다
uppers (신발의) 윗부분
skilled 능숙한, 숙련된
tool 도구
efficient 효율적인
productive 생산적인

1 윗글에서 밑줄 친 우리말과 같도록, 다음 어구를 배열하여 문장을 완성하시오.

in / a man / to / is / all of them / be skilled / of many trades / impossible / it / for

_____

2 윗글의 빈칸에 들어갈 말로 가장 적절한 것은?

① specialization   ② criticism   ③ competition

④ diligence   ⑤ imagination

영동고 2학년 서술형 응용

3 윗글에서 어법상 **틀린** 부분 두 군데를 찾아 올바른 형태로 고쳐 쓰시오.

(1) _____ → _____

(2) _____ → _____

Unit 06

다양한 시제의 문장 쓰기

Concept

시제의 종류	기본형	진행형	완료형	완료진행형
과거	I **did** it.	I **was doing** it.	I **had done** it.	I **had been doing** it.
현재	I **do** it.	I **am doing** it.	I **have done** it.	I **have been doing** it.
미래	I **will do** it.	I **will be doing** it.	I **will have done** it.	I **will have been doing** it.

Approach

주어진 우리말에서 시제를 먼저 예측해 본 후, 동사가 어떤 시제로 쓰여야 할지 파악한다. 우리말에서는 과거형과 완료형의 해석이 둘 다 과거형이라 우리말만 보고는 시제 파악이 힘들 수 있으니, 주어진 단어를 통해 시제를 유추하는 것도 한 가지 방법일 수 있다. 또한 2개의 시제가 결합된 '완료진행형'의 동사 형태도 미리 숙지하도록 한다.

[1-2] 우리말과 같도록, 주어진 <u>어구</u>를 바르게 배열하시오.

1

결코 한 번의 실수도 해 보지 않은 사람은 새로운 것을 결코 시도해 본 적이 없다.
made a mistake / who has never / anyone / anything new / has never tried

STEP 1   핵심 POINT 현재완료

<u>결코 한 번의 실수도 해 보지 않은 사람은</u>   <u>새로운 것을</u>   <u>결코 시도해 본 적이 없다.</u>
               S   O   V

STEP 2   <u>Anyone / who has never made a mistake</u>   <u>has never tried</u>   <u>anything new.</u>
                             S   V   O
      사람은 / 결코 한 번의 실수도 해 보지 않은   결코 시도해 본 적이 없다   새로운 것을

Tip   • 「have[has] + never + p.p.」는 현재완료 시제로, '결코 ~해 본 적이 없다'라는 의미이다.
        • 관계대명사 who가 이끄는 절이 선행사 Anyone을 수식한다.
        • anything처럼 -thing으로 끝나는 (대)명사는 형용사가 뒤에서 수식한다.

2

최근에, 디자이너들이 옷, 양말, 그리고 넥타이를 만들기 위해서 한지를 사용해 오고 있다.

to make clothes / have been using Hanji / designers / socks, and ties

Lately, _____.

STEP 1 핵심 POINT **현재완료 진행형**

최근에,	디자이너들이	옷, 양말, 그리고 넥타이를 만들기 위해서	한지를	사용해 오고 있다.
M	S	M	O	V

STEP 2

Lately,	designers	have been using	Hanji	to make clothes, socks, and ties.
M	S	V	O	M
최근에	디자이너들이	사용해 오고 있다	한지를	옷, 양말, 그리고 넥타이를 만들기 위해서

Tip • 「have been + -ing」는 현재완료 진행형으로 '~해 오고 있는 중이다'라는 의미이다.
• to make ~ ties는 '~하기 위해'라는 의미의 목적을 나타내는 to부정사의 부사적 용법으로 쓰였다.

3 우리말과 같도록, 주어진 <u>단어</u>를 바르게 배열하시오.

나는 봉사 활동에 항상 관심이 있어 왔지만, 내가 무엇을 할 수 있을지 몰랐다.

I / been / what / interested / had / could / but / always / do / not / I / know / did / in / volunteering / I

STEP 1 핵심 POINT **과거완료 수동태**

나는	봉사 활동에	항상 관심이 있어 왔지만,	내가	무엇을 할 수 있을지	몰랐다.
S1	M	V1 + SC	S2	O	V2

STEP 2

I had always been interested	in volunteering,	but	I	did not know	what I could do.
S1　　　　V1 + SC	M	접속사	S2	V2	O
나는　　항상 관심이 있어 왔다	봉사 활동에	하지만	나는	몰랐다	내가 무엇을 할 수 있을지

Tip • 「had been + p.p.」는 과거완료 수동태로 '~해 왔다'라는 의미이다.
• be interested in : ~에 관심 있다
• what이 이끄는 의문사절(간접의문문)이 know의 목적어로 쓰였다.

4 우리말과 같도록, <u>조건에 맞게</u> 문장을 완성하시오. (15 단어, 필요시 어형 변화할 것)

Kafka가 1910년과 1912년 사이에 가볍고 단단한 헬멧을 발명했다고 여겨진다.

light / believe / to / between / hard / invent / is / helmet

STEP 1 핵심 POINT **완료부정사**

Kafka가	1910년과 1912년 사이에	가볍고 단단한 헬멧을 발명했다고	여겨진다.
S	M	SC	V

STEP 2

Kafka	is believed	to have invented / a light and hard helmet	between 1910 and 1912.
S	V	SC	M
Kafka가	여겨진다	발명했다고 / 가볍고 단단한 헬멧을	1910년과 1912년 사이에

Tip • to have invented는 완료부정사(to have p.p.)로 문장의 동사(is believed)보다 한 시제 앞선 동작(과거)을 나타낸다.

단어 배열 Practice

SENTENCE UNSCRAMBLE chunks

[01~05] 우리말과 같도록, 주어진 어구를 바르게 배열하시오.

01 Kenge는 지평선의 광경을 제공하지 않던 무성한 정글에서 그의 평생을 살았었다.

that offered / Kenge had lived / of the horizon / in a dense jungle / his entire life / no views

02 광고 기획자들은 그들의 목표 대상의 주의를 끌기 위해 기발한 광고 문구를 끊임없이 찾아 사용하고 있다.

constantly searching / and / of their target / ad creators are / to win over / the attention / using catchy phrases

03 그 학교의 많은 학생들은 Lockwood 지역의 청년 실업 문제에 관한 프로젝트를 수행해 오고 있다.

a project / in Lockwood / many students / have been working on / about the youth unemployment problem / at the school

04 그 미국 남자는 그 사건이 자신의 발견이 드러나도록 그를 도와주기 전에 수년 동안 고무로 실험해 왔었다.

for years / before / discover his finding / the American man / the accident helped him / with rubber / had experimented

05 휴대 전화는 모든 전자 제품 중 가장 짧은 수명을 가지고 있는 지위를 획득해 왔던 것 같다.

of all the electronic consumer products / the shortest life cycle / to have achieved / of having / cell phones seem / the status

SENTENCE UNSCRAMBLE ∿ words

[06~10] 우리말과 같도록, 주어진 단어를 바르게 배열하시오.

06 나는 당신이 이런 종류의 프로그램을 사용할 기회가 절대 없기를 바란다.

hope / this / that / use / never / you / I / will / kind / to / program / of / a chance / have

07 다양한 장소에서 공부하는 것은 두뇌가 정보를 유지하도록 돕는 것으로 밝혀졌다.

help / to / multiple / in / been / the brain / studying / proven / has / locations / information / retain

08 한국 사람들은 삼신할머니가 아기가 태어나도록 북돋기 위해 아기의 엉덩이를 때렸다고 믿어 왔다.

have / that / spanked / the bottom / born / Koreans / Samshin Halmoni / believed / him or her / encourage / to / be / of / to / the baby

09 포획되어 있는 몇몇 원숭이들과 유인원들은 그들이 다양한 음식을 얻기 위해 교환할 상징물들을 사용하는 것을 배워 왔다.

foods / tokens / and / trade / various / monkeys / learned / use / have / captivity / that / some / they / apes / for / to / in

10 무언가를 하는 것처럼 보이지 않는 사람들은 어떠한 것을 할 충분히 좋은 이유를 찾지 못했다.

seem / do / to / something / do / anything / enough / haven't / a / who / good / to / people / don't / reason / found

addition & transformation

[11~15] 우리말과 같도록, 조건에 맞게 문장을 완성하시오.

11 가장 최근의 설명 중의 하나는 언어 기술의 부족이었다. (13 단어, 현재완료 시제를 사용할 것, 필요시 어형 변화할 것)

a lack of / explanation / language skills / be / one / recent

---

12 과학자들은 유용한 어떤 일도 할 것 같아 보이지 않는 신체 기관에 대해 궁금해 했다. (13 단어, 현재완료 시제를 사용할 것, 「seem to-V」를 사용할 것)

that / body organs / wonder about / useful / do / anything / seem

---

13 Napoleon은 그의 고통스런 질병 때문에 Waterloo 전투에서 패배했다고 알려져 있다. (15 단어, 「to have p.p.」를 사용할 것, 필요시 어형 변화할 것)

painful disease / the battle of / because of / lost / know

---

14 당신이 당신의 머릿속에 아이디어들을 가지고만 있다면 당신의 어떤 아이디어도 세상을 바꾸지 않을 것이다. (None of 포함 16 단어)

ideas / the world / inside of / keep them / will / head / change

None of _____.

15 몸의 나머지 부분은 추위를 막아 주었을 훨씬 더 짧은 깃털들로 덮여 있었던 것처럼 보인다. (21 단어, 「seem to have been p.p.」를 사용할 것, 필요시 어형 변화할 것)

feathers / the rest of / keep out / cover in / that / the cold / would / much

---

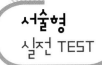

[1~3] 다음 글을 읽고, 물음에 답하시오.

> In early 19th century London, a young man named Charles Dickens had a strong desire to be a writer. But everything seemed to be against him.

(A) Moreover, he had so little confidence in his ability to write that he mailed his writings secretly at night to editors so that nobody would laugh at him. Story after story was refused.

(B) [**attend / for more than / never / able**]. His father had been in jail because he couldn't pay his debts, and this young man often knew the pain of hunger.

(C) But one day, one editor recognized and praised him. 자신의 작품이 출판됨으로써 그가 얻게 된 칭찬은 그의 일생을 바꾸어 놓았다. His works have been widely read and still enjoy great popularity.

VOCA

desire 열망
confidence 자신감
mail 보내다
editor 편집자
refuse 거절하다
be in jail 수감 중이다
debt 빚
hunger 배고픔
recognize 알아보다
praise 칭찬하다
widely 널리
popularity 인기

1 주어진 글 다음에 이어질 글의 순서로 가장 적절한 것은?

① (A) – (C) – (B)　　② (B) – (A) – (C)　　③ (B) – (C) – (A)

④ (C) – (A) – (B)　　⑤ (C) – (B) – (A)

2 다음 우리말과 같도록 [　] 안의 어구를 사용하여 조건에 맞게 문장을 완성하시오. (13 단어, 과거완료 시제를 사용할 것, 대소문자 구별할 것)

그는 절대 4년 이상 학교에 다닐 수 없었다.

3 윗글에서 밑줄 친 우리말과 같도록, 다음 어구를 배열하여 문장을 완성하시오. (대소문자 구별할 것)

that / received / from / getting / his whole life / the praise / one story / changed / he / in print

Unit 07

조동사가 포함된 문장 쓰기

Concept

조동사 필수 표현	조동사 관용 표현
• can : ① ~할 수 있다 ② ~해도 좋다	• cannot ~ too … : 아무리 …해도 지나치게 ~ 하는 것은 아니다
• may : ① ~해도 좋다 ② ~일 것이다	
• will : ① ~할 것이다 ② ~하기 마련이다 ③ ~하는 습성이 있다	• cannot but + V : ~하지 않을 수 없다 (= cannot help + -ing)
*would : ~하곤 했다	• may[might] as well + V : ~하는 것이 낫다
• must : ① 반드시 ~해야 한다 (≒ should) ② 틀림없이 ~일 것이다	• may[might] well + V : ~하는 것도 당연하다
• must have p.p. : ~였음에 틀림없다	• would rather + V(+ than) : (…하느니) 차라리 ~하고 싶다
• could have p.p. : ~할 수도 있었다	• had better + V : ~하는 것이 낫다
• should have p.p. : ~했어야 했다	• used to + V : ① (과거에 습관적으로) ~하곤 했다 ② (과거에) ~였다
• may[might] have p.p. : ~했을지도 모른다	

조동사란 동사에 다양한 의미를 주기 위해 동사 앞에 쓰이는 단어를 말한다. 조동사별로 가능, 추측, 의무 등 다양한 의미를 가지며, 「조동사 + have p.p.」는 과거 사실을 나타낸다.

Approach

주어진 우리말을 읽고 영어 조동사와 함께 묶이는 동사 chunk를 잘 파악해야 한다. 조동사가 동사원형과 사용되면 '현재'를 의미하고, have p.p.(완료형)와 사용되면 주로 '과거'를 의미하는 것에 주의해야 한다.

[1-2] 우리말과 같도록, 주어진 <u>어구</u>를 바르게 배열하시오.

1

물은 산소를 만들기 위해서 수소와 산소 원자를 분리시킴으로써 이용될 수 있다.
the hydrogen and oxygen atoms / water / to produce oxygen / by splitting up / can be used

---

STEP 1 　핵심 POINT 조동사 can

<u>물은</u> <u>산소를 만들기 위해서</u> <u>수소와 산소 원자를 분리시킴으로써</u> <u>이용될 수 있다.</u>
　S　　　　M1　　　　　　　　　M2　　　　　　　　　　　V

STEP 2 　<u>Water</u> <u>can be used</u> <u>to produce oxygen</u> <u>by splitting up / the hydrogen and oxygen atoms.</u>
　　　　S　　　V　　　　　M1　　　　　　　　M2
　　　물은　　이용될 수 있다　산소를 만들기 위해서　분리시킴으로써 / 수소와 산소 원자를

Tip • can be p.p. : 조동사 can을 포함한 수동태
　　 • to produce ~는 '~하기 위해'라는 의미의 목적을 나타내는 to부정사의 부사적 용법으로 쓰였다.
　　 • by + -ing : ~함으로써

2

우리가 대체로 모든 것을 위한 시간을 갖고 있지는 않으므로 우리는 무엇을 멈추거나 줄일지를 결정해야만 한다.

stop or reduce / what we should / we usually / so we should / for everything / don't have time / decide

STEP 1 　핵심 POINT 조동사 should

우리가 　대체로 　모든 것을 위한 시간을 　갖고 있지는 않으므로 　우리는 　무엇을 멈추거나 줄일지를 　결정해야만 한다.
S1 　　M 　　　　O1 　　　　　　　V1 　　　　　S2 　　　　O2 　　　　　　V2

STEP 2 　We 　usually don't have 　time / for everything, 　so 　we 　should decide 　what we should stop or reduce.
S1 　　　M + V1 　　　　　　O1 　　　　접속사 　S2 　　V2 　　　　　　　O2
우리는 　대체로 갖고 있지 않다 　시간을 / 모든 것을 위한 　그래서 　우리는 　결정해야만 한다 　　무엇을 멈추거나 줄일지를

Tip • should : '~해야 한다'라는 뜻의 의무를 나타낸다.
　　　• 간접의문문 : 의문사 + S + V

3

우리말과 같도록, 주어진 <u>단어</u>를 바르게 배열하시오.

우리는 처음부터 도움을 요청했어야만 했다.

the / should / we / asked / help / from / for / have / beginning

STEP 1 　핵심 POINT 조동사 should have p.p.

우리는 　처음부터 　도움을 　요청했어야만 했다.
S 　　M 　　　O 　　　V

STEP 2 　We 　should have asked for 　help 　from the beginning.
S 　　　V 　　　　　　　O 　　　　M
우리는 　요청했어야만 했다 　　도움을 　처음부터

Tip • should have p.p. : '~했어야 했다(사실은 하지 못했다)'라는 뜻의 후회를 나타낸다.

4

우리말과 같도록, <u>조건에 맞게</u> 문장을 완성하시오. (16 단어, 필요시 어형 변화할 것)

줄다리기는 사람들이 공동체의 단합을 촉진시키도록 도와주는 완벽한 방법이었을 것이다.

might / a perfect way / be / Juldarigi / the community / of / the unity / promote

STEP 1 　핵심 POINT 조동사 might have p.p.

줄다리기는 　사람들이 공동체의 단합을 촉진하도록 도와주는 　완벽한 방법이었을 것이다.
S 　　　　　　　　　M 　　　　　　　　　　　V + SC

STEP 2 　Juldarigi 　might have been a perfect way 　to help / people / promote the unity of the community.
S 　　　　　V + SC 　　　　　　　　　　　　　　M
줄다리기는 　완벽한 방법이었을 것이다 　　도와주는 / 사람들이 / 공동체의 단합을 촉진하도록

Tip • might have p.p. : '~했을지도 모른다'라는 뜻의 과거 사실에 대한 추측을 나타낸다.
　　　• to help ~는 앞에 있는 a perfect way를 수식하는 to부정사의 형용사적 용법으로 쓰였다.
　　　• help + O + OC(V / to-V) : O가 OC하도록 돕다

단어 배열 Practice

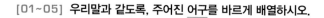

SENTENCE UNSCRAMBLE ~ chunks

[01~05] 우리말과 같도록, 주어진 어구를 바르게 배열하시오.

01 우리의 조상들은 날 음식을 씹고 갈 때 사랑니로부터 혜택을 받았을지도 모른다.

when chewing / our ancestors / grinding raw food / from wisdom teeth / might have benefited / and

02 컴퓨터 앞에서 너무 많은 시간을 보냄으로써 야기된 건강 문제를 운동이 해결할 수 없다.

too much time / the health problem / in front of the computer / exercise cannot fix / caused by spending

03 Jane은 그녀의 아들이 당부했던 것을 그녀가 잊지 말았어야 했다고 혼잣말을 하면서 대화를 끝냈다.

what her son / the conversation / Jane ended / had asked / have forgotten / that she shouldn't / telling herself

04 가장 성공한 전문가들 중의 몇몇은 그들이 오늘날 실제로 하고 있는 것을 절대 예측하지 못했을 것이다.

have predicted / the most successful professionals / do today / could never ever / some of / what they actually

05 여러분은 스스로에게 무엇이 작가의 주된 생각인지와 그것에 대한 여러분 자신의 의견은 무엇인지를 계속해서 질문해야 한다.

what your own opinion / what the author's main idea is / about that is / and / keep asking yourself / you should

 **words**

[06~10] 우리말과 같도록, 주어진 <u>단어</u>를 바르게 배열하시오.

06 한 편의 글을 시작하는 당신의 첫 번째 목표는 어수선하게 만드는 것이어야 한다.

writing / ought / first / make / your / a mess / a / piece / be / to / to / begin / aim / of / to

_____

07 당신은 얼마나 많은 사람들이 이런 단계의 중요성을 이해하지 못하는지에 대해 놀라게 될 것이다.

the / this / how / to / step / importance / would / people / of / fail / at / you / many / be / understand / surprised

_____

08 당신의 추천서가 장학금 위원회로 하여금 나에게 운을 맡겨 보도록 설득했었음이 틀림없다.

committee / a chance / have / the / me / scholarship / take / on / your / must / recommendation / to / persuaded

_____

09 농부는 주어진 양의 토지는 어느 정도의 노동력에 의해서 작업되어야만 한다는 것을 인식하고 있다.

amount / by / must / recognizes / of / a certain / a farmer / worked / a / given / of / land / labor / be / amount / that

_____

10 직원들이 자신들의 업무 공간을 개인화하도록 허용하는 회사들은 성실한 직원으로 보상받아야 한다.

with / be / employees / that / allow / employees / companies / workspaces / their / faithful / personalize / their / to / rewarded / should

_____

addition & transformation

[11~15] 우리말과 같도록, <u>조건에 맞게</u> 문장을 완성하시오.

11

편지는 사람들이 메시지를 보낼 때 쓰는 보통의 방법이었다. (12 단어, 의미상의 주어 「for + 목적격」을 사용할 것)

letter / the usual way / to send messages / used to

_____

12

당신은 신에게 그가 어느 제국을 말했는지 질문했어야 했다. (11 단어, 「should have p.p.」를 사용할 것, 필요시 어형 변화할 것)

he / ask / which empire / the god / speak of

_____

13

이것은 당신의 독자들이 희생자들을 돕기 위해 그들이 할 수 있는 것이 무엇인지 확인하도록 독려할 것이다.
(16 단어, 조동사 will, can을 사용할 것)

encourage / the victims / they / to help / check out

_____

14

그들은 문화의 규칙들이 다르다는 상황들을 식별할 수 있어야 한다. (16 단어)

identify / in which / should / the cultures / situations / the rules

_____

15

당신이 얼마만큼의 수면이 필요한지에 대한 최고의 지표는 당신이 어떻게 느끼느냐에 근거를 두어야 한다. (16 단어)

sleep / indicator of / should be / how much / based on

_____

[1~3] 다음 글을 읽고, 물음에 답하시오.

VOCA

rural 농업의, 시골의
cash crop 환금(換金) 작물
precious 귀한
export 수출용의; 수출하다
source 원천
income 소득
in a sense 어떤 의미로는
environmental 환경의
pressure group 압력 단체

What do rural Africans think as they pass fields of cash crops such as sunflowers, roses, or coffee, while walking five kilometers a day to collect water? [**safe drinking water / their own people / some African / find / or provide / to / feed / it / countries / difficult**], yet precious water is used to produce export crops for European markets. But, 아프리카 농민들은 그러한 작물들을 기를 수밖에 없다 because they are one of only a few sources of income for them. In a sense, African countries are exporting their water in the very crops they grow. They need water, but they also need to export water through the crops they produce. Environmental pressure groups argue that European customers who buy African coffee or flowers are _____ in Africa.

1 다음 우리말과 같도록 [　] 안의 어구를 배열하여 조건에 맞게 문장을 완성하시오. (「가목적어(it) ~ 진목적어(to-V)」를 사용할 것, 대소문자 구별할 것)

일부 아프리카 국가들은 자국민들을 먹여 살리거나 안전한 식수를 공급하는 것이 어렵다는 것을 알고 있다

_____

_____

단대부고 2학년 서술형 응용

2 윗글에서 밑줄 친 우리말과 의미가 같도록, 괄호 안에 있는 단어를 사용하여 빈칸을 완성하시오.

(1) African farmers _____ _____ _____ (help, grow) those crops

(2) African farmers _____ _____ _____ _____ (but, grow) those crops

(3) African farmers _____ _____ _____ _____ _____ _____ (choice, grow) those crops

3 윗글의 빈칸에 들어갈 말로 가장 적절한 것은?

① lowering the prices of crops
② making water shortages worse
③ making farmers' incomes lower
④ producing goods with more profit
⑤ criticizing the unfair trade of water

Unit 08 수동태 문장 쓰기

형태		예문
수동태	S + be p.p. + by 행위자	He **was chosen** president by the members.
진행형 수동태	be being + p.p.	Dinner **was being prepared** when I arrived.
완료형 수동태	have[has, had] been + p.p.	Our computer network **has been attacked** by hackers until now.
수동태의 부정	be not + p.p.	Children **aren't allowed** to view some movies.

수동태란 주어가 어떤 동작의 대상이 되어 그 동작을 '당하는' 것을 나타내는 형태를 말한다.

주어진 우리말에서 '~되다, ~ 당하다' 등의 수동태 표현이 직접적으로 쓰였다면 수동태로 문장을 쓰면 되지만, 간혹 수동태 표현을 그대로 해석한 직역의 어색함을 없애기 위해 의역된 우리말이 제시되기도 한다. 이때, 주어진 영단어에서 수동태 표현(be동사, 과거분사)의 유무를 확인하여 문장을 구성한다.

[1-2] 우리말과 같도록, 주어진 <u>어구를</u> 바르게 배열하시오.

1
블랙박스는 비행기 추락의 원인을 알아내기 위해 사용된다.
black boxes / the causes / to find out / of airplane crashes / are used

---

STEP 1 　핵심 POINT　 현재 수동태
<u>블랙박스는</u>　<u>비행기 추락의 원인을 알아내기 위해</u>　<u>사용된다.</u>
　　S　　　　　　　　　　M　　　　　　　　　V

STEP 2 　<u>Black boxes</u>　<u>are used</u>　<u>to find out / the causes of airplane crashes.</u>
　　　　　　S　　　　　V　　　　　　　　　　M
　　　블랙박스는　　사용된다　　　알아내기 위해 / 비행기 추락의 원인을

Tip ・to find는 '~하기 위해'라는 의미의 목적을 나타내는 to부정사의 부사적 용법으로 쓰였다.

2

그의 야심 찬 계획은 그것이 시작된 직후 곧 실패할 운명이었다.

it had been / was destined / launched / his ambitious plan / shortly after / to fail

---

STEP 1   [핵심 POINT] 과거 / 과거완료 수동태

그의 야심 찬 계획은   그것이 시작된 직후 곧   실패할 운명이었다.
       S   M   V + SC

STEP 2   His ambitious plan   was destined to fail   shortly after it had been launched.
            S   V + SC   M
      그의 야심 찬 계획은   실패할 운명이었다   그것이 시작된 직후 곧

Tip • be destined to-V : ~할 운명이다
      • had been launched는 과거완료 수동태로, 주어인 it(= plan)이 launch(시작하다)한 것이 문장의 동사(was destined to fail)보다
        앞선 동작을 나타내므로 과거완료 시제와 수동태가 결합하였다.

---

3 우리말과 같도록, 주어진 단어를 바르게 배열하시오.

가면 공예는 수백 년 동안 베니스에서 하나의 예술로 여겨져 왔다.

the / of / craft / mask-making / an art / in / years / has / for / hundreds / considered / of / been / Venice

---

STEP 1   [핵심 POINT] 현재완료 수동태

가면 공예는   수백 년 동안 베니스에서   하나의 예술로   여겨져 왔다.
      S   M   SC   V

STEP 2   The craft of mask-making   has been considered   an art   in Venice / for hundreds of years.
               S   V   SC   M
      가면 공예는   여겨져 왔다   하나의 예술로   베니스에서 / 수백 년 동안

Tip • has been considered는 현재완료 수동태로, 현재까지 이어지고 있는 의미를 나타내므로 현재완료 시제와 수동태가 결합하였다.
      • 부사의 어순은 「장소부사 + 방법부사 + 시간부사」가 일반적이므로, in Venice(장소) + for hundreds of years(시간)의 순서로 쓰인다.

---

4 우리말과 같도록, <u>조건에 맞게 문장을 완성하시오.</u> (17 단어, 필요시 어형 변화할 것)

Ole Bull은 70곡 이상을 작곡했다고 여겨지나, 대략 10곡만이 오늘날 남아 있다.

more than / but / compose / to / works / believe / only about / remain today

---

STEP 1   [핵심 POINT] 현재 수동태

Ole Bull은   70곡 이상을 작곡했다고   여겨지나,   대략 10곡만이   오늘날 남아 있다.
     S1   SC   V1   S2   V2 + M

STEP 2   Ole Bull   is believed   to have composed / more than 70 works,   but   only about 10   remain today.
       S1   V1   SC   접속사   S2   V2 + M
      Ole Bull은   여겨진다   작곡했다고 / 70곡 이상을   하지만 대략 10곡만이 오늘날 남아 있다

Tip • to have composed는 완료부정사로 문장의 동사(is believed)보다 앞선 동작(과거)을 나타낸다.

SENTENCE
UNSCRAMBLE ～ chunks

[01~05] 우리말과 같도록, 주어진 어구를 바르게 배열하시오.

01 시골에 사는 것보다 질병과 전염병에 노출될 더 높은 가능성이 있었다.

in the country / to diseases and infections / of being exposed / than living / there was / a higher chance

02 GE 관리자들은 먼지투성이의 낡은 책에서 그것들(해결책)을 찾기보다는 그들 자신의 해결책을 찾도록 배운다.

rather than look them up / are taught / to find / in a dusty old book / GE managers / their own solutions

03 이 방법은 약 4백만 명의 사람들에게 식수를 공급하기 위해 전 세계적으로 현재 사용되고 있다.

all over the world / this method / for some four million people / to provide / drinking water / is now being used

04 수학 성취 평가를 보기 전에 행복하다고 느끼게 된 학생들은 그들의 중립적인 (기분의) 또래들보다 훨씬 더 잘한다.

perform much better / before taking / than their neutral peers / students who / are made to feel happy / math achievement tests

05 그가 근무 중에 잠들었다고 추정되었던 바로 그날 밤 자정에 그 시계가 13번 울렸다는 것이 밝혀졌다.

he was supposed / it was discovered / on duty / had struck thirteen times / to have fallen asleep / that the clock / at midnight on the very night

SENTENCE UNSCRAMBLE ~• words

[06~10] 우리말과 같도록, 주어진 단어를 바르게 배열하시오.

06 그 체육관은 수년 동안 경쟁을 해 오던 역도 선수들로 가득했다.

competing / with / lifters / been / years / gym / weight / for / filled / had / the / who / was

07 그들의 내부 장기가 격렬하게 변형되는 경험은 흥미 있다고 여겨진다.

having / experience / organs / rudely deformed / of / is / their / thought / exciting / internal / the

08 이 관용적 표현은 사회적 금기를 포함하는 문제를 설명하기 위해 종종 사용된다.

that / taboo / is / involves / this / to / a / social / describe / expression / often / used / an / idiomatic / issue

09 그런 속임수들은 "placebo buttons"라고 불리며 그것들은 모든 종류의 상황에서 강요되고 있다.

being / sorts / pushed / such / are / contexts / are / of / and / they / "placebo buttons" / called / all / in / tricks

10 이런 유인책들은 희귀병을 지닌 개인들의 그 작은 시장들을 위한 약품을 개발하도록 회사들을 장려하기로 되어 있다.

rare / markets / develop / with / to / for / illnesses / to / incentives / encourage / meant / drugs / these / the / small / of / individuals / companies / are

[11~15] 우리말과 같도록, <u>조건에 맞게</u> 문장을 완성하시오.

11
아기들은 그들이 배우려고 기대하는 언어에 몰입한다. (12 단어, 필요시 어형 변화할 것)

the language / babies / to / expect / immerse in / that

_____

12
몇몇 고래들은 멸종 위기 종 목록에서 삭제되었다. (9 단어, 현재완료 수동태를 사용할 것, 필요시 어형 변화할 것)

from / remove / some / endanger / whales / species lists

_____

13
그 독특한 수송기는 시속 180마일의 속도에 도달했었다고 언급되었다. (15 단어, 「to have p.p.」를 사용할 것, 필요시 어형 변화할 것)

a speed of / unique transport / say / miles / reach

_____

14
낮은 속도에서는 높은 속도에서보다 적은 연료가 소비된다는 것이 증명되어 왔다. (16 단어, 「가주어(It) ~ 진주어 (that)」을 사용할 것, 현재완료 수동태를 사용할 것)

at high speeds / less fuel / prove / is consumed / than / at low speeds

_____

15
당신은 당신이 어떻게 인식되는가에 영향을 미칠 이메일을 받았을지도 모른다. (16 단어, 「may have p.p.」를 사용할 것, 필요시 어형 변화할 것)

that / perceive / receive / an impact on / will / an e-mail / how

_____

[1~3] 다음 글을 읽고, 물음에 답하시오.

> If this goes on for any length of time, the reactions in our cells cannot continue and we die.

It is vitally important that wherever we go and whatever we do the body temperature is maintained at the temperature at which our enzymes work best. It is not the temperature at the surface of the body which matters. (①) <u>안정되게 유지되어야 하는 것은 바로 몸 속 깊은 곳의 온도이다</u>. (②) At only a few degrees above or below normal body temperature our enzymes cannot function properly. (③) All sorts of things can affect internal body temperature, including heat generated in the muscles during exercise, fevers caused by disease, and the external temperature. (④) We can control our temperature in lots of ways: we can change our clothing, the way we behave and how active we are. (⑤) But we also have an internal control mechanism: when we get too hot we start to sweat.

VOCA

length 시간, 길이
reaction 반응
vitally 진실로, 참으로
maintain 유지하다
enzyme 효소
surface 표면
properly 원활하게
affect 영향을 미치다
internal 내부의
generate 생성하다
muscle 근육
fever 열
external 외부의
behave 행동하다
mechanism 체계
sweat 땀을 흘리다

1 글의 흐름으로 보아, ① ~ ⑤ 중 주어진 문장이 들어가기에 가장 적절한 곳은? (   )

2 윗글에서 밑줄 친 우리말과 같도록, 다음 어구를 사용하여 조건에 맞게 문장을 완성하시오. (13 단어, 「It ~ that」 강조구문을 사용할 것, 대소문자 구별할 것, 필요시 어형 변화할 것)

the temperature / must / keep / stable / deep inside the body

_____

세화고 1학년 서술형 응용

3 윗글의 제목을 다음과 같이 쓸 때, 빈칸에 들어갈 알맞은 단어를 쓰시오. (본문의 어휘를 사용할 것, 필요시 어형 변화할 것)

The Importance of _____ _____

Unit 09

목적어가 명사구인 문장 쓰기

명사구의 종류	예문
to부정사(to-V)구	I haven't decided **to go to the party**.
동명사(-ing)구	He continued **talking about politics**.
「의문사 + to-V」구	She doesn't know **what to do** about her problem.

*5형식 문장(S + V + O + OC)에서 목적어가 긴 경우에는 「가목적어 it – 진목적어」 형태를 사용하여, 「S + V + 가O(it) + OC + 진O」의 구조를 갖는다.

명사구는 목적어, 보어, 수식어구와 함께 쓰일 수 있으므로, 이를 포함하는 명사구 chunk 를 잘 파악해야 한다. 목적어로 사용된 명사구는 '~하는 것을, ~하기를'이라고 해석되므로, 주어진 우리말에서 목적어가 어디까지인지를 먼저 찾아 표시한 후, 제시된 영단어들 중 명사구에 해당하는 것을 파악하는 것이 중요하다.

[1-2] 우리말과 같도록, 주어진 어구를 바르게 배열하시오.

1

Walter는 그 사진을 찾기 위해서 길을 나서기로 결심한다.
to find the picture / decides / to hit the road / Walter

STEP 1 　[핵심 POINT] to부정사구인 목적어 chunk

　　 Walter는 그 사진을 찾기 위해서 길을 나서기로 결심한다.
　　　 S 　　　 M 　　　　　 O 　　　 V

STEP 2 　Walter 　decides 　to hit the road 　to find the picture.
　　　　 S 　　 V 　　　　 O 　　　　　 M
　　　 Walter는 　결심한다 　길을 나서기로 　그 사진을 찾기 위해서

Tip ・ decide + to-V : decide는 목적어로 to부정사를 취한다.
　　 ・ to find the picture는 '~하기 위해'라는 의미의 목적을 나타내는 to부정사의 부사적 용법으로 쓰였다.

2

이 문제를 해결하기 위해서, 한 과학자가 높은 건물 내부에서 농작물 재배하는 것을 제안했다.
growing crops / inside a tall building / a scientist suggested / this problem

To solve _____ .

STEP 1 　핵심 POINT　 동명사구인 목적어 chunk
이 문제를 해결하기 위해서,　한 과학자가　높은 건물 내부에서　농작물 재배하는 것을　제안했다.
　　　M　　　　　　　　 S　　　　　M　　　　　　 O　　　　　　 V

STEP 2 　To solve this problem,　a scientist　suggested　growing crops　inside a tall building.
　　　　　　　　M　　　　　　　 S　　　　　 V　　　　　 O　　　　　　 M
이 문제를 해결하기 위해서　한 과학자가　제안했다　농작물 재배하는 것을　높은 건물 내부에서

Tip • To solve this problem은 '~하기 위해'라는 의미의 목적을 나타내는 to부정사의 부사적 용법으로 쓰였다.
　　　• suggest + -ing : suggest는 목적어로 동명사를 취한다.

3 우리말과 같도록, 주어진 단어를 바르게 배열하시오.

가장 중요한 방법은 생태계를 심각하게 교란시키는 것을 피하는 것이다.
the / ecosystem / way / is / significantly / avoid / disturbing / important / the / to / most

STEP 1 　핵심 POINT　 동명사구인 목적어 chunk
가장 중요한 방법은　생태계를 심각하게 교란시키는 것을 피하는 것이다.
　　　S　　　　　　　　　 V + SC + M

STEP 2 　The most important way　is to avoid disturbing the ecosystem / significantly.
　　　　　　　　S　　　　　　　　　　 V + SC + M
가장 중요한 방법은　　　　생태계를 교란시키는 것을 피하는 것이다 / 심각하게

Tip • to avoid는 주격보어 자리에 사용되어 to부정사의 명사적 용법으로 쓰였다.
　　　• avoid + -ing : avoid는 목적어로 동명사를 취한다.

4 우리말과 같도록, 조건에 맞게 문장을 완성하시오. (16 단어, 「가목적어-진목적어」 구문을 사용할 것)

나는 친구들과 잘 지내고 내 학업에 집중하는 것을 어렵다고 생각한다.
difficult / to concentrate on / it / school work / to get along with / find

STEP 1 　핵심 POINT　 「가목적어-to부정사구 진목적어」
나는　친구들과 잘 지내고　내 학업에 집중하는 것을　어렵다고　생각한다.
　S　　　 진O1　　　　　　 진O2　　　　　　 OC　　　 V

STEP 2 　I　find　it　difficult　to get along with friends　and　to concentrate / on my school work.
　　　　 S　 V　 가O　　OC　　　　　　 진O1　　　　　　 접속사　　　　　　 진O2
나는　생각한다　어렵다고　친구들과 잘 지내는 것을　그리고　집중하는 것을 / 내 학업에

Tip • find + it(가O) + OC + 진O(to부정사구) : O가 OC하다고 생각하다
　　　• to get ~ friends와 to concentrate ~ work가 and를 중심으로 병렬구조를 이루고 있다.

단어 배열 Practice

SENTENCE
UNSCRAMBLE ⌐✧ chunks

[01~05] 우리말과 같도록, 주어진 어구를 바르게 배열하시오.

01 그들은 너무 열심히 집중해서 그들은 다가오는 터널이나 다리에 주의할 것을 잊었다.

upcoming tunnels / that they forgot / or bridges / to watch for / they were / so intensely focused

---

02 그들의 자존감이 고양된 실험 대상자들은 그것에 대해 검진 받는 것을 원했다.

the subjects / wanted to / who had their self-esteem / be tested for it / raised

---

03 당신의 동료들에 의해서 말해지는 당신이 들은 첫 번째 농담은 무엇이 적절한지에 대한 믿음을 형성하는 것을 도와준다.

help to form / what is appropriate / that you hear / the first jokes / a belief about / told by your colleagues

---

04 우리는 그 과정에서 빠져나오는 것을 시작해야 하고 우리의 학생들에게 스스로 여행을 떠나도록 요구하는 것을 시작해야 한다.

begin to step out / to take the journey / and begin requiring our students / we should / of the process / on their own

---

05 그 길은 금이 가 있고 그녀의 휠체어를 여기저기에서 굴리는 것을 불가능하게 만드는 돌멩이들과 파편들로 널려 있다.

from place to place / with rocks and debris / cracked and littered / the paths are / to roll her chair / that make it impossible

---

SENTENCE UNSCRAMBLE → words

[06~10] 우리말과 같도록, 주어진 단어를 바르게 배열하시오.

06 나는 한 개인에 의해서 퍼뜨려진 소문에 대해서 읽었던 것을 기억한다.

by / about / was / a rumor / remember / an / reading / I / individual / that / passed / along

_____

07 또 다른 예방책은 벌레들이 모이거나 둥지를 트는 장소를 피하는 것을 포함한다.

or / nest / another / technique / where / avoiding / prevention / areas / insects / involves / gather

_____

08 나는 계획들의 일부가 바뀔 것임을 예상하는 것이 도움이 된다는 것을 알게 되었다.

will / to / percentage / of / found / a / helpful / I / change / plans / expect / have / that / it / certain

_____

09 그 소년은 그 울타리에 못을 박는 것보다 자신의 화를 참는 것이 더 쉽다는 것을 이해하기 시작했다.

than / nails / easier / holding / that / boy / temper / into / understand / was / driving / the / his / the / fence / started / to

_____

10 우리는 학생들이 문제 해결 기술을 배울 기회로서 그 문제들을 사용하도록 허락하는 것이 훨씬 더 효과적임을 알게 되었다.

skills / use / much / found / have / more / students / it / problem-solving / as / an opportunity / effective / to / we / allow / to / problems / learn / to

_____

[11~15] 우리말과 같도록, <u>조건에 맞게</u> 문장을 완성하시오.

11

당신은 당신 스스로 두려운 목표를 좇도록 하는 것을 피하기 시작했다. (10 단어, 필요시 어형 변화할 것)

go after / avoid / scary goals / begin to / let

_____

12

아무도 듣는 사람들을 당황스러워 보이게 만드는 이야기를 말하는 것을 원하지 않는다. (13 단어, 필요시 어형 변화할 것)

the listeners / a story / puzzle / wants / no one / have / look

_____

13

나는 문이 없는 사무실에서는 창의적이 되는 것이 어렵다고 항상 생각해 왔다. (13 단어, 「가목적어(it) ~ 진목적어(to-V)」를 사용할 것)

in / hard / have always thought / be creative / doorless

_____

14

나는 선로 위에서 걸어가면서 균형을 잡으려고 노력했던 것을 기억한다. (11 단어, 「while + 분사구문」을 사용할 것, 필요시 어형 변화할 것)

walk / balance / try to / a railroad track / remember

_____

15

돛은 오직 바다에 의해서만 도달할 수 있는 나라들과 무역하는 것을 가능하게 만들었다. (16 단어, 「가목적어(it) ~ 진목적어(to-V)」를 사용할 것)

could / the sail / that / trade with / only by sea / made / be reached

_____

[1~3] 다음 글을 읽고, 물음에 답하시오.

Poetry sharpens our senses and makes us more keenly and fully aware of life. Imagine, for a moment, that you are trying to describe one of your friends. You could say the friend is tall, has blue eyes, a mole on the left cheek, or a red nose. But that would only describe the outside of this person. It wouldn't tell people what your friend is really like — the habits, feelings, all the little peculiarities that make this person what he or she is and different from everyone else. [**find / would / describe / very difficult indeed / the inside of**], even though you feel you know such a great friend through and through. Now good poetry does describe life in that way; it tells us about its inside as well as its outside, and thus 그것은 당신이 친구를 알고 사랑하는 것만큼 친밀하게 세상을 알고 사랑하도록 당신을 돕는다.

VOCA

poetry 시
sharpen 선명하게 하다
keenly 날카롭게
aware of 인식하는
mole 점
cheek 뺨
peculiarity 특이점
indeed 정말로
through and through 속속들이
A as well as B B뿐만 아니라 A도

1 윗글의 주제로 가장 적절한 것은?

① tips for being a successful poet
② usefulness of poetry in our lives
③ misconceptions about reading poetry
④ difficulty of describing outside features
⑤ ways to convey ideas by poetic description

2 다음 우리말과 같도록 [　] 안의 어구를 사용하여 조건에 맞게 문장을 완성하시오. (14 단어, 「가목적어(it) – 진목적어(to-V)」를 사용할 것)

당신은 당신 친구의 내면을 묘사하는 것이 정말로 매우 어렵다는 것을 알게 될 것이다

3 윗글에서 밑줄 친 우리말과 같도록, 다음 단어를 배열하여 문장을 완성하시오.

love / it / and / to / love / intimately / a friend / as / you / you / helps /
as / know / know / and / the world

Unit 10 목적어가 명사절인 문장 쓰기

명사절의 종류	예문
that + S + V	Some parents think **(that) babies should listen to Mozart**.
if[whether] + S + V	I don't remember **if I left the stove on**.
의문사 + S + V	I want to know **where he is from**.
관계대명사 what + S + V	Tell me **what you have bought**.

명사절은 접속사가 이끄는 주어와 동사가 있는 절을 포함하고 있고 다른 수식어구도 함께 사용되므로 명사절 chunk가 어디까지인지 잘 파악해야 한다. 명사절 접속사 that은 3형식에서 타동사의 목적어로 사용되는 경우 대부분 생략이 가능하므로 제시된 영단어에 that이 없을 수도 있다. 5형식 문장에서 명사구나 명사절을 목적어로 사용하여 목적어의 길이가 길어진 경우, 「가목적어-진목적어」 구문으로 쓸 수 있음에 유의한다.

[1-2] 우리말과 같도록, 주어진 어구를 바르게 배열하시오.

1

신뢰는 청중이 당신과 당신의 말을 믿는다는 것을 의미한다.
that the audience / believes / credibility / you and your words / means

STEP 1 **핵심 POINT** 접속사 that절인 목적어 chunk
신뢰는 청중이 당신과 당신의 말을 믿는다는 것을 의미한다.
   S   O   V

STEP 2 <u>Credibility</u> <u>means</u> <u>that the audience / believes / you and your words</u>.
     S   V   O
   신뢰는   의미한다   청중이 / 믿는다는 것을 / 당신과 당신의 말을

Tip • 접속사 that이 이끄는 절이 means의 목적어로 쓰인 명사절이다.

2

수년 동안, 과학자들은 인간이 화성에 살 수 있을지 아닐지에 대해 궁금해했다.

about whether or not / live in Mars / be able to / humans would / years / scientists / have been curious

For _____ .

STEP 1 핵심 POINT 접속사 whether절인 목적어 chunk

수년 동안, 과학자들은 인간이 화성에 살 수 있을지 아닐지에 대해 궁금해했다.
　M　　　　S　　　　　　　　M　　　　　　　　　　V + SC

STEP 2 For years, / scientists / have been curious / about whether or not humans would be able to live / in Mars.
　　　　　M　　　　　S　　　　　V + SC　　　　　　　　　　M (전치사 + whether절)
　　　　수년 동안　　과학자들은　　궁금해했다　　　인간이 살 수 있을지 아닐지에 대해 / 화성에

Tip • whether ~ Mars가 전치사 about의 목적어로 쓰인 명사절이다.

3 우리말과 같도록, 주어진 단어를 바르게 배열하시오.

여러분은 두 학생이 그들의 새로운 학교생활에 대해서 말하는 것을 들어 보지 않을래요?

what / to / two / about / you / why / life / their / listen / don't / students / new / school / say

_____ ?

STEP 1 핵심 POINT 관계대명사 what절인 목적어 chunk

여러분은　두 학생이 그들의 새로운 학교 생활에 대해서 말하는 것을　들어 보지 않을래요?
　S　　　　　　　　　O　　　　　　　　　　　　　　　V

STEP 2 Why don't you listen to / what two students say / about their new school life?
　　　　　의문사 + V + S　　　　　　　　　　O
　　　　여러분은 들어 보지 않을래요　　두 학생이 말하는 것을 / 그들의 새로운 학교생활에 대해서

Tip • 관계대명사 what이 이끄는 절이 전치사 to의 목적어로 쓰인 명사절이다.

4 우리말과 같도록, 조건에 맞게 문장을 완성하시오. (21 단어, 「가목적어-진목적어」 구문을 사용할 것)

나는 그렇게 많은 다양한 사람들이 그들이 만난 적이 없는 가족을 위해 집을 지으러 함께 왔다는 것이 놀랍다고 생각한다.

that / it / they'd / never / build / so many different / find / amazing / came together

_____

STEP 1 핵심 POINT 「가목적어-that절 진목적어」

나는　그렇게 많은 다양한 사람들이 그들이 만난 적이 없는 가족을 위해 집을 지으러 함께 왔다는 것이　놀랍다고　생각한다.
　S　　　　　　　　　　　　진O　　　　　　　　　　　　　　　　　　OC　　　V

STEP 2 I / find / it / amazing / that so many different people / came together / to build a house /
　　　　　S　　V　　가O　　OC　　　　　　　　　　　진O
　　　　나는　생각한다　　놀랍다고　　그렇게 많은 다양한 사람들이 / 함께 왔다는 것이 / 집을 지으러 /

for a family / they'd never met.

가족을 위해 / 그들이 만난 적이 없는

Tip • find + 가O(it) + OC + 진O(that절) : 진O가 OC하다고 생각하다
• to build ~는 '~하기 위해'라는 의미의 목적을 나타내는 to부정사의 부사적 용법으로 쓰였다.

단어 배열 Practice

SENTENCE
UNSCRAMBLE ᴖ chunks

[01~05] 우리말과 같도록, 주어진 어구를 바르게 배열하시오.

01 생태학자 Rhahyosue는 어떻게 큰 동물의 손실이 자연계에 영향을 주는지를 직접적으로 관찰했다.

of large animals / the ecologist Rhahyosue / affects the natural world / how the loss / has observed directly

_____

02 동일한 응답자들은 그들이 자신들과 탑승자들을 보호하는 차량을 구입하기를 선호한다고 말했다.

and their passengers / to buy cars / the same respondents / which protect them / said that they prefer

_____

03 그는 어떤 친척이 비슷한 질병으로 고통 받았는지를 알아보기 위해 가족 병력에 대해 물어보곤 했다.

if any relatives had suffered / about the family health history / to see / from similar diseases / he would inquire

_____

04 그는 자신의 제자들에게 백성들의 행복을 보장하는 것이 지도자의 역할이라고 가르쳤다.

that it is the role / the happiness of their people / of rulers / to secure / his students / he taught

_____

05 다음 예는 상관 관계의 관찰에 기초하여 인과 관계의 진술을 하는 것이 왜 어려운지를 보여 줄 것이다.

of correlational observation / why it is difficult / the following example / on the basis / to make causal statements / will illustrate

_____

SENTENCE UNSCRAMBLE · words

[06~10] 우리말과 같도록, 주어진 단어를 바르게 배열하시오.

06 우리는 우리의 다음 여름휴가가 우리로 하여금 어떤 느낌이 들게 하는지를 추정한다.

will / vacation / summer / make / our / next / we / how / feel / us / estimate

---

07 사람들은 그들에게 가장 이익이 되는 것을 행동함으로써 장려금에 반응한다.

what / incentives / by / is / interests / in / their / respond / best / doing / people / to

---

08 여러분은 종잇조각이나 분필 가루가 그 펜에 달라붙는 것을 발견할 것이다.

find / or / chalk / you / the / cling / to / paper / the bits of / dust / will / pen / that

---

09 그는 전통적인 배급 방식을 찾는 것이 거의 불가능하다는 것을 알았다.

would / conventional / be / that / for / impossible / he / almost / distribution / looking / knew

---

10 그녀는 누구에게도 특정한 사람들이 유리한 점을 갖고 있다는 인상을 주지 않는다.

not / she / people / certain / give / the impression / that / have / does / anyone / an advantage

---

addition & transformation

[11~15] 우리말과 같도록, 조건에 맞게 문장을 완성하시오.

11

나는 그 천사들 중 한 명에게 왜 그가 치료를 받지 않았는지를 물었다. (12 단어, 간접의문문을 사용할 것, 필요시 어형 변화할 것)

been / had / he / of / the angels / healed / ask

_____

12

언어적 지식이 네가 사회적으로 적절한 발화를 이해하고 만들어 낼 수 있다는 것을 보장하지 않는다. (14 단어, 필요시 어형 변화할 것)

appropriate / speech / produce / guarantee / social / linguistic knowledge / understand / that

_____

13

어떤 사람들은 그들의 피가 그들을 부상으로부터 보호해 준다는 전설을 믿었다. (12 단어, 동격 구문을 사용할 것)

wounds / their blood / some / them / myths / could

_____

14

그들은 달이 얼마나 큰지 그리고 그것이 얼마나 멀리 있는지 알기를 원했다. (15 단어, 간접의문문을 사용할 것, 단어 중복 사용 가능)

was / big / it / wanted / far away / the moon / how

_____

15

이 모델에서의 문제점은 한 사람이 얼마나 많이 웃을지를 그것이 보장하지 못한다는 것이다. (17 단어, 간접의문문을 사용할 것)

that / the problem / guarantee / does / is / it / a person / in this model / will

_____

[1~3] 다음 글을 읽고, 물음에 답하시오.

New t_____ create new interactions and cultural rules. As a way to encourage TV viewing, social television systems now enable social interaction among TV viewers in different locations. These systems are known to build a greater sense of (A) | connectedness / isolation | among TV-using friends. One field study focused on how five friends between the ages of 30-36 communicated while watching TV at their homes. The technology (B) | allowed / forbade | them to 친구들 중 어떤 이가 TV를 보고 있는지와 그들이 무엇을 보고 있는지를 안다. They chose how to communicate via social television—whether through voice chat or text chat. The study showed a strong preference for text over voice. Users offered two key reasons for (C) | disliking / favoring | text chat. First, text chat required less effort and attention, and was more enjoyable than voice chat. Second, study participants viewed text chat as more polite.

VOCA

interaction 상호 작용
encourage 부추기다
enable ~을 할 수 있게 하다
location 장소, 위치
field study 현장 연구
via ~을 통해
voice chat 음성 채팅
text chat 문자 채팅
preference 선호(도)
offer 말하다, 제공하다
participant 참가자
polite 예의 바른, 공손한

1

세종고 2학년 서술형 응용

윗글의 빈칸에 들어갈 알맞은 단어를 본문에서 찾아 쓰시오. (t를 포함한 12자, 필요시 어형 변화할 것)

t_____

2

(A), (B), (C)의 각 네모 안에서 문맥에 맞는 낱말로 가장 적절한 것은?

	(A)		(B)		(C)
①	connectedness	⋯⋯	allowed	⋯⋯	disliking
②	connectedness	⋯⋯	forbade	⋯⋯	disliking
③	connectedness	⋯⋯	allowed	⋯⋯	favoring
④	isolation	⋯⋯	forbade	⋯⋯	favoring
⑤	isolation	⋯⋯	allowed	⋯⋯	disliking

3

윗글에서 밑줄 친 우리말과 같도록, 다음 어구를 배열하여 문장을 완성하시오.

what / watching TV / were / watching / the friends / which of / and / they / were / see

Unit 11

목적어가 형용사구의 수식을 받는 문장 쓰기

형용사구의 종류	예문
to부정사(to-V)구	She found a house **to live in alone**.
분사(-ing/p.p.)구	I don't know the man **following me**.
전명(전치사 + 명사)구	The kid had some food **on the table**.

목적어가 길어지는 것은 대부분 목적어 뒤에 형용사적 수식어구가 이어지는 경우이다. to 부정사(to-V), 분사(-ing / p.p.), 「전치사+명사」의 형용사구는 목적어를 뒤에서 수식한다.

수식받는 목적어와 목적어를 수식하는 형용사구 chunk를 파악하는 것이 중요하다. 주어 진 우리말이 '~하는, ~할'로 해석되면 to부정사, '~하고 있는, ~ 당한'으로 해석되면 분사를 쓴다. 그리고 제시된 영단어 중에서 우리말 수식어구와 어울리는 전치사를 찾아 단어를 배열하도록 한다.

[1-2] 우리말과 같도록, 주어진 <u>어구</u>를 바르게 배열하시오.

1
창의적인 생각은 환경에 많은 긍정적인 변화를 만드는 힘을 가지고 있다.

to make / to the environment / creative thinking / many positive changes / has the power

---

STEP 1   핵심 POINT to부정사구의 수식을 받는 목적어 chunk
<u>창의적인 생각은</u>   <u>환경에 많은 긍정적인 변화를 만드는 힘을</u>   <u>가지고 있다.</u>
  S   O + M   V

STEP 2   Creative thinking   has   the power / to make many positive changes / to the environment.
                S   V   O + M
         창의적인 생각은   가지고 있다   힘을 / 많은 긍정적인 변화를 만드는 / 환경에

Tip • to부정사구 to make ~는 명사 the power를 수식하는 to부정사의 형용사적 용법으로 쓰였다.

2 개 사료를 맛보는 사람들은 개들이 정말로 좋아할 양질의 음식을 만드는 방법에 대한 새로운 아이디어를 떠올리려고 노력한다.

try to think up / dog food tasters / on how to make quality food / new ideas / that dogs would really like

---

STEP 1 　核심 POINT 전명구의 수식을 받는 목적어 chunk

개 사료를 맛보는 사람들은　개들이 정말로 좋아할 양질의 음식을 만드는 방법에 대한　새로운 아이디어를 떠올리려고 노력한다.
S　　　　　　　　　　　　　　　　　　M　　　　　　　　　　　　　　　　　V + O

STEP 2 　Dog food tasters　　　try to think up new ideas　on how to make quality food / that dogs would really like.
　　　　　S　　　　　　　　　　　V + O　　　　　　　　　　　　M

개 사료를 맛보는 사람들은　새로운 아이디어를 떠올리려고 노력한다　양질의 음식을 만드는 방법에 대한 / 개들이 정말로 좋아할

Tip • 전명구 on ~ like는 명사구 new ideas를 수식한다.
　　 • 목적격 관계대명사 that이 이끄는 절이 명사 quality food를 수식한다.

---

3 우리말과 같도록, 주어진 <u>단어를</u> 바르게 배열하시오.

그 도로 표지판은 이 지역을 통과하는 그 개 썰매에 대해 사람들에게 경고한다.

this / people / the / dog / about / the / road / area / sleds / warns / passing / sign / through

---

STEP 1 　核심 POINT 현재분사구의 수식을 받는 목적어 chunk

그 도로 표지판은　이 지역을 통과하는 그 개 썰매에 대해　사람들에게　경고한다.
S　　　　　　　M　　　　　　　　　　　　　　　O　　　　　V

STEP 2 　The road sign　warns　people　about the dog sleds / passing through this area.
　　　　　S　　　　　　V　　　O　　　　　　　　　　　M

그 도로 표지판은　경고한다　사람들에게　　그 개 썰매에 대해 / 이 지역을 통과하는

Tip • 현재분사구 passing ~은 명사구 the dog sleds를 수식한다.

---

4 우리말과 같도록, <u>조건에 맞게</u> 문장을 완성하시오. (At 포함 15 단어, 필요시 어형 변화할 것)

그 박물관에서, 우리는 Inuit 부족에 의해서 만들어진 전통 의상, 도구, 그리고 수공예품을 볼 수 있었다.

by / the Inuit / tools / traditional costumes / see / handicrafts / could / make

At _____.

STEP 1 　核심 POINT 과거분사구의 수식을 받는 목적어 chunk

그 박물관에서,　우리는　Inuit 부족에 의해서 만들어진 전통 의상, 도구, 그리고 수공예품을　볼 수 있었다.
M　　　　　　S　　　　　　　　　　　　　　O　　　　　　　　　　　　　　V

STEP 2 　At the museum,　we　could see　traditional costumes, tools, and handicrafts / made by the Inuit.
　　　　　M　　　　　　S　　V　　　　　　　　　　O

그 박물관에서　우리는　볼 수 있었다　전통 의상, 도구, 그리고 수공예품을 / Inuit 부족에 의해서 만들어진

Tip • 과거분사구 made ~는 명사구 traditional ~ handicrafts를 수식한다.

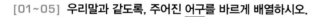
SENTENCE UNSCRAMBLE ~ chunks

[01~05] 우리말과 같도록, 주어진 어구를 바르게 배열하시오.

01 그는 낯선 상징들과 기호들로 덮인 종이들로 가득한 서류 가방만을 들고 있었다.

only a briefcase / covered with odd symbols and codes / filled with sheets of paper / he carried

02 나의 교수님들 중 한 분이 나에게 도움을 요청하는 그 사연을 신문에 내 보라는 의견을 주셨다.

an idea / in a newspaper / gave me / to publish the story / asking for help / one of my professors

03 여가 활동으로 다이빙을 하는 사람들은 얕은 물에서 그들이 그것으로 호흡할 수 있도록 마스크에 연결된 스노클을 사용한다.

linked to a mask / so that / in shallow water / recreational divers use / they can breathe with it / a snorkel

04 그는 나에게 실수로 플래시 메모리 카드에서 삭제되었던 사진들을 복구하도록 고안된 어떤 프로그램을 보냈다.

a certain program / from flash memory cards / by mistake / he sent me / that were deleted / designed to recover photos

05 정부의 전략은 사람들의 필요를 충족시킬 다양한 크기의 신발을 생산할 어떤 동기도 제공하지 못했다.

that met people's needs / did not provide / any motivation / in various sizes / the government's strategy / to produce shoes

SENTENCE UNSCRAMBLE words

[06~10] 우리말과 같도록, 주어진 단어를 바르게 배열하시오.

06
그 수컷들은 복부의 끝까지 뻗어 있는 뒷날개를 가지고 있다.

to / belly / the / the end / males / the / of / wings / rear / extending / have

07
그는 양쪽이 이익을 얻게 해주었던 합의를 통해 가치를 창출하는 기회를 찾아냈다.

benefits / gain / found / opportunity / the / agreements / create / parties / that / both / value / through / he / to / made

08
그러한 오해는 사회 언어학적 발화 규칙의 존재에 대한 증거를 제공한다.

rules / the existence / for / sociolinguistic / of / of / evidence / misunderstanding / such / offers / speaking

09
그는 한 병원이 신장 문제를 가진 환자들에게 무료로 치료를 해 주고 있다고 이야기하는 한 통의 편지를 썼다.

medical / problems / is / saying / with / patients / free / providing / treatment / a hospital / that / wrote / he / for / kidney / a letter

10
쌍봉낙타는 먹을 것이 없을 때 물과 에너지로 전환될 수 있는 지방을 저장하는 두 개의 혹을 가지고 있다.

to / food / energy / when / have / converted / not / fat / which / is / two / storing / Bactrian camels / be / and / available / humps / can / water

[11~15] 우리말과 같도록, <u>조건에 맞게</u> 문장을 완성하시오.

11 우리는 그들이 자립할 수 있도록 도와주는 방법을 찾아야 한다. (15 단어, 수식어구로 to-V를 사용할 것)

stand / have to / them / a way / on their own two feet

---

12 우리는 우리를 위해 그리고 우리와 함께 일하는 사람들을 격려해왔다. (10 단어, 수식어구로 -ing를 사용할 것, 필요시 어형 변화할 것)

encourage / for and with / the people

---

13 원주민들은 비타민 A와 같은 필수 영양분으로 가득한 녹색 채소들을 재배하지 않는다. (15 단어, 수식어구로 p.p.를 사용할 것)

vitamin A / such as / vital nutrients / grow / native people / pack with

---

14 수집을 하는 것은 아이들에게 일상에서 사용될 수 있는 기술을 배울 기회를 준다. (13 단어, 수식어구로 to-V를 사용할 것, 필요시 어형 변화할 것)

opportunities / collecting / skills / can / that / use every day

---

15 Alexander는 그 의사가 그의 주군을 독살하도록 뇌물을 받았다고 고발하는 편지 한 통을 받았다. (15 단어, 수식어구로 -ing를 사용할 것)

received / master / to poison / of having been bribed / the physician / accuse

---

[1~3] 다음 글을 읽고, 물음에 답하시오.

VOCA

product 제품
in the proper manner 적절
한 방식으로
consumer 소비자
exist 존재하다
merely 단지
promotion 판촉
demand 수요
firm 회사
current 현재의
focus on ~에 초점을 맞추다
ultimately 궁극적으로
benefit 이롭게 하다, 혜택을
주다
meet 충족시키다

The (a) <u>difference</u> between selling and marketing is very simple. 판매는 주로 수익을 위해 제품을 판매하고자 하는 회사의 요구에 초점을 맞춘다.

(A) When a product or service is marketed in the proper manner, very (b) <u>much</u> selling is necessary because the consumer need already exists and the product or service is merely being produced to satisfy the need.

(B) Salespeople and other forms of promotion are used to create demand for a firm's (c) <u>current</u> products. Clearly, the needs of the seller are very strong.

(C) Marketing, however, focuses on the needs of the consumer, ultimately (d) <u>benefiting</u> the seller as well. When a product or service is truly marketed, the needs of the consumer are considered from the very beginning of the new product development process, and the product-service mix is designed to meet the (e) <u>unsatisfied</u> needs of the consuming public.

1   주어진 글 다음에 이어질 글의 순서로 가장 적절한 것은?

① (A) – (C) – (B)   ② (B) – (A) – (C)   ③ (B) – (C) – (A)

④ (C) – (A) – (B)   ⑤ (C) – (B) – (A)

2   보인고 2학년 서술형 응용

윗글의 밑줄 친 (a) ~ (e) 중, 문맥상 낱말의 쓰임이 적절하지 <u>않은</u> 것을 찾아 바르게 고쳐 쓰시오.

(   ) _____ → _____

3   윗글에서 밑줄 친 우리말과 같도록, 다음 어구를 배열하여 문장을 완성하시오. (대소문자 구별할 것)

focuses mainly / to sell / selling / on / products / for revenue / desire / the firm's

Unit 12 목적어가 형용사절의 수식을 받는 문장 쓰기

형용사절의 종류	예문
관계대명사절	He lost the money **that I lent him.**
관계부사절	She knows the reason **why they broke up.**

＊관계사를 생략하는 경우

① 목적격 관계대명사 생략 가능

　　ex. the man (**who / whom / that**) we met yesterday

② 선행사와 관계부사 둘 다 쓰거나, 둘 중 하나 생략 가능

　　ex. **the year when** my daughter was born / **the year** my daughter was born /

　　　　when my daughter was born

　cf. 선행사와 관계부사 둘 다 동시에 쓸 수 없고, 둘 중 하나는 생략해야 하는 경우

　　ex. **the way** I feel (○) / **how** I feel (○) / **the way how** I feel (×)

수식받는 목적어와 목적어를 수식하는 형용사절 chunk를 파악하는 것이 중요하다. 주어진 우리말에서 주로 '~하는'으로 해석되는 형용사절과 형용사절 내에서 사용되는 문장 요소들을 파악하여 형용사절 chunk를 구별할 수 있어야 한다. 또한 관계사가 생략된 문장의 경우, 제시된 영단어 중에 관계사가 없더라도 유추하여 문장을 완성할 수 있어야 한다.

[1-2] 우리말과 같도록, 주어진 <u>어구</u>를 바르게 배열하시오.

1

왕은 그의 지혜로 유명한 한 늙은 은자를 방문했다.

for his wisdom / an old hermit / the king / who was famous / visited

---

STEP 1　핵심 POINT 관계대명사 who절의 수식을 받는 목적어 chunk

　　　　왕은　그의 지혜로 유명한 한 늙은 은자를　방문했다.
　　　　　S　　　　　　　O　　　　　　　　V

STEP 2　The king　visited　an old hermit / who was famous for his wisdom.
　　　　　　S　　　　V　　　　　　　　　　　O
　　　　　왕은　　방문했다　　　　한 늙은 은자를 / 그의 지혜로 유명한

Tip • 관계대명사 who가 이끄는 절이 선행사 an old hermit를 수식한다.

2

한지는 태양의 유해 광선들로부터 우주선을 보호해 주는 것을 도와줄 특별한 성질들을 지니고 있다.

has special properties / that will help / of the sun / Hanji / from the harmful rays / protect spacecraft

STEP 1 핵심POINT 관계대명사 that절의 수식을 받는 목적어 chunk

<u>한지는</u> <u>태양의 유해 광선들로부터 우주선을 보호해 주는 것을 도와줄 특별한 성질들을</u> <u>지니고 있다.</u>
S · O · V

STEP 2 <u>Hanji</u> <u>has</u> <u>special properties / that will help protect spacecraft / from the harmful rays / of the sun.</u>
S · V · O

한지는 지니고 있다 특별한 성질들을 / 우주선을 보호해 주는 것을 도와줄 / 유해 광선들로부터 / 태양의

Tip · 관계대명사 that이 이끄는 절이 선행사 special properties를 수식한다.
· help + O(V / to-V) : O하는 것을 돕다

3

우리말과 같도록, 주어진 <u>단어</u>를 바르게 배열하시오.

어떤 상점들은 그들이 고객들로 하여금 재활용을 하도록 장려할 수 있는 방법들을 살펴보고 있다.

looking / ways / are / recycle / they / can / some / at / customers / stores / to / encourage / in which

STEP 1 핵심POINT 「전치사 + 관계대명사절」의 수식을 받는 목적어 chunk

<u>어떤 상점들은</u> <u>그들이 고객들로 하여금 재활용을 하도록 장려할 수 있는 방법들을</u> <u>살펴보고 있다.</u>
S · O · V

STEP 2 <u>Some stores</u> <u>are looking at</u> <u>ways / in which they can encourage customers / to recycle.</u>
S · V · O

어떤 상점들은 살펴보고 있다 방법들을 / 그들이 고객들로 하여금 장려할 수 있는 / 재활용을 하도록

Tip · 「전치사+관계대명사」가 이끄는 절이 선행사 ways를 수식한다.
· encourage + O + OC(to-V) : O가 OC하도록 장려하다

4

우리말과 같도록, <u>조건</u>에 맞게 문장을 완성하시오. (12 단어, 관계부사를 사용할 것)

이 가족은 그들이 자신들의 머리를 놓을 수 있는 안전한 장소를 갖게 되었다.

heads / they / lay / safe

STEP 1 핵심POINT 관계부사 where절의 수식을 받는 목적어 chunk

<u>이 가족은</u> <u>그들이 자신들의 머리를 놓을 수 있는 안전한 장소를</u> <u>갖게 되었다.</u>
S · O · V

STEP 2 <u>This family</u> <u>has</u> <u>a safe place / where they can lay their heads.</u>
S · V · O

이 가족은 갖게 되었다 안전한 장소를 / 그들이 자신들의 머리를 놓을 수 있는

Tip · 관계부사 where가 이끄는 절이 선행사 a safe place를 수식한다.

단어 배열 Practice

SENTENCE UNSCRAMBLE ~ chunks

[01~05] 우리말과 같도록, 주어진 **어구**를 바르게 **배열하시오.**

01 지구의 질량 이동은 지구가 자전하는 축의 위치를 변화시켜 왔다.

of the axis / has changed / the location / on which Earth rotates / the shift / in Earth's mass

_____

02 나는 자신의 가장 친한 친구가 그의 동네에 있는 한 노인이라고 말한 한 소년을 만났다.

that his best friend / I met a boy / on his street / who told me / was an elderly man

_____

03 당신은 어떤 사람들이 현재 회의와 관련이 없는 일을 처리하고 있는 것을 볼 것이다.

to the current meeting / you will see / that is unrelated / that some people / are taking care of work

_____

04 Bull은 배우들이 덴마크어보다는 오히려 노르웨이어로 공연하는 최초의 극장을 공동 설립했다.

in which actors / rather than Danish / Bull cofounded / the first theater / performed in Norwegian

_____

05 Rasputin은 중병에 걸린 아들이 있는 러시아 황후를 포함하여 많은 사람들을 자신에게 끌어당기는 강한 매력을 갖고 있었다.

including the Russian empress / Rasputin had a strong charm / to him / that drew many people / who had a seriously ill son

_____

SENTENCE UNSCRAMBLE · words

[06~10] 우리말과 같도록, 주어진 <u>단어</u>를 바르게 배열하시오.

06 거짓말은 인간의 의사소통이 신뢰하는 진실 말하기의 일반적인 관행을 약화시킨다.

general / lying / of / human / on which / weakens / communication / truth / relies / the / practice / telling

_____

07 우리는 표면적인 수준의 글 읽기보다는 아이들이 더 깊이 탐구하는 것을 가능하게 해 주는 면밀한 글 읽기를 계획한다.

design / surface-level / more / enable / to / explore / close readings / reading / we / kids / deeply / than / that

_____

08 단지 어떤 물건을 만져 보는 것이 어떤 사람이 그 물건에 가지는 소유욕을 증가시킨다.

the object / merely / person / a / touching / that / an object / of / ownership / for / has / the feelings / increases

_____

09 그들에게 진실을 말하는 것이 그들의 신체적 쇠약을 가속화하는 우울함을 아마도 유발할 수 있을 것이다.

a depression / their / the / decline / telling / truth / induce / could possibly / that / would / them / physical / accelerate

_____

10 개인적인 의견을 공유하는 것이 음식이나 돈과 같은 보상에 반응하는 동일한 두뇌 회로를 활성화시켰다.

food / circuits / opinions / like / that / personal / sharing / brain / and / money / respond / to / the / same / rewards / activated

_____

[11~15] 우리말과 같도록, <u>조건에 맞게</u> 문장을 완성하시오.

11

한 가족이 내가 청각 장애인 학생들을 가르치는 공립 초등학교를 방문했다. (12 단어, 관계부사를 사용할 것)

deaf students / the public elementary school / a family / taught

_____

12

그들은 그들의 죽어 가는 지역 사회를 부흥시킬지도 모를 무언가를 하는 것을 원했다. (11 단어, 필요시 어형 변화할 것)

do something / die / might revive / their / community / that

_____

13

당신이 만나는 사람이 당신에게 이익을 줄 수 있는 많은 친구들을 갖고 있을지도 모른다. (13 단어)

may have / can benefit / many / the person / who / whom

_____

14

그녀는 나에게 교통사고 후에 고통을 겪고 있는 내 친구 Kathy를 떠오르게 했다. (14 단어, 필요시 어형 변화할 것)

of / suffer / was / after a car accident / who / reminded

_____

15

그 선생님은 그가 그 질문들 중에서 13개를 다룬 긴 답장을 다시 써서 보냈다. (16 단어, 「전치사(in) + 관계대명사」를 사용할 것)

of the questions / wrote back / dealt with / a long reply

_____

서술형
실전 TEST

정답과 해설 p.072

[1~3] 다음 글을 읽고, 물음에 답하시오.

Many successful people tend to keep a good bedtime routine. They take the time just before bed to reflect on or write down three things that they are (A) regretful / thankful for that happened during the day. 그들이 감사하는 일들에 대해 일기를 쓰는 것은 삶의 어떠한 측면에서든 그들에게 그들이 그날 이룬 발전을 떠오르게 한다. (a) It serves as a key way to stay motivated, especially when they experience a (B) hardship / success. In such case, many people fall easily into the trap of replaying negative situations from a hard day. But regardless of how badly their day went, successful people typically (C) avoid / employ that trap of negative self-talk. That is because they know (b) it will only create more stress.

VOCA

bedtime 자기 전의; 취침 시간
routine 습관, 일상
take the time 시간을 가지다
reflect on ~을 돌아보다
serve as ~의 역할을 하다
fall into a trap 함정에 빠지다
negative 부정적인
regardless of ~에 관계없이
typically 대개
self-talk 자기 대화

1 (A), (B), (C)의 각 네모 안에서 문맥에 맞는 낱말로 가장 적절한 것은?

(A)	(B)	(C)
① regretful	······ hardship	······ avoid
② regretful	······ success	······ employ
③ thankful	······ hardship	······ avoid
④ thankful	······ success	······ avoid
⑤ thankful	······ hardship	······ employ

2 윗글에서 밑줄 친 우리말과 같도록, 다음 어구를 배열하여 문장을 완성하시오. (대소문자 구별할 것)

a diary / that / reminds them / of things / appreciate / keeping / the progress / of / they

_____ they made that day in any aspect of their lives.

경문고 1학년 서술형 응용

3 윗글의 밑줄 친 (a)와 (b)가 의미하는 바를 찾아 쓰시오 ((a)는 한글로, (b)는 영어로 쓸 것)

(a) _____

(b) _____

Unit 13

IV. 보어

주격보어가 길어진 문장 쓰기

주격보어의 형태	예문
명사 상당어구 : 명사구, to부정사구, 동명사구	It turned out **to be a monster**. My job is **looking after children**.
형용사 상당어구 : 형용사구, 분사구, 전명구	The problem seems **very difficult to solve**. I sat **reading the newspaper**. She looked **surprised by his appearance**. Many states in the U.S. are **in a long conflict**.

주격보어가 나오는 문장 구조는 2형식(S+V+SC)이라 단순하지만, 2형식을 취하는 주요 동사를 미리 알아 두는 것이 좋다. 명사(구)가 주격보어로 나오는 경우 형용사구나 형용사절의 수식을 받아 길어질 수 있으므로, 주어진 우리말을 통해 형용사구나 형용사절의 수식을 받는 주격보어 chunk를 파악해야 한다.

[1-2] 우리말과 같도록, 주어진 <u>어구</u>를 바르게 배열하시오.

1

Portia는 셰익스피어의 희곡들에서 가장 중요한 여자 인물들 중의 하나이다.
one of / in Shakespeare's plays / the most significant / is / female characters / Portia

---

STEP 1 　핵심 POINT　 형용사구의 수식을 받는 주격보어 chunk, 「one of the + 최상급 + 복수명사」
Portia는　셰익스피어의 희곡들에서　가장 중요한 여자 인물들 중의 하나이다.
　S　　　　　M　　　　　　　　V + SC

STEP 2 Portia is one / of the most significant female characters in Shakespeare's plays.
　S　　　　　　　V + SC　　　　　　　　　　　　　　　M
　Portia는　　하나이다 / 가장 중요한 여자 인물들 중의　　셰익스피어의 희곡들에서

Tip • 전명구 of ~ characters가 대명사 one을 수식한다.

094 · 화이트라벨 서술형 문장완성북

2

내 아이디어는 서로 돕는 친절을 퍼뜨리는 것이었다.
to spread kindness / to help each other / my idea / was

STEP 1 　핵심 POINT　to부정사구의 수식을 받는 주격보어 chunk
내 아이디어는　서로 돕는 친절을 퍼뜨리는 것이었다.
　　S　　　　　　　　　V + SC

STEP 2 　My idea　was to spread kindness / to help each other.
　　　　　S　　　　　　　V + SC
　　　내 아이디어는　　　친절을 퍼뜨리는 것이었다 / 서로 돕는

Tip ・ to부정사구 to help each other가 명사 kindness를 수식한다.

3　우리말과 같도록, 주어진 단어를 바르게 배열하시오.

저녁형 인간은 밤에 늦게 일하는 것을 즐기는 사람이다.
loves / who / late / is / at / night / owl / a / night / working / someone

---

STEP 1 　핵심 POINT　관계대명사 who절의 수식을 받는 주격보어
저녁형 인간은　밤에 늦게 일하는 것을 즐기는 사람이다.
　　S　　　　　　　V + SC

STEP 2 　A night owl　is someone / who loves working late / at night.
　　　　　S　　　　　　V + SC
　　저녁형 인간은　　사람이다 / 늦게 일하는 것을 즐기는 / 밤에

Tip ・ 관계대명사 who가 이끄는 절이 선행사 someone를 수식한다.

4　우리말과 같도록, 조건에 맞게 문장을 완성하시오. (17 단어, when절은 뒤에 위치할 것)

이 자세의 한 가지 단점은 어떤 사람들은 등을 대고서 잘 때 코를 더 많이 곤다는 것이다.
they / snore / that / position / disadvantage / more / of / on their backs / some

---

STEP 1 　핵심 POINT　명사절 주격보어 chunk
이 자세의 한 가지 단점은　어떤 사람들은 등을 대고서 잘 때　코를 더 많이 곤다는 것이다.
　　　　S　　　　　　　　　　M　　　　　　　　　　V + SC

STEP 2 　One disadvantage / of this position　is that some people snore more　when they sleep on their backs.
　　　　　　　S　　　　　　　　　　V + SC　　　　　　　　　M
　　한 가지 단점은 / 이 자세의　　어떤 사람들은 코를 더 많이 곤다는 것이다　　그들이 등을 대고서 잘 때

Tip ・ 접속사 that이 이끄는 명사절이 주격보어 역할을 한다.

단어 배열 Practice

SENTENCE UNSCRAMBLE chunks

[01~05] 우리말과 같도록, 주어진 어구를 바르게 배열하시오.

01 그 버튼의 실제 목적은 우리가 신호등에 영향을 끼칠 수 있다고 우리를 믿게 만드는 것이다.

us believe / on the traffic lights / is to make / that we have an influence / the button's real purpose

_____

02 75세의 수명은 우리의 삶에서 혼자서 중요한 것을 배우기에 많은 시간이 아니다.

what matters / to learn / a lifespan of 75 / in our life / by ourselves / is not much time

_____

03 이러한 순환은 왜 생명이 수백만 년 동안 우리 행성에서 번창해 왔는지의 근본적인 이유이다.

on our planet / why life has thrived / is the fundamental reason / for millions of years / this cycle

_____

04 토론은 사람들이 그들의 발표 불안을 관리하도록 허락해 주는 대응 전략을 개발하는 데 이상적인 환경이다.

to develop coping strategies / that allow people / their speech anxiety / to manage / debate is an ideal setting

_____

05 구매 운동은 소비자들에게 가장 사회적으로 책임을 다하는 기업 관행을 만들기 위한 힘을 실어 주고자 하는 적극적인 실천주의자적 도구이다.

business practices / buycotting is / to make the most socially responsible / a positive activist tool / that gives consumers power

_____

SENTENCE UNSCRAMBLE ⟿ words

[06~10] 우리말과 같도록, 주어진 단어를 바르게 배열하시오.

06
그것이 왜 우리가 이 감각을 무시할 수 없는지의 이유들 중의 하나이다.

is / we / sense / one / this / reasons / that / the / why / ignore / can't / of

07
동떨어진 이야기의 진짜 위험은 그것의 원래 의도가 뒤집힐 수도 있다는 것이다.

danger / an / can / story / intention / isolated / be / is / reversed / original / its / real / that / the / of

08
열정은 당신이 사람이나 사물에 대해서 가질 수 있는 강렬한 감정이다.

have / for / emotion / an object / that / is / passion / you / a person / or / can / strong / a

09
유일한 문제는 학생들로 가득한 전체 교실 앞에서 내가 말을 해야만 했던 것이었다.

I / classroom / full / to / front / of / the only / students / that / in / of / problem / speak / had / a / whole / was

10
이 이야기는 원주민들이 그들 주변의 세계를 이해하기 위해서 만들어 낸 전설의 좋은 예이다.

around / story / the world / them / of / good / people / which / a / example / make / this / a legend / sense / invented / to / is / native / of

[11~15] 우리말과 같도록, <u>조건에 맞게</u> 문장을 완성하시오.

11
그것들 중 하나는 구강 청결제가 입 냄새를 사라지게 만들 것이라는 것이다. (12 단어)

bad breath / them / go away / mouthwash / that / will make

_____

12
그 목적은 사람의 몸에 숨겨져 있을지도 모르는 폭발물을 찾아내는 것이다. (14 단어, 필요시 어형 변화할 것)

explosives / hide / a person's body / to identify / may / that / on

_____

13
이것은 부모가 그들에게 책을 읽히는 일부 학생들에게는 사실이 덜하다. (13 단어)

less / some / read books / them / parents / true of / whose / make

_____

14
야외 공간은 기분이 좋고 잘 지내기 위해서 그들이 필요로 하는 것들 중 하나이다. (16 단어)

feel good / outdoor space / do well / the things / need to / that

_____

15
당신의 가치관을 알아보는 방법들 중 하나는 무엇이 당신을 좌절시키거나 당황하게 하는지를 살펴보는 것이다. (17 단어)

to look at / to identify / the ways / frustrates / your values / what / upsets

_____

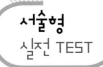

[1~3] 다음 글을 읽고, 물음에 답하시오.

Recent experimental evidence for the importance of re_____ in facilitating cooperation has come from an analysis of the contributions to an 'honesty box' for drinks in a university departmental coffee room. Bateson and colleagues looked at contributions to the box when images (always posted above the recommended price list) of a pair of eyes were alternated on a weekly basis with images of flowers. 소비된 우유량이 전체 소비량을 가장 잘 보여 주는 지표임이 밝혀졌다, but remarkably almost three times more money was paid per liter in weeks when there were eyes portrayed, compared to when there were flowers portrayed. Of course this experiment was only conducted in one location, but the effect size is impressive and it seems to indicate that individuals do not want to be observed cheating the system.

VOCA

facilitate 촉진하다, 가능하게 하다
cooperation 협조
analysis 분석
contribution 기부금
departmental 각 분과의
colleague 동료
recommend 추천하다
alternate 번갈아 바꾸다
remarkably 눈에 띄게, 현저하게
portray 그리다, 나타내다
conduct 실시하다, 지휘하다
impressive 인상적인
indicate 나타내다
cheat 속이다, 사기 치다

---

1 윗글의 내용을 한 문장으로 요약하고자 한다. 빈칸 (A)와 (B)에 들어갈 말로 가장 적절한 것은?

According to the study, the amount of money people contributed to an 'honesty box' ____(A)____ when an image caused them to feel that they were being ____(B)____.

(A)	(B)	(A)	(B)
① decreased	······ cheated	③ changed	······ supported
② decreased	······ watched	④ increased	······ watched
⑤ increased	······ supported		

개포고 1학년 서술형 응용

2 윗글의 빈칸에 들어갈 알맞은 단어를 쓰시오. (re을 포함한 10자)

re_____

3 윗글에서 밑줄 친 우리말과 같도록, 다음 어구를 배열하여 문장을 완성하시오. (대소문자 구별할 것)

consumed / consumption / turned out / the best / the amount of milk / to be / of / indicator / total

Unit 14
목적격보어가 길어진 문장 쓰기

목적격보어의 형태	예문
명사(구)	They consider him **a hero of this age**.
형용사(구)	She thought the man **honest**.
부정사(V/to-V)구	I didn't allow my daughter **to go out** last night.
분사(-ing/p.p.)구	He will have my computer **repaired**.

목적격보어는 기본적으로 형용사와 명사만 가능하나 (to)부정사와 분사 같은 준동사도 목적격보어 자리에 사용될 수 있다.

목적격보어가 나오는 문장 구조는 5형식(S + V + O + OC)으로, 5형식을 취하는 주요 동사를 미리 알아 두는 것이 좋다. 주어진 우리말에서 목적어와 목적격보어의 관계가 능동인지, 수동인지를 파악하여 그에 맞는 목적격보어를 사용하도록 한다. 특히, 5형식 문장에서 목적어는 주어처럼 해석되므로 주의하도록 한다.

[1-2] 우리말과 같도록, 주어진 <u>어구</u>를 바르게 배열하시오.

1

진정한 친구는 여러분이 자신을 이해하고 사랑하도록 도와준다.
love yourself / true friends / understand and / help you

STEP 1 핵심 POINT 원형부정사구인 목적격보어 chunk

<u>진정한 친구는</u> <u>여러분이</u> <u>자신을 이해하고 사랑하도록</u> <u>도와준다.</u>
　　S　　　　　O　　　　　　OC　　　　　　　　V

STEP 2 <u>True friends</u>　<u>help</u>　<u>you</u>　<u>understand and love yourself.</u>
　　　　　　　S　　　　　V　　　O　　　　　　　OC
　　　　진정한 친구는　도와준다 여러분이　　자신을 이해하고 사랑하도록

Tip ・ help + O + OC(V / to-V) : O가 OC하도록 돕다

2

여름 방학의 시작에, 내 남동생은 내가 주민 복지 센터에서 그를 도와주도록 요청했다.

to help him / my brother / at a community welfare center / the beginning of / summer vacation / asked me

At _____ .

STEP 1   `핵심 POINT` to부정사구인 목적격보어 chunk

<u>여름 방학의 시작에, 내 남동생은 내가 주민 복지 센터에서 그를 도와주도록 요청했다.</u>
　　　　M　　　　　S　　　O　　　M　　　　　OC　　　V

STEP 2   <u>At the beginning of summer vacation,</u> <u>my brother</u> <u>asked</u> <u>me</u> <u>to help him</u> <u>at a community welfare center.</u>
　　　　　　　　　M　　　　　　　　　　　　S　　　　V　　O　　OC　　　　　M
　　　　　　여름 방학의 시작에　　　　　　내 남동생은　요청했다 내가　그를 도와주도록　주민 복지 센터에서

Tip • ask + O + OC(to-V) : O가 OC하도록 요청하다

3

우리말과 같도록, 주어진 <u>단어를 바르게 배열하시오.</u>

친환경적인 것은 당신이 탄소 발자국을 줄이고 동물들, 사람들, 그리고 환경을 존중하도록 허락한다.

green / reduce / your / people / respect / the / environment / allows / going / and / to / animals / you / footprint / and / carbon

STEP 1   `핵심 POINT` to부정사구인 목적격보어 chunk

<u>친환경적인 것은 당신이 탄소 발자국을 줄이고 동물들, 사람들, 그리고 환경을 존중하도록 허락한다.</u>
　　S　　　　O　　　OC1　　　　　　　OC2　　　　　　　V

STEP 2   <u>Going green</u> <u>allows</u> <u>you</u> <u>to reduce your carbon footprint</u>
　　　　　　S　　　　V　　　O　　　　　OC1
　　　친환경적인 것은　허락한다 당신이　　탄소 발자국을 줄이도록

<u>and</u> <u>respect animals, people and the environment.</u>
접속사　　　　　　　OC2
그리고　　　동물들, 사람들, 그리고 환경을 존중하도록

Tip • allow + O + OC(to-V) : O가 OC하도록 허락하다
　　• to reduce ~와 (to) respect ~는 and를 중심으로 병렬구조를 이루고 있다. to부정사가 병렬될 때는 두 번째 to는 생략하고 동사원형으로 쓸 수 있다.

4

우리말과 같도록, <u>조건에 맞게</u> 문장을 완성하시오. (14 단어, 필요시 어형 변화할 것)

그 왕은 자신의 부하들에게 사관들이 그 사건에 대해 알도록 허락하지 말 것을 명령했다.

let / the king / the accident / to / order / about / men / the sagwans

STEP 1   `핵심 POINT` to부정사구인 목적격보어 chunk

<u>그 왕은 자신의 부하들에게 사관들이 그 사건에 대해 알도록 허락하지 말 것을 명령했다.</u>
　S　　　O　　　　　　OC　　　　　　　V

STEP 2   <u>The king</u> <u>ordered</u> <u>his men</u> <u>not to let the sagwans know / about the accident.</u>
　　　　　S　　　V　　　O　　　　　OC (let + O + OC)
　　　그 왕은　　명령했다 자신의 부하들에게　사관들이 알도록 허락하지 말 것을 / 그 사건에 대해

Tip • order + O + OC(to-V) : O가 OC하도록 명령하다 / let + O + OC(V) : O가 OC하도록 허락하다
　　• to부정사의 부정은 「not + to-V」로 쓴다.

단어 배열 Practice

SENTENCE
UNSCRAMBLE chunks

[01~05] 우리말과 같도록, 주어진 어구를 바르게 배열하시오.

01 우리는 우리의 이웃들이 동네 파티를 돕도록 유도한다.

to help out with / our neighbors / we induce / a neighborhood party

_____

02 그들은 최고의 예측 변인이 탑승자가 가지고 있던 문신의 수라는 것을 발견했다.

that the rider had / to be the number / the best predictor / of tattoos / they found

_____

03 일정이 잡히지 않은 시간은 당신이 우선순위가 높은 일을 끝내고 당신 업무의 예상치 못한 요구들에 응하도록 도와준다.

and meet / of your business / unscheduled time / helps you / the unanticipated demands / get the high priorities done

_____

04 혼자 있는 시간은 사람들이 그들의 경험을 정리하고, 통찰하고, 미래를 계획하도록 허락한다.

through their experiences / time alone allows / put them into perspective / people to sort / and plan for the future

_____

05 구매 운동은 회사들이 가장 이익이 되는 선택은 사회에 대한 그들의 책임을 이행하는 것이라는 사실을 깨닫도록 만든다.

is to fulfill / corporations realize / their responsibilities / to society / that the most profitable choice / buycotts make

_____

SENTENCE UNSCRAMBLE ⟶ words

[06~10] 우리말과 같도록, 주어진 <u>단어</u>를 바르게 배열하시오.

06 연구자들은 참가자들에게 자율 자동차(AV)가 어떻게 작동하고 제어하기를 원하는지 물었다.

how / would / participants / AVs / and / want / to / researchers / they / asked / behave / control

---

07 몇몇 다른 개들은 사람들이 해충들로부터 집을 안전하게 유지하도록 도와준다.

safe / from / help / keep / other / some / insects / people / harmful / their / homes / dogs

---

08 이런 쌍둥이들은 과학자들이 환경과 생물학의 관계를 이해하도록 도와준다.

scientists / help / twins / understand / between / biology / these / environment / the connection / and

---

09 나는 여러분이 생각할 수 있는 장소를 찾고 잠시 멈추고 그것을 사용할 수 있도록 여러분 자신을 훈련시킬 것을 강력하게 권장한다.

a / place / and / to / you / yourself / use / pause / think / and / to / strongly encourage / to / discipline / it / I / find / to

---

10 이런 종류의 유전 추적은 의사들이 어떤 사람이 병에 걸리게 될 가능성을 예측하고 그것을 진단하도록 도와준다.

diagnose / doctors / helps / this / the likelihood / tracking / getting / genetic / of / predict / a disease / and / of / to / a person / kind / to / it

---

addition & transformation

[11~15] 우리말과 같도록, <u>조건에 맞게</u> 문장을 완성하시오.

11 나는 그 학생들이 그들이 어떤 책들을 읽었다고 말하는 것을 종종 듣는다. (12 단어, 현재완료를 사용할 것)

the students / certain / often / say / hear / read

_____

12 컴퓨터는 TV가 그랬던 것보다 더 많은 학생들이 잠 못 드는 밤을 보내도록 야기했다. (11 단어, 「more ~ than」의 비교 구문을 사용할 것)

have / computers / did / sleepless nights / caused

_____

13 우리는 우리의 중요한 타인들이 우리를 위해 무언가를 하도록 격려한다. (10 단어)

do things / encourage / significant others / for us

_____

14 이것은 그 학생들이 다른 관점으로 세상을 보도록 가르칠 것이다. (14 단어)

from / different / the world / teach / to see / points of view

_____

15 그의 아버지는 그의 아들이 그가 시작하고 있던 새 의류 사업에 그와 함께해 줄 것을 부탁했다. (17 단어)

a new clothing business / join him in / was starting / that

_____

[1~3] 다음 글을 읽고, 물음에 답하시오.

Introducing recovery in all aspects of my life has transformed my overall experience. In four or five intensive hour-and-a-half sessions, each followed by at least fifteen minutes of recovery, I get just about as much done as I did previously in a twelve-hour marathon day. Taking one full day off every week <u>나를 덜 그러한(생산적인) 것이라기보다는 오히려 전반적으로 더 생산적이게 만든다</u>. And finally, I have come to see vacations as a good investment. Today, like (a) <u>a sprinter</u>, I get as much work done as I did previously like a marathon runner — in a lot less time and with a lot more energy and positive emotions. I spend more time with my family and friends, and when I do, I am more present. There is no magic here; I am simply paying better attention to my human needs.

VOCA

recovery 회복 (시간)
transform 바꾸다, 변형시키다
overall 전반적인; 전반적으로
intensive 집중적인
hour-and-a-half 한 시간 반의
session (활동) 시간
at least 적어도
investment 투자
sprinter 단거리 선수
present 현실에 충실한
pay attention to ~에 주의를 기울이다
need 욕구, 요구

1 윗글의 제목으로 가장 적절한 것은?

① Productivity Comes from Endurance
② Give Your Body and Mind Time to Relax
③ It Is Dangerous to Get Addicted to Exercise
④ Activate Positive Emotions with Positive Thinking
⑤ Take More Time for Work and Less Time for Vacation

2 윗글에서 밑줄 친 우리말과 같도록, 다음 어구를 배열하여 문장을 완성하시오.

productive / rather than / makes / more / less so / overall / me

압구정고 2학년 서술형 응용

3 윗글의 밑줄 친 (a)가 의미하는 바를 찾아 우리말로 쓰시오.

Unit 15

부사구를 포함하는 문장 쓰기 (1)

부사구의 종류	예문
to부정사(to-V)구	He's old enough **to join the army**.
전명(전치사 + 명사)구	She is famous **for her unique voice**.

부사구는 부사처럼 동사, 형용사, 부사 또는 문장 전체를 수식하는 구를 말한다. to부정사구와 전명(전치사 + 명사)구는 부사구로 사용될 수 있다. to부정사구는 목적, 원인, 이유, 판단, 조건, 결과 등을 나타내며 부사처럼 사용된다. 전명구는 전치사의 목적어 뒤에 수식어구가 이어져 길어질 수 있다.

기본적으로 부사구는 문장을 이루는 핵심 요소는 아니지만, 문장의 의미를 더 정확하게 표현하고 부가적인 의미를 전달하는 역할을 하므로 문장에 따라 그 기능이 약한 경우도 있고, 핵심적인 역할을 하는 경우도 있다. 부사구는 대체로 수식하고자 하는 요소 뒤에 위치하지만, 부사구 자체를 강조하기 위해 문장 앞으로 보내는 경우가 있으므로 다양한 문장을 미리 접해보도록 한다.

[1-2] 우리말과 같도록, 주어진 <u>어구를</u> 바르게 배열하시오.

1

화성에서 줄어든 중력 때문에, 우리의 근육은 빨리 수축될 것이다.
on Mars / would quickly / the reduced gravity / our muscles / due to

_____ shrink.

STEP 1 핵심 POINT 전명구인 부사구 chunk

<u>화성에서 줄어든 중력 때문에,</u> <u>우리의 근육은</u> <u>빨리 수축될 것이다.</u>
　　　　　M　　　　　　　　　　S　　　　　　　V

STEP 2 <u>Due to the reduced gravity / on Mars,</u> <u>our muscles</u> <u>would quickly shrink.</u>
　　　　　　　　　　M　　　　　　　　　　　　　　S　　　　　　V
　　　　줄어든 중력 때문에 / 화성에서　　　　우리의 근육은　　빨리 수축될 것이다

Tip • Due ~ gravity는 주절 앞에 사용된 부사구이다.
　　　• 부사구를 강조하기 위해 부사구를 문장 앞으로 보냈으나, 문장 뒤에 위치하여도 무방하다.
　　　　(= Our muscles would quickly shrink due to the reduced gravity on Mars.)

2

방패연은 중앙에 연 폭의 절반의 지름을 가지고 있는 원형 구멍을 갖고 있다.

in the center / half the width of the kite / with a diameter / has a circular hole / Bangpaeyeon

---

STEP 1 　핵심 POINT　전명구인 부사구 chunk

방패연은　중앙에 연 폭의 절반의 지름을 가지고 있는　원형 구멍을　갖고 있다.
　S　　　　　　　　M　　　　　　　　　　　　　O　　　　　V

STEP 2 　Bangpaeyeon　has　a circular hole　in the center,　with a diameter / half the width of the kite.
　　　　　　S　　　　　V　　　O　　　　　　M　　　　　　　　　M
　　　　　방패연은　갖고 있다　원형 구멍을　중앙에　　　지름을 가지고 있는 / 연 폭의 절반의

Tip • in the center는 장소를 나타내는 부사구이며, with ~ the kite도 상태를 나타내는 부사구이다.

3

우리말과 같도록, 주어진 <u>단어</u>를 바르게 배열하시오.

목표를 달성하기 위해, 여러분은 단지 그것들(목표)에 대해 꿈꾸기보다 그 이상을 할 필요가 있다.

than / dream / need / your / achieve / do / more / them / about / to / goals / you / just

To _____ .

STEP 1 　핵심 POINT　to부정사구인 부사구 chunk

목표를 달성하기 위해,　여러분은　단지 그것들(목표)에 대해 꿈꾸기보다 그 이상을 할　필요가 있다.
　　　M　　　　　　　　S　　　　　　　　　　　O　　　　　　　　　　　　V

STEP 2 　To achieve your goals,　　you　　need　　to do more than just dream about them.
　　　　　　　　M　　　　　　　　　　S　　　　V　　　　　　　　　O
　　　목표를 달성하기 위해　　　여러분은　필요가 있다　단지 그것들(목표)에 대해 꿈꾸기보다 그 이상을 할

Tip • 주절 앞에 쓰이는 to부정사는 일반적으로 목적을 나타내는 to부정사의 부사적 용법으로 쓰인다.
　　• 부사구를 강조하기 위해 부사구를 문장 앞으로 보냈으나, 문장 뒤에 위치하여도 무방하다.
　　(= You need to do more than just dream about them to achieve your goals.)

4

우리말과 같도록, <u>조건에 맞게</u> 문장을 완성하시오. (16 단어, 필요시 어형 변화 할 것)

연구원들은 죽은 식물이 오직 특정한 박테리아와 곰팡이에 의해서만 소모되는 것을 발견하고서 놀랐다.

researchers / discover / shock / fungi / get consumed / particular bacteria / dead plants / only by

---

STEP 1 　핵심 POINT　to부정사구인 부사구 chunk

연구원들은　죽은 식물이 오직 특정한 박테리아와 곰팡이에 의해서만 소모되는 것을 발견하고서　놀랐다.
　S　　　　　　　　　　　　　　　　　SC　　　　　　　　　　　　　　　　V

STEP 2 　Researchers　were shocked　to discover / that dead plants get consumed / only by particular bacteria and fungi.
　　　　　　S　　　　　　V　　　　　　　　　　　　　　　　　SC
　　　연구원들은　　놀랐다　　　발견하고서 / 죽은 식물이 소모되는 것을 / 오직 특정한 박테리아와 곰팡이에 의해서만

Tip • to discover는 감정 형용사(shocked) 뒤에 사용되어, 감정의 원인을 나타내는 to부정사의 부사적 용법으로 쓰였다.

단어 배열 Practice

SENTENCE UNSCRAMBLE ~ chunks

[01~05] 우리말과 같도록, 주어진 어구를 바르게 배열하시오.

01 1년 후, 그 신문은 화재로 잠시 동안 휴간되었다.

was discontinued / a year later / the newspaper / due to / for a while

_____ a fire.

02 그는 그 지역의 풍부한 자원 덕분에 그가 그 성을 건설했다고 생각했다.

that he had constructed / he thought / the castle / thanks to the rich resources

_____ of the region.

03 그 조사는 무엇이 정말 잘못됐는지를 알아낼 목적으로 만들어졌다.

finding out / was made / what really went wrong / the investigation / for the purpose of

_____

04 간디는 힌두교도와 이슬람교도 사이의 싸움에 반대하기 위해서 단식을 시작했다.

the fighting / Gandhi / to protest / started fasting / between

_____ Hindu and Muslims.

05 길달리기새는 그것이 방울뱀조차도 잡아먹을 정도로 충분히 빠르기 때문에 스피드로 유명하다.

is famous / to catch and eat / because it is / a roadrunner / fast enough / for its speed

_____ even a rattlesnake.

SENTENCE UNSCRAMBLE → words

[06~10] 우리말과 같도록, 주어진 단어를 바르게 배열하시오.

06 이탈리아 정부는 19세기 중반에 포로들을 Lampedusa로 보냈다.

government / in / to / sent / Lampedusa / prisoners / the / 19th / the / century / middle / of

The Italian _____ .

07 의사들에 따르면, 당신의 머리카락이 회색으로 변하는 것은 당신의 가족에서 유전된다.

runs / gray / doctors / hair / to / your / medical / turning / your / in / according

_____ family.

08 다른 사람들과 물건 공유하기를 꺼리는 사람들은 외롭다고 느끼기 쉽다.

to / reluctant / who / lonely / with / are / others / feel / those / share / liable / things / are / to

_____

09 나는 분개심과 두려움에 너무나 소진되어서 암 진단의 고통을 느낄 수 없었다.

of / cancer / the pain / of / too / and / with / was / consumed / feel / to / resentment / I / the diagnosis / fear

_____

10 초음파는 몸 안에 있는 대상에 음파를 반사함으로써 이미지를 만든다.

the body / inside / off / an object / sound / bouncing / by / an image / waves / produces / ultrasound

Ultrasound _____ .

SENTENCE UNSCRAMBLE ~ addition & transformation

[11~15] 우리말과 같도록, 조건에 맞게 문장을 완성하시오.

11 그 문제를 답하기 위해서, 우리는 정반대의 상황을 알아야만 한다. (10 단어, to-V로 시작할 것)

the question / the opposite cases / answer / should

---

12 너의 남자 친구는 시간을 지키는 것이 너에게 얼마나 중요한지 알고 있음에도 불구하고 데이트에 항상 늦게 나올 지도 모른다. (19 단어, 필요시 어형 변화할 것)

promptness / show up / in spite of / how important / know / might

---

13 이런 근본적인 두려움의 결과로서, 우리는 관계, 사업, 그리고 인생에서 거절당하는 것을 걱정한다. (18 단어, 필요시 어형 변화할 것)

reject / as a result of / business / life / relationships / we'll / fundamental

---

14 그는 그 앞에 놓여 있는 힘든 일을 생각하니 매우 우울해졌다. (14 단어, 필요시 어형 변화할 것)

quite / depress / ahead of / hard / the thought / felt

---

15 그 야구팀 선수들은 최선을 다했지만 결국 경기에서 졌다. (14 단어, 「only + to-V」를 사용할 것)

lose / the members / their best / the game

[1~3] 다음 글을 읽고, 물음에 답하시오.

> Twins provide a unique opportunity to study genes. Some pairs of twins are identical: they share the exact same genes in their DNA.

(A) In the same way, scientists can estimate the role genes play in any other trait by comparing the similarity of identical twins to the similarity of fraternal twins. If there is a difference, then the magnitude of the difference gives a clue as to how much genes are involved.

(B) Other pairs are fraternal, sharing only half of their genes on average. D_____ in genetic similarity turn out to be a powerful natural experiment, 우리로 하여금 유전자들이 주어진 특성에 얼마나 많이 영향을 미치는지 추정하도록 해 준다.

(C) For example, identical twins almost always have the same eye color, but fraternal twins often do not. This suggests that genes play a role in eye color, and in fact geneticists have identified several specific genes that are involved.

VOCA
unique 특별한
gene 유전자
pair 쌍, 짝, 두 사람
identical 동일한
estimate 추정하다
trait 특성
similarity 유사성
identical twins 일란성 쌍둥이
fraternal twins 이란성 쌍둥이
magnitude (엄청난) 크기, 규모
clue 단서
involve 관련시키다
turn out ~인 것으로 밝혀지다
play a role in ~에서 역할을 하다
geneticist 유전학자
specific 특정한

1 주어진 글 다음에 이어질 글의 순서로 가장 적절한 것을 고르시오.

① (A) – (C) – (B)　　② (B) – (A) – (C)　　③ (B) – (C) – (A)

④ (C) – (A) – (B)　　⑤ (C) – (B) – (A)

2 윗글의 빈칸에 들어갈 알맞은 단어를 본문에서 찾아 쓰시오. (D를 포함한 11자, 필요시 어형 변화할 것)

D_____

경기여고 1학년 서술형 응용
3 윗글에서 밑줄 친 우리말과 같도록, 다음 단어를 배열하여 문장을 완성하시오. (필요시 어형 변형할 것)

much / how / trait / influence / allow / genes / estimate / a / given / us / to

Unit 16

부사구를 포함하는 문장 쓰기 (2)

분사구문의 의미	예문
시간	**Trying to open the can**, I cut my hand.
조건	**Viewed from space**, the earth looked like a green ball.
이유	**Being tired**, she went to bed early.
양보	**Being poor**, he was always proud.
동시동작 연속동작	She lay awake, **recalling the events of the day**. He walked out of the room, **slamming the door behind him**.

Unit 15에서 설명한 부사구의 종류 외에 부사구의 다른 종류로 분사구문이 있다. 분사구문은 주어와 능동 관계이면 -ing 형태로, 수동 관계이면 p.p. 형태로 시작된다. 분사구문은 일반적으로 주절 앞에 사용되지만, 부사(구)처럼 문장에서 위치가 자유롭기 때문에 강조하는 내용에 따라 문장 중간이나 주절 뒤에 위치하기도 한다.

분사구문은 시간(~할 때, ~하는 동안, ~하면서), 조건(~한다면), 이유(~ 때문에), 양보(비록 ~일지라도), 동시동작(~하면서), 연속동작(그리고 ~하다)의 의미를 갖는다. 주어진 우리말에서 분사구문으로 표현할 부분을 찾아내는 것과 분사구문의 chunk를 파악하는 것이 중요하다.

[1-2] 우리말과 같도록, 주어진 **어구**를 바르게 배열하시오.

1

은자의 오두막에 도착했을 때, 왕은 그 노인이 그의 정원에서 땅을 파고 있는 것을 발견했다.
the king found / reaching / the hermit's hut / the old man / digging

_____ in his garden.

STEP 1 　핵심 POINT　 분사구문인 부사구 chunk
은자의 오두막에 도착했을 때, 왕은 그 노인이 그의 정원에서 땅을 파고 있는 것을 발견했다.
　　　　M　　　　　 　S　　 O　　　　　　 OC　　　　　　　 V

STEP 2 　Reaching the hermit's hut,　the king　found　the old man　digging / in his garden.
　　　　　　　　M　　　　　　　　 　S　　　 V　　　　O　　　 　　OC
　　은자의 오두막에 도착했을 때　　　왕은　발견했다　그 노인이　땅을 파고 있는 것을 / 그의 정원에서

Tip • Reaching ~ hut은 '시간(~할 때)'을 나타내는 분사구문이다.
　　• find + O + OC(-ing) : O가 OC하고 있는 것을 발견하다

2

물을 마시는 것은 당신의 피부에 건강한 윤기를 주면서, 피부 세포에 수분을 공급해 준다.
hydrates skin cells / water / a healthy glow / giving your skin

Drinking _____ .

STEP 1   핵심 POINT 분사구문인 부사구 chunk

물을 마시는 것은   당신의 피부에 건강한 윤기를 주면서,   피부 세포에   수분을 공급해 준다.
　　 S 　　　　　　　　　　 M 　　　　　　　　　　　 O 　　　　 V

STEP 2   Drinking water 　　 hydrates 　　 skin cells, 　　 giving your skin / a healthy glow.
　　　　　　　　 S 　　　　　　 V 　　　　　　 O 　　　　　　　　　 M
　　　　 물을 마시는 것은   수분을 공급해 준다   피부 세포에 　　 당신의 피부에 주면서 / 건강한 윤기를

Tip • giving ~ glow는 '동시동작(~하면서)'을 나타내는 분사구문이다.

3

우리말과 같도록, 주어진 <u>단어</u>를 바르게 배열하시오.

일반 스피커와 비교하면, 한지 스피커로부터 나오는 소리는 더 강력하고 더 날카롭다.
speakers / speakers / the sound / compared to / Hanji / comes / is / regular / from / that

_____ stronger and sharper.

STEP 1   핵심 POINT 분사구문인 부사구 chunk

일반 스피커와 비교하면,   한지 스피커로부터 나오는 소리는   더 강력하고 더 날카롭다.
　　　 M 　　　　　　　　　　 S 　　　　　　　　　　 V + SC

STEP 2   Compared to regular speakers,   the sound / that comes from Hanji speakers   is stronger and sharper.
　　　　　　　　 M 　　　　　　　　　　　　　 S 　　　　　　　　　　　 V + SC
　　　　 일반 스피커에 비교하면 　　　　　 소리는 / 한지 스피커로부터 나오는 　　　　 더 강력하고 더 날카롭다

Tip • Compared ~ speakers는 '조건(~한다면)'을 나타내는 분사구문으로, 주어인 the sound와의 관계가 수동이므로 과거분사 Compared가 쓰였다.

4

우리말과 같도록, <u>조건</u>에 맞게 문장을 완성하시오. (fabrics 포함 15 단어)

지구에 대한 걱정에 동기 부여가 되어, 녹색 소비자들은 천연 섬유나 유기적으로 생산된 섬유들을 선택한다.
natural fibers / concern / motivated / organically produced / green consumers / by

_____ fabrics.

STEP 1   핵심 POINT 분사구문인 부사구 chunk

지구에 대한 걱정에 동기 부여가 되어,   녹색 소비자들은   천연 섬유나 유기적으로 생산된 섬유들을   선택한다.
　　　　　 M 　　　　　　　　　　 S 　　　　　　　 O 　　　　　　　 V

STEP 2   Motivated by concern / for the earth,   green consumers   choose
　　　　　　　　　 M 　　　　　　　　　　　 S 　　　　 V
　　　　 걱정에 동기 부여가 되어 / 지구에 대한 　　 녹색 소비자들은 　 선택한다

natural fibers or organically produced fabrics.
　　　　　　　 O
천연 섬유나 유기적으로 생산된 섬유들을

Tip • Motivated ~ the earth는 '이유(~ 때문에)'를 나타내는 분사구문으로, 주어 green consumers와의 관계가 수동이므로 과거분사 Motivated가 쓰였다.

단어 배열 Practice

SENTENCE
UNSCRAMBLE ⤳ chunks

[01~05] 우리말과 같도록, 주어진 어구를 바르게 배열하시오.

01 그 소년은 자신의 팔을 친구 앞으로 두어서, 내가 먼저 가도록 손짓했다.

put his arm / for me / motioning / to go ahead / in front of his friend

The boy _____ .

02 가난한 가정에서 길러졌기 때문에, 공자는 사람들의 고통을 진정으로 이해했다.

in a poor family / Confucius / truly / the suffering / understood / raised

_____ of the people.

03 다이아몬드 목걸이를 하고 있는 그녀의 아름다운 목을 힐끗 보면서, 그는 부끄러워했다.

her beautiful neck / with a diamond necklace / on it / glancing at

_____ he felt shy.

04 외딴 시골에서 차를 갖고 있지 않았기 때문에, 그녀는 그녀의 엄마를 자주 방문할 수 없었다.

a car / was not able to visit / not having / in the remote countryside / she

_____ her mother often.

05 그의 여행 중에 그가 음식을 살 수 없을 것이라는 걸 알고 있었기 때문에, 그는 많은 음식물을 그와 함께 가져갔다.

on his journey / large supplies / knowing that he wouldn't be able / to buy food / he took

_____ with him.

SENTENCE UNSCRAMBLE ⌒⌐• words

[06~10] 우리말과 같도록, 주어진 단어를 바르게 배열하시오.

06
그 차는 하얀 연기를 퍼붓는 채로 그 바리케이드에 돌진했다.

out / the barricade / to / with / dashed / pouring / white smoke

The car _____.

07
화가 난 그 여자는 문이 열리도록 발로 찼고, 그와 싸울 준비를 했다.

kicked / fight / to / open / with / ready / him / door / getting / the

The angry woman _____.

08
그 생물체는 항상 숲속 깊이 살기 때문에, 거의 사람들에 의해서 보이지 않는다.

in / the / by / forest / seen / always / are / deep / living / rarely / people

The creatures _____.

09
지난밤에 끔찍한 화재가 발생했고, 10채의 집을 불태웠다.

down / night / last / houses / out / burning / ten / broke

A terrible fire _____.

10
슬픔은 당신의 뇌에서 미래에 언젠가 잊혀지고, 가슴에는 새겨진다.

in / forgotten / sometime / your / in / in / brain / heart / future / carved / your / are / the

Sorrows _____.

SENTENCE UNSCRAMBLE ~ addition & transformation

[11~15] 우리말과 같도록, 조건에 맞게 문장을 완성하시오.

11 그 여자는 기쁨으로 눈이 반짝이며 그녀의 돌아온 아들을 맞이했다. (12 단어, 「with 분사구문」을 사용할 것, 필요시 어형 변화할 것)

greet / returning / shine / joy / her eyes

The woman _____.

12 잡지에 있는 사진을 조각으로 찢고 나서, 그녀는 자신의 딸에게 그 사진을 맞춰 보도록 요구했다. (17 단어, 문장 앞에 분사구문을 사용할 것, 필요시 어형 변화할 것)

tear / ask / a picture / the picture / put ~ together

_____

13 세 개의 엔진으로 동력을 받아서, 그 차량은 시속 1,050 마일로 가도록 고안된다. (14 단어, 문장 앞에 분사구문을 사용할 것, 필요시 어형 변화할 것)

power / design / miles / engines / the vehicle / go / per hour

_____

14 친구들 사이에서 이야기를 하면서, 너는 "Disney Land가 세상에서 가장 좋은 테마 공원이야"라고 말할지도 모른다. (15 단어, 문장 앞에 분사구문을 사용할 것)

world's theme park / while / might say / among / finest / talk

_____

15 가르치는 일을 찾지 못해서, 그는 글 쓰는 직업으로 옮겼다. (11 단어, 문장 앞에 분사구문을 사용할 것)

unable / a writing career / teaching work / drifted into

_____

[1~3] 다음 글을 읽고, 물음에 답하시오.

Honeybees have evolved what we call "swarm intelligence," <u>한 군집의 최대 5만 마리의 벌이 함께 민주적인 결정을 내리기 위해 모이면서</u>. When a hive gets too crowded in springtime, colonies send scouts to look for a new home. If any scouts disagree on where the colony should build its next hive, they argue their case the civilized way: through a dance-off. Each scout performs a "waggle dance" for other scouts in an attempt to convince them of their spot's merit. The more enthusiastic the dance is, the happier the scout is with his spot. The remainder of the colony _____, flying to the spot they prefer and joining in the dance until one potential hive overcomes all other dances of the neighborhood. It would be great if Congress settled their disagreements the same way.

VOCA

evolve 발전시키다
swarm 집단, 무리
hive 벌집, 벌떼
colony (개미, 벌 등의) 집단, 군집
scout 정찰병
civilized 교양있는, 문명화된
dance-off 춤
waggle 흔들다
attempt 시도
convince 납득[확신]시키다
enthusiastic 열정적인
remainder 나머지
potential 잠재적인
Congress 의회
settle 해결하다

1 윗글에서 밑줄 친 우리말과 같도록, 다음 어구를 배열하여 문장을 완성하시오.

> decisions / in a single colony / make / up to 50,000 / to / democratic / workers / coming together / with

2 윗글의 빈칸에 들어갈 말로 가장 적절한 것은?

① votes with their bodies
② invades other bees' hives
③ searches for more flowers
④ shows more concern for mates
⑤ improves their communication skills

세종고 2학년 서술형 응용
3 본문 내용으로 보아, 꿀벌의 의사 결정은 어떻게 이뤄지는지 영영 뜻풀이를 참고하여 쓰시오. (M을 포함한 8자, R을 포함한 4자)

M_____ R_____ : the principle that decisions supported by more than half the people in a group have effect upon all the people in that group

Unit 17

부사절을 포함하는 문장 쓰기

부사절의 의미	예문
시간	She's been working here **since she finished school**.
이유	I couldn't log in **because I forgot the password**.
조건	**Unless you are careful,** you'll break the glass.
목적	Turn off the light **so that I can sleep**.
결과	The movie was *so* good **that I saw it again**.

부사절은 다양한 접속사를 사용하여 시간, 이유, 조건, 양보, 목적, 결과 등의 의미를 나타내는 절을 말한다. 부사절의 의미는 접속사에 따라 달라지므로, 접속사별로 의미를 파악해 두도록 한다.

주어진 우리말에서 부사절 chunk를 찾고 적절한 접속사로 연결시킬 수 있어야 한다. 부사절은 주절 앞과 뒤에 모두 사용 가능하지만, 일반적으로 주절 앞에 사용되고, 이때 콤마를 써서 부사절과 주절을 구별한다.

[1-2] 우리말과 같도록, 주어진 <u>어구</u>를 바르게 배열하시오.

1

신들이 세상을 창조했을 때, 바오바브는 땅에 나타난 최초의 나무들 중에 있었다.
the gods / when / was / the baobab / to appear / among the first trees / created the world

_____ on the land.

STEP 1 핵심 POINT when 부사절
<u>신들이 세상을 창조했을 때,</u> <u>바오바브는</u> <u>땅에 나타난 최초의 나무들 중에 있었다.</u>
　　　M1　　　　　　　　　　　S　　　　　　　V + M2

STEP 2 When the gods created the world, the baobab was among the first trees / to appear on the land.
　　　　　　　M1　　　　　　　　　　S　　　　　　　　　V + M2
　　　신들이 세상을 창조했을 때　　　바오바브는　　　최초의 나무들 중에 있었다 / 땅에 나타난

Tip ・When ~ the world는 '~할 때'라는 의미의 시간을 나타내는 부사절이다.

2

일단 그 물건이 우리의 소유가 되고 집 안에서 공간을 차지하면, 그것은 가치를 잃기 시작한다.

inside our home / it starts / once the stuff / and takes up space / belongs to us

_____losing value.

STEP 1   핵심 POINT once 부사절

<u>일단 그 물건이 우리의 소유가 되고 집 안에서 공간을 차지하면,</u> <u>그것은</u> <u>가치를 잃기</u> <u>시작한다.</u>
                 M   S   O   V

STEP 2   <u>Once the stuff belongs to us / and takes up space / inside our home,</u>   <u>it</u>   <u>starts</u>   <u>losing value.</u>
                            M   S   V   O
          일단 그 물건이 우리의 소유가 되고 / 공간을 차지하면 / 집 안에서   그것은 시작한다 가치를 잃기

Tip • Once ~ home은 '일단 ~하면'이라는 의미의 조건을 나타내는 부사절이다.

---

3   우리말과 같도록, 주어진 <u>단어</u>를 바르게 배열하시오.

가급적 등을 위로 세우면서 몸의 하체가 이완되도록 유지시켜라.

far / the / lower / relaxed / possible / of / back / as / your / while / part / the body / upwards / raising / as

Keep _____.

STEP 1   핵심 POINT while 부사절

<u>가급적 등을 위로 세우면서</u> <u>몸의 하체가</u> <u>이완되도록</u> <u>유지시켜라.</u>
           M   O   OC   V

STEP 2   <u>Keep</u>   <u>the lower part of the body</u>   <u>relaxed</u>   <u>while raising your back upwards / as far as possible.</u>
       V   O   OC   M
     유지시켜라   몸의 하체가   이완되도록   등을 위로 세우면서 / 가급적

Tip • while ~ possible은 '~하면서'라는 의미의 시간을 나타내는 부사절이다.
      • 부사절에서 주어와 be동사는 생략 가능한데, while you are raising ~에서 you are가 생략되고 while raising ~이 된 형태이다.

---

4   우리말과 같도록, <u>조건에 맞게 문장을 완성하시오.</u> (12 단어, 「so ~ that ...」 구문을 사용할 것)

벌새는 자신들의 날개를 아주 빠르게 퍼덕거려서 그것들(날개들)이 윙윙대는 소리를 만든다.

hummingbirds / their / a humming noise / make / flap / fast

STEP 1   핵심 POINT 「so ~ that ...」 부사절

<u>벌새는</u> <u>자신들의 날개를</u> <u>아주 빠르게</u> <u>퍼덕거려서</u> <u>그것들(날개들)이 윙윙대는 소리를 만든다.</u>
    S   O   M   V   M

STEP 2   <u>Hummingbirds</u>   <u>flap</u>   <u>their wings</u>   <u>so fast</u>   <u>that they make a humming noise.</u>
        S   V   O   M   M (결과)
     벌새는   퍼덕거린다 자신들의 날개를   아주 빠르게   그래서 그것들(날개들)이 윙윙대는 소리를 만든다

Tip • 「so ~ that ...」은 '아주 ~해서 ...하다'라는 의미의 '원인-결과'를 나타낸다.

단어 배열 Practice

SENTENCE
UNSCRAMBLE chunks

[01~05] 우리말과 같도록, 주어진 어구를 바르게 배열하시오.

01 일단 스트레스를 유발하는 요소가 사라지면, 스트레스 호르몬은 잠잠해진다.

causing stress / the stress hormones / disappears / the factor / once

_____ quiet down.

02 아이들이 화장실과 휴지를 사용하는 데 익숙해질 때, 그들은 자립심을 얻을 수 있다.

and toilet paper / they can / children / to using a toilet / when / are accustomed

_____ gain independence.

03 나는 내 삶의 끝까지 내가 살아 있는 한 그날을 잊지 못할 것이다.

as long as / that day / I live / will not forget / to the end of my life

I _____ .

04 그의 고통이 너무 견딜 수 없어서 그는 자신의 목숨을 끝내는 것을 생각하고 있었다.

so intolerable / his pain was / that he was / of ending his life / having thoughts

_____

05 당신이 이 지구에서 어디를 가더라도, 당신은 영어로 살아갈 수 있다.

on this globe / you go / you can get along / wherever

_____ with English.

SENTENCE UNSCRAMBLE ∿• words

[06~10] 우리말과 같도록, 주어진 단어를 바르게 배열하시오.

06 당신은 당신이 자연의 규칙을 이해할 때까지는 주변 환경을 완전하게 이해할 수 없다.

rules / nature / your / of / you / understand / the / can't / until / surroundings / appreciate / fully

You _____ .

07 우리의 몸이나 우리의 정신에 무엇이 발생하더라도 우리의 영혼은 전체로서 남아 있다.

matter / remain / bodies / whole / or / souls / our / our / our / happens / to / minds / what

No _____ .

08 당신은 당신이 산에서 길을 잃었을 때 당신이 잠이 들지 않도록 계속 걷는 것이 좋다.

you / should / in / better / a / when / keep / stray / walking / lest / fall / you / mountain / asleep

You'd _____

09 과학자들은 그들이 날씨에서의 변화를 더 정확하게 이해하고 예측하기 위해서 전 세계에서 정보를 수집한다.

so / worldwide / information / the / that / predict / scientists / understand / in / more / accurately / and / can / weather / changes / collect / they

_____

10 우리가 영화관에 도착할 때쯤이면, 그 영화는 이미 시작했을 것이다.

started / cinema / will / the / the / have / film / already / time / get / the / we / to

By _____ .

⌐⌐⌐ addition & transformation

[11~15] 우리말과 같도록, 조건에 맞게 문장을 완성하시오.

11

다 자녀의 부모가 알고 있는 것처럼, 아기의 요구를 만족시키기 위한 한 가지 간단한 공식은 없다. (As 포함 17 단어)

multiple children / meeting / formula / baby's needs / one / know

As _____ .

12

자신의 머리가 베개에 닿자마자 잠드는 자신의 능력에 대해 매우 자랑스러워하는 한 젊은이가 있었다. (There 포함 21 단어)

who / the moment / man / touched / proud of / his head / intensely / his ability

There _____ .

13

네가 할 수 있다고 생각하든 네가 할 수 없다고 생각하든, 네가 옳다. (Whether 포함 13 단어)

or / think / right / can / can't

Whether _____ .

14

일단 초고가 당신의 최고의 글이 아니라는 것을 당신이 스스로에게 확신시킬 수 있다면, 시작하는 것이 더 쉬울 것이다. (Once 포함 20 단어, 「가주어(it) ~ 진주어(to-V)」를 사용할 것)

convince yourself / best writing / easier / get started / the first draft

Once _____ .

15

아무리 우리가 열심히 노력할지라도, 우리는 우리 스스로가 웃도록 만들 수 없다. (No 포함 13 단어)

matter / laugh / hard / make / how / try / ourselves / unable

No _____ .

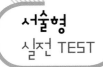

[1~3] 다음 글을 읽고, 물음에 답하시오.

(a) 만약 당신이 갓 구운 빵 냄새가 나는 방으로 걸어 들어간다면, you quickly detect the rather pleasant smell. However, stay in the room for a few minutes, and the smell will seem to disappear. In fact, the only way to reawaken it is to walk out of the room and come back in again. The exact same concept applies to many areas of our lives, including happiness. Everyone has something to be happy about. Perhaps they have a loving partner, good health, a satisfying job, a roof over their heads, or enough food to eat. As time passes, however, they get used to what they have and, just like the smell of fresh bread, these wonderful assets disappear from their consciousness. As the old proverb goes, (b) you never miss the water till the well runs dry.

VOCA

detect 알아차리다
rather (놀랍) 꽤, 상당히
reawaken 일깨우다
concept 개념
apply to ~에 적용되다
get used to ~에 (점점) 익숙
해지다
asset ~것, 자산
consciousness 의식
proverb 속담
well 우물

1 윗글의 요지로 가장 적절한 것은?

① 새로움을 추구하는 삶이 가치 있다.   ② 작은 행복이 모여서 큰 행복이 된다.

③ 즐거움은 어느 정도의 고통을 수반한다.   ④ 익숙함이 소중한 것의 가치를 잊게 한다.

⑤ 결과보다 과정에 집중하는 삶이 행복하다.

2 윗글의 밑줄 친 우리말 (a)와 같도록, 다음 어구를 배열하여 문장을 완성하시오. (대소문자 구별할 것)

freshly baked / you / smells of / into a room / walk / that / if / bread

휘문고 2학년 서술형 응용

3 윗글의 밑줄 친 (b)의 의미와 같도록, 아래 문장을 어법에 맞게 완성하시오.

You never miss the water till the well runs dry.

= (1) _____ _____ the well runs dry _____ _____ _____ the water.

= (2) _____ is _____ _____ the well runs dry _____ you miss the water.

Unit 18

가정법이 들어간 문장 쓰기

 개념

가정법의 종류	문장 구조
가정법 과거	If + S + 과거동사 / were ~, S + 조동사 과거형 + 동사원형 …. (현재 사실에 반대되는 가정)
가정법 과거완료	If + S + had p.p. ~, S + 조동사 과거형 + have p.p. …. (과거 사실에 반대되는 가정)
혼합가정법	If + S + had p.p. ~, S + 조동사 과거형 + 동사원형 …. (현재에 영향을 미치는 과거 사실의 가정)
I wish ~	I wish (that) S + ┌ 과거동사 / were …. (~라면 좋을 텐데) └ had p.p. …. (~였다면 좋을 텐데)
as if [as though] ~	S + V ~, as if S + ┌ 과거동사 / were …. (마치 ~인 것처럼) └ had p.p. …. (마치 ~였던 것처럼)
Without [But for] + 명사(구)	Without + 명사(구), S + 조동사 과거형 + ┌ 동사원형 …. (~이 없다면) └ have p.p. …. (~이 없었다면)

가정법이란 사실과 반대되는 상황을 가정하는 것으로, 형태상 실제로 의미하는 것보다 하나 앞선 시제를 사용한다.

 접근

주어진 우리말에 어울리는 가정법 표현을 사용할 수 있어야 한다. 평소 다양한 가정법의 종류를 숙지하고 그 문장 구조를 기억하도록 한다.

[1-2] 우리말과 같도록, 주어진 어구를 바르게 배열하시오.

1

만약 그의 아이디어가 이루어진다면, 최종 결과는 지금까지 지어진 것 중 가장 튼튼한 현수교가 될 것이다.
ever built / the strongest suspension bridge / his ideas worked / would be / the final result

If _____ .

STEP 1 핵심 POINT 가정법 과거

만약 그의 아이디어가 이루어진다면, 최종 결과는 지금까지 지어진 것 중, 가장 튼튼한 현수교가 될 것이다.
　　　　M　　　　　　　　　S　　　　　　M　　　　　　　V + SC

STEP 2　If his ideas worked,　the final result　would be the strongest suspension bridge　ever built.
　　　　　　　　M　　　　　　　S　　　　　　　　　V + SC　　　　　　　　　M
　만약 그의 아이디어가 이루어진다면　최종 결과는　　　가장 튼튼한 현수교가 될 것이다　　지금까지 지어진 것 중

Tip • 가정법 과거 : If + S + 과거동사 / were ~, S + 조동사 과거형 + 동사원형 …. (현재 사실에 반대되는 가정)

2

만약 온라인으로 새것을 주문하는 데 그렇게 오래 걸리지 않았다면 나는 그것을 더 일찍 했을 것이다.

to order / new ones online / have done it / earlier / so long / if it hadn't taken

I'd _____.

STEP 1 　핵심 POINT　가정법 과거완료

만약 온라인으로 새것을 주문하는 데 그렇게 오래 걸리지 않았다면　나는　그것을　더 일찍　했을 것이다.
　　　　　　　　　　　　　　　　　　　　　　　M　　　　　　　　　　　　　　　S　　O　　　M　　　V

STEP 2 　I'd have done　it　earlier　if it hadn't taken so long / to order new ones online.
　　　　　　S + V　　　O　　M　　　　　　　　M
　　　나는 했을 것이다　그것을　더 일찍　만약 그렇게 오래 걸리지 않았다면 / 온라인으로 새것을 주문하는 데

Tip • 가정법 과거완료 : If + S + had p.p. ~, S + 조동사 과거형 + have p.p. …. (과거 사실에 반대되는 가정)
　　• 주절과 if절의 위치가 바뀌어도 문법적으로는 무방하다.
　　• it takes + 시간 + to-V : ~하는 데 시간이 걸리다

3

우리말과 같도록, 주어진 <u>단어</u>를 바르게 배열하시오.

만약 당신을 보호하기 위해 특별하게 고안된 대피소가 없다면, 당신은 추위에서 살아남지 못할 것이다.

designed / you / for / a shelter / protect / were / survive / you / it / the cold / to / not / would / if / specially / not

STEP 1 　핵심 POINT　가정법 과거

만약 당신을 보호하기 위해 특별하게 고안된 대피소가 없다면,　당신은　추위에서　살아남지 못할 것이다.
　　　　　　　　　　　　　　　　　　　　　M　　　　　　　　　　　S　　O　　　V

STEP 2 　If it were not for a shelter / specially designed / to protect you,　you　would not survive　the cold.
　　　　　　　　　　　　　　M　　　　　　　　　　　　　　　　　　　　　S　　　　V　　　　　　O
　　　만약 대피소가 없다면 / 특별하게 고안된 / 당신을 보호하기 위해　당신은　살아남지 못할 것이다　추위에서

Tip • If it were not for = Were it not for = Without = But for (~이 없다면)
　　• specially designed ~ you는 앞의 명사 a shelter를 수식하는 과거분사구이다.

4

우리말과 같도록, <u>조건</u>에 맞게 문장을 완성하시오. (13 단어, 가정법 구문을 사용할 것)

이런 엄격한 규칙들이 없었더라면, 실록은 그런 엄청난 신뢰를 얻지 못했을 것이다.

have / strict / the Sillok / without / such / gained / credibility / could

STEP 1 　핵심 POINT　가정법 과거완료

이런 엄격한 규칙들이 없었더라면,　실록은　그런 엄청난 신뢰를　얻지 못했을 것이다.
　　　　　　　　M　　　　　　　　　　S　　　　O　　　　　　　V

STEP 2 　Without these strict rules,　the Sillok　could not have gained　such great credibility.
　　　　　　　　　　M　　　　　　　　　　S　　　　　　V　　　　　　　　　O
　　　이런 엄격한 규칙들이 없었더라면　실록은　얻지 못했을 것이다　그런 엄청난 신뢰를

Tip • 주절이 가정법 과거완료(could not have gained)이므로, Without은 '~이 없었더라면'(가정법 과거완료)이라는 의미를 나타낸다.
　　• Without = But for = If it had not been for = Had it not been for

단어 배열 Practice

SENTENCE UNSCRAMBLE · chunks

[01~05] 우리말과 같도록, 주어진 어구를 바르게 배열하시오.

01 그 비행기가 독일 군대에 의해서 발견된다면, 그와 그의 가족은 공중에서 그들의 목숨을 잃게 될지도 모른다.

might lose their lives / the plane / he and his family / by the German troops / were discovered / in the air

If _____ .

02 Tom이 20대였을 때 대학을 마쳤더라면, 그는 지금 더 좋은 자리로 승진할 수 있을 것이다.

he could / when he was / be promoted / in his twenties / Tom had finished college / to a better position now

If _____ .

03 오늘날 베토벤이 살아 있다면, 그는 그의 작품이 연주되는 동안에 청중들이 침묵을 유지하는 것을 보고 놀랄 것이다.

were being played / Beethoven were / he would be surprised / keeping silent / to see the audience / while his works / alive today

If _____ .

04 내가 가진 것보다 더 많은 인생 경험을 가진 사람들로부터 내가 현명한 조언을 받았더라면 좋을 텐데.

wise advice / I had received / from those / than I had / with more life experience / I wish

_____

05 그녀가 없었다면, 그는 학교에서 중퇴했을지도 모르고 분명히 비참한 삶을 살았을 것이다.

out of school / he might have dropped / but for her / would have had / and surely / a terrible life

_____

SENTENCE UNSCRAMBLE ⟶ words

[06~10] 우리말과 같도록, 주어진 단어를 바르게 배열하시오.

06 만약 당신의 자녀들이 문제가 있는 사생활을 가진 유명인사를 흉내 내고 싶어 한다면, 당신은 기분이 어떨까?

who / you / feel / imitate / private / children / would / a / troubled / how / a / celebrity / wanted / has / life / to / your

_____ if _____ ?

07 해가 서쪽에서 뜬다면, 나는 네가 말했던 것을 믿을 것이다.

said / west / you / the / the / believe / rise / sun / to / would / in / were / what / I

If _____ .

08 그 일이 매일 저녁 발생한다면, 샴페인 잔을 부딪치는 것은 상대적으로 지루한 행사가 될 것이다.

a / relatively / evening / glasses / dull / every / it / be / clinking / happened / champagne / would / exercise

_____ if _____ .

09 건물 밖으로 나가라는 그 결정이 내려지지 않았다면, 팀 전체가 죽게 되었을 것이다.

get / been / the / of / hadn't / the / killed / entire / been / decision / building / the / would / to / have / out / team / made

If _____ .

10 돔 경기장이 건설되지 않았다면, 메이저 리그 야구는 휴스턴에서 살아남지 못했을 것이다.

stadium / in / had / built / Houston / baseball / major / might / been / the / domed / have / league / not / survived / not

If _____ .

[11~15] 우리말과 같도록, <u>조건에 맞게</u> 문장을 완성하시오.

11 당신이 적에 맞서서 전쟁을 일으켰다면, 당신은 위대한 제국을 파괴했을 것이다. (16 단어, If로 시작할 것, 필요시 어형 변화할 것)

go to war / destroy / will / against / empire

_____

12 Sally가 어제 그녀의 프로젝트를 끝냈다면, 그녀는 오늘 세미나에 참석할 수 있을 것이다. (12 단어, Had로 시작할 것, 필요시 어형 변화할 것)

finish / Sally / project / the seminar / can / attend

_____

13 너를 위해서 다른 기회가 있을 수 있다면 좋을 텐데. (9 단어, 필요시 어형 변화할 것)

I wish / can / another / there

_____

14 사람들은 그들이 갖고 있지 않은 지식을 갖고 있는 것처럼 행동할 때, 실제로는 결국 더 어리석어 보일 수 있다. (20 단어, 필요시 어형 변화할 것)

appear / that / as if / do / knowledge / foolish / act / had / can actually / end up

_____

15 여러분들로부터의 기부금이 없다면, 우리 센터는 계속 운영할 충분한 기금을 갖지 못할 것이다. (14 단어, 필요시 어형 변화할 것)

to / have / keep / enough funds / donations / will / operate / from

_____

VOCA

complain 불평하다
grateful 감사하는
unfortunately 유감스럽게도
include 넣다, 포함하다
check 수표
rarely 좀처럼 ~하지 않다
immediate 즉각적인
response 답장, 회신
sum 액수
enclose 동봉하다

[1~3] 다음 글을 읽고, 물음에 답하시오.

Andrew Carnegie, the great (a) early-twentieth-century businessman, once heard his sister (b) complain about her two sons.

(A) Within days he received warm grateful letters from both boys, (c) who noted at the letters' end (d) what he had unfortunately forgotten (e) to include the check. 그 수표가 동봉되었다면, 그들은 그렇게 빨리 답장을 보냈을까?

(B) They were away at college and (f) rarely responded to her letters. Carnegie told her that if he wrote them he would get an immediate response.

(C) He sent off two warm letters to the boys, and told them (g) that he was happy to send each of them a check for a hundred dollars (a large sum in those days). Then he mailed the letters, but didn't enclose the checks.

1 주어진 글 다음에 이어질 글의 순서로 가장 적절한 것은?

① (A) – (C) – (B)　　② (B) – (A) – (C)　　③ (B) – (C) – (A)

④ (C) – (A) – (B)　　⑤ (C) – (B) – (A)

장훈고 2학년 서술형 응용

2 윗글의 밑줄 친 (a) ~ (g) 중, 어법상 틀린 것을 찾아 바르게 고치시오.

(　　) _____ → _____

중동고 2학년 서술형 응용

3 윗글에서 밑줄 친 우리말과 같도록, 주어진 단어를 어법에 맞게 쓰시오.

If the check _____ _____ _____ (enclose), would they _____ _____ (respond) so quickly?

Unit 19

비교 표현이 들어간 문장 쓰기

Concept 개념

비교 표현	예문
원급 비교(as + 원급 + as)	He is **as rich as** Bill Gates.
비교급 (-(e)r[more / less] ~ than)	This question is **more complicated than** that one.
최상급(the + 최상급)	**The worst** things happen to **the best** people.
┌배수사 + as 원급 as └배수사 + 비교급 + than	Her income is **two times more than** mine.
The 비교급 + S + V ~, the 비교급 + S + V …	**The more quickly** I work, **the more easily** I make mistake.

Approach 접근

주어진 우리말과 비교하여 제시된 영단어들 가운데 비교 표현을 찾아내야 하므로, 미리 다양한 비교 표현을 익히는 것이 중요하다. 위에 제시된 기본적인 비교 표현 외에 다양한 문장 패턴을 반드시 숙지하도록 한다.

[1-2] 우리말과 같도록, 주어진 <u>어구</u>를 바르게 배열하시오.

1

서울의 여름 열기는 Los Angeles의 늦가을만큼 시원하고 신선하게 느껴졌다.
as the late fall / felt as / in Los Angeles / Seoul's summer heat / cool and fresh

---

STEP 1 핵심 POINT 원급 비교 표현
<u>서울의 여름 열기는</u> <u>Los Angeles의 늦가을만큼</u> <u>시원하고 신선하게 느껴졌다.</u>
　　　S　　　　　　　　　　M　　　　　　　　　V + SC

STEP 2 <u>Seoul's summer heat</u> <u>felt as cool and fresh</u> <u>as the late fall / in Los Angeles.</u>
　　　　　　S　　　　　　　　V + SC　　　　　　　　　　M
　　　서울의 여름 열기는　　시원하고 신선하게 느껴졌다　　늦가을만큼 / Los Angles의

Tip • 원급 비교 표현은 「as + 형용사 / 부사의 원급 + as」로 쓴다.
　　 • feel은 보어가 필요한 2형식 동사이다.

2

당근과 감자 같은 뿌리는 항상 그 식물의 나머지 부분보다 훨씬 더 달콤하다.

roots / than the rest of the plant / always much sweeter / such as / are / carrots and potatoes

---

STEP 1 **핵심 POINT** 비교급 강조 표현

당근과 감자 같은 뿌리는 항상 그 식물의 나머지 부분보다 훨씬 더 달콤하다.
　　　　S　　　　　　　M　　　　　　M　　　　　　　　　V + SC

STEP 2 Roots / such as carrots and potatoes are always much sweeter than the rest / of the plant.
　　　　　　　　　　S　　　　　　　　　　　　　V + M + SC　　　　　　　　　M
　　　뿌리는 / 당근과 감자 같은　　　　　　 항상 훨씬 더 달콤하다　　　나머지 부분보다 / 그 식물의

Tip • much는 비교급 sweeter을 강조하는 표현으로 '훨씬'이라는 의미이고, 이외의 다른 표현으로는 even, still, far, a lot 등이 있다.

3

우리말과 같도록, 주어진 <u>단어</u>를 바르게 배열하시오.

당신이 자신의 내적 자아, 즉 진정한 당신을 더 많이 들을수록, 당신은 자신에 대해 더 많은 자신감을 느끼게 될 것이다.

the / more / feel / your / listen / about / will / confident / more / you / to / yourself / inner / self / you / the / you / the / real

---

STEP 1 **핵심 POINT** 비교급 관용 표현

당신이 자신의 내적 자아, 즉 진정한 당신을 더 많이 들을수록, 당신은 자신에 대해 더 많은 자신감을 느끼게 될 것이다.
　S　　　　　O　　　　　O' (동격)　　　V + M　　　S　　　M　　　　SC　　　　　V

STEP 2 The more you listen to your inner self, the real you, the more confident you will feel about yourself.
　　　　　　M　　　S + V　　　　O'　　　　O (동격)　　　　SC　　　　　S + V　　　　M
　　　　더 많이　당신이 들을수록　자신의 내적 자아를　진정한 당신을　더 많은 자신감을　당신은 느끼게 될 것이다　자신에 대해

Tip • The 비교급 S + V ~, the 비교급 S + V ··· : ~할수록, 더 ···하다

4

우리말과 같도록, <u>조건</u>에 맞게 문장을 완성하시오. (The rate 포함 18 단어, 단어 중복 사용 가능)

2000년에 남자아이들의 비만 비율은 여자아이들의 비만 비율보다 거의 세 배 높았다.

times / high / nearly / as / three / was / that / obesity / of

The rate _____ .

STEP 1 **핵심 POINT** 배수 비교 표현

2000년에 남자아이들의 비만 비율은 여자아이들의 비만 비율보다 거의 세 배 높았다.
　M　　　　　　S　　　　　　　　　M　　　　　　　　V + M + SC

STEP 2 The rate of boys' obesity was nearly three times as high as that of girls' obesity in 2000.
　　　　　　　　S　　　　　　　　　V + M + SC　　　　　　　　M　　　　　　　M
　　　남자아이들의 비만 비율은　　 거의 세 배 높았다　　　여자아이들의 비만 비율보다　2000년에

Tip • 배수 비교 표현은 「배수사 + as + 형용사 / 부사의 원급 + as」 또는 「배수사 + 비교급 + than」으로 쓴다.
• that은 명사 the rate의 반복을 피하기 위해 쓴 대명사이다.

단어 배열 Practice

SENTENCE
UNSCRAMBLE ~ chunks

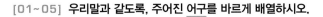

[01~05] 우리말과 같도록, 주어진 **어구를** 바르게 배열하시오.

01 수백만 년 전에, 인간의 얼굴은 오늘날(그것들이 그러한)만큼 납작하지 않았다.

human faces / today / millions of years ago / weren't / as they are / as flat

_____

02 평생 동안, 보통 사람의 심장은 25억 번보다 더 많이 박동할 것이다.

more than / in a lifetime / will beat / human heart / two and / the average / a half billion times

_____

03 1965년에, Maury Wills라고 불리는 한 야구 선수는 메이저 리그에서 다른 어떤 선수보다 더 많은 도루를 했다.

a baseball player / in 1965 / named Maury Wills / than any other player / in the major leagues / stole more bases

_____

04 놀랍게도, 그들은 검정색 계열의 고무 타이어가 색칠되지 않은 타이어보다 5배 더 내구성이 있다는 것을 알게 되었다.

were five times / than the uncolored ones / to their surprise / rubber tires / more durable / that the carbon-colored / they discovered

_____

05 시골에 살고 있는 고양이, 양, 소의 숫자는 도시에서의 그것(숫자)보다 더 많았다.

than / living in the country / that / the number / was larger / in the city / of cats, sheep, and cows

_____

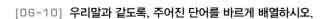

SENTENCE UNSCRAMBLE → words

[06~10] 우리말과 같도록, 주어진 단어를 바르게 배열하시오.

06 고원이라고 불리는 지형은 거의 산만큼 높이 솟아오를 수 있다.

called / a / landform / high / a / plateau / as / almost / as / a / mountain / rise / can

---

07 다른 사람들에게 하루에 5달러만큼의 약간의 돈을 쓰는 것은 행복감을 상당히 증진시킬 수 있다는 것이 밝혀졌다.

as / spending / that / it / significantly boost / happiness / on / could / little / a day / others / as / was / 5 dollars / found

---

08 매년, 해외로 가는 한국인들의 숫자는 한국을 방문하는 외국인들의 그것(숫자)보다 더 많다.

of / abroad / than / Koreans / is / the / foreigners / larger / going / number / of / each / year / visiting / that / Korea

---

09 물건의 값이 얼마인지에 대해서 아이들에게 쓸 그들 자신의 돈을 주는 것보다 더 빨리 아이들을 가르치는 것은 없다.

about / quicker / spend / than / what / them / teaches / their / giving / things / nothing / own / to / kids / money / cost

---

10 종종 심각한 귀의 염증을 가진 아이들은 살면서 나중에 건강한 귀를 가진 아이들보다 두 배 더 과체중이 될 가능성이 있다.

more / healthier / later / who / than / in / children / get / with / ears / twice / are / serious / overweight / often / infections / become / kids / likely / life / ear / to

---

SENTENCE UNSCRAMBLE ~ addition & transformation

[11~15] 우리말과 같도록, 조건에 맞게 문장을 완성하시오.

11 18세 미만 아이들의 문자 메시지 사용은 18세부터 24세 사람들의 그것(사용)보다 두 배 이상이다. (20 단어, 「as ~ as」 구문을 사용할 것)

text-message usage / much / people / twice / kids / ages

_____

12 당신이 먹는 지방의 양은 당신의 엄지손가락의 끝부분보다 더 크면 안 된다. (16 단어, 「비교급 ~ than」 구문을 사용할 것)

should / amount / no / the tip / thumb / fat

_____

13 어떤 것도 연습보다 중요하지 않다는 것을 기억해라. (8 단어, 「부정주어 + 비교급 ~ than」 구문을 사용할 것)

practice / that / remember / important

_____

14 여러분이 상대방에 대해 더 많이 알아낼수록, 여러분은 협상에서 더 설득적으로 될 것이다. (18 단어, 「the + 비교급 ~, the + 비교급 …」 구문을 사용할 것)

will become / persuasive / the other party / the negotiation / find out

_____

15 넓은 날을 가진 커다란 칼은 어떤 사람들에게는 무기라기보다는 필수품이다. (19 단어, 「not so much A as B」 구문을 사용할 것)

some / a weapon / a necessity / a broad blade / for

_____

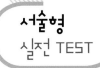

[1~3] 다음 글을 읽고, 물음에 답하시오.

One might wonder (a) <u>whether</u> there is any reason to be concerned about over-confidence in students. After all, confidence is often considered a positive trait. Indeed, research suggests that students who are confident about their ability to succeed in school (b) <u>tends</u> to perform better on academic tests than those with less confidence. That said, negative consequences also stem from being too confident in the classroom. Students who are over-confident about their ability to succeed in college <u>더 적당한 기대감을 가진 학생들보다 결국 더 단절됨과 환멸을 느끼게 된다</u>. Over-confidence can also leave students with mistaken impressions (c) <u>which</u> they are fully prepared for tests and no longer need to study. Students who have relatively accurate perceptions (d) <u>regarding</u> their progress in learning tend to use more effective study habits and perform better on tests than (e) <u>are</u> those with more error-prone views of their knowledge.

VOCA

confidence 자신감
positive 긍정적인
trait 특성
negative 부정적인
consequence 결과
stem from ~에서 생기다
impression (막연한) 생각, 느낌
relatively 비교적
accurate 정확한
perception 인식
progress 진척, 진전
error-prone 오류가 생기기 쉬운

1 윗글의 주제로 가장 적절한 것은?

① negative effects of students' over-confidence on school life

② critical factors to consider for choosing a college major

③ useful strategies for building students' confidence

④ changing roles of academic tests in school

⑤ effective ways to change bad study habits

2 윗글에서 밑줄 친 우리말과 같도록, 다음 어구를 배열하여 문장을 완성하시오.

with more modest expectations / those / more / feeling / disconnected and disillusioned / end up / than

_____

_____

중앙고 1학년 서술형 응용

3 윗글의 밑줄 친 부분 중, 어법상 틀린 세 군데를 찾아 바르게 고치시오.

( ) _____ → _____

( ) _____ → _____

( ) _____ → _____

Unit 20

구조가 특이한 문장 쓰기

종류	예문
「It is[was] ~ that」 강조구문	**It was** *freedom* **that** they fought for.
도치	• 부사(구) 강조 : **Down** *fell the bus* over the bridge. • 보어 강조 : **Blessed** *are the poor* in heart. • 부정어 강조 : **Never** *did she* speak at table. • ~도 역시 그렇다[그렇지 않다] 　A: I did survive.　B: **So did I**. 　A: I am not a singer.　B: **Neither[Nor] is he**.
부분부정	**Not all** books are interesting.

- 「It is[was] ~ that」 강조구문은 It is[was]와 that 사이에 놓인 내용을 강조할 때 사용하며, '…한 것은 바로 ~이다[였다]'라고 해석한다.
- 도치는 주어가 아닌 다른 대상을 문두에 써서 강조하고자 할 때, 「동사 + 주어」로 어순이 바뀌는 것을 말한다. 특히 부정어구가 문두에 오면, 「부정어 + (부사구/부사절 +) 조동사 + 주어 + 동사」의 어순으로 도치된다.
- 부정어 not과 always, every, all, necessarily, both 등이 함께 사용되면 부분부정으로, '항상[모두, 모든, 반드시, 둘 다] ~인 것은 아니다'라고 해석한다.

기본적으로 알아야 하는 구조가 특이한 문장을 미리 숙지하고, 다양한 문장을 연습해 보는 것이 좋다.

[1-2] 우리말과 같도록, 주어진 어구를 바르게 배열하시오.

1

성공한 사람들의 모든 자녀들이 스스로 성공하는 것은 아니다.

become successful / of successful people / themselves / not all children

STEP 1　핵심 POINT **부분부정**
성공한 사람들의 모든 자녀들이　스스로 성공하는 것은 아니다.
　　　　S　　　　　　　　　　V + SC

STEP 2　Not all children of successful people　become successful themselves.
　　　　　　　　　S　　　　　　　　　　　　　　　　V + SC
　　　　성공한 사람들의 모든 자녀들이　　　　스스로 성공하는 것은 아니다

Tip • 「not ~ all(모두 ~인 것은 아니다)」은 부분부정을 나타낸다.

2

그들의 의심이 틀렸다는 것을 그가 증명했을 뿐만 아니라, 불가능한 일을 하도록 우리를 고무시키는 업적을 그가 또한 이루었다.

but he also achieved / only did he prove / an accomplishment / their doubts / to do the impossible / wrong / that inspired us

Not _____ .

STEP 1　[핵심 POINT] 부정어 도치 표현

그들의 의심이　틀렸다는 것을　그가 증명했을 뿐만 아니라,　불가능한 일을 하도록 우리를 고무시키는　업적을　그가 또한 이루었다.
　　O1　　　　OC　　　부정어 + 조동사 + S1 + V1　　　　　　　M　　　　　O2　　S2 + V2

STEP 2　Not only did he prove　their doubts　wrong,
　　　　부정어 + 조동사 + S1 + V1　　O1　　　OC
　　　　그가 증명했을 뿐만 아니라　그들의 의심이　틀렸다는 것을

　　　　but he also achieved　an accomplishment　that inspired us / to do the impossible.
　　　　　　S2 + V2　　　　　　O2　　　　　　　　　　M
　　　　그가 또한 이루었다　　업적을　　　우리를 고무시키는 / 불가능한 일을 하도록

Tip · not only A but also B : A뿐만 아니라 B 또한 (= B as well as A)

3

우리말과 같도록, 주어진 <u>단어</u>를 바르게 배열하시오.

정직은 좋은 관계 속에 자리 잡고 있지만, 상대방의 기본적인 선량함에 대한 가정도 역시 그렇다.

the / other's / does / of / so / goodness / in / honesty / place / relationship / a / good / but / basic / the presumption / has / its

STEP 1　[핵심 POINT] 「so + 동사 + 주어」 도치 표현

정직은　좋은 관계 속에　자리 잡고 있지만,　상대방의 기본적인 선량함에 대한 가정도　역시 그렇다.
　S1　　　M　　　　V1 + O　　　　　　S2　　　　　　　　　M + V2

STEP 2　Honesty　has its place　in a good relationship,　but　so does　the presumption of the other's basic goodness.
　　　　　S1　　　V1 + O　　　　M　　　　　　접속사　M + V2　　　　　　　S2
　　　　정직은　자리 잡고 있다　좋은 관계 속에　하지만　역시 그렇다　상대방의 기본적 선량함에 대한 가정도

Tip · 「so + 대동사 + 주어」는 '~도 역시 그렇다'는 의미의 관용적인 도치 표현이다.

4

우리말과 같도록, <u>조건에 맞게</u> 문장을 완성하시오. (13 단어, 강조구문을 사용할 것, 단어 중복 사용 가능)

어머니들이 다르게 생각하는 것을 시작한 것은 바로 여성 평등 운동이 도래한 때였다.

that / began / the women's / mothers / it / liberation movement / arrived

STEP 1　[핵심 POINT] 「It was ~ that」 강조구문

어머니들이 다르게 생각하는 것을 시작한 것은　바로 여성 평등 운동이 도래한 때였다.
　　　　관계사절　　　　　　　　　It was + 강조 어구

STEP 2　It was when the women's liberation movement arrived　that mothers began thinking differently.
　　　　It was + 강조 어구　　　　　　　　　　　관계사절
　　　　바로 여성 평등 운동이 도래한 때였다　　　어머니들이 다르게 생각하는 것을 시작한 것은

Tip · 「It is[was] ~ that」 강조구문에서 부사절인 when ~ arrived가 강조 대상이다.

단어 배열 Practice

SENTENCE
UNSCRAMBLE ᑎᑎ· chunks

[01~05] 우리말과 같도록, 주어진 어구를 바르게 배열하시오.

01 복권에 당첨되는 것이 항상 당신을 행복하게 만드는 것은 아니다.
happy / always make / does not / winning the lottery / you

_____

02 당신이 당신의 생각들을 당신의 머릿속에 넣어 두면 그것들 중에 어떤 것도 세상을 변화시키지 못할 것이다.
inside of your head / none of your ideas / the world / will change / if you keep them

_____

03 그녀의 결정이 그녀의 어린 아들에게 미칠 영향을 그녀는 결코 상상하지 못했다.
she imagine / the effect / did / would have / on her young son / her decision

Never _____.

04 깡통 위의 고무가 진동하는 것처럼, 거울도 역시 그렇다.
vibrates / does / as the rubber / so / on the can / the mirror

_____

05 오직 그의 가족에 대한 헌신을 위해 그런 어려운 일을 그는 한다.
to his family / such hard work / for the devotion / does he do

Only _____.

SENTENCE UNSCRAMBLE ~ words

[06~10] 우리말과 같도록, 주어진 단어를 바르게 배열하시오.

06 그녀가 생각하기에 정직했던 그 직원이 그녀를 속였다.

she / her / the / who / honest / believed / was / deceived / employee

_____

07 그는 자신의 일에 그다지 능숙하지 못했고, 그리고 그는 향상되는 것처럼 보이지도 않았다.

did / work / at / to / seem / he / nor / was / very / his / he / good / improve / not

_____

08 우리 집 근처에 나의 친한 친구들에 의해 운영되는 두 개의 큰 제과점이 있다.

my / my / house / by / run / big / are / friends / bakeries / close / two

Near _____ .

09 동일한 교장 선생님이 10년 후 내 인생에서 중대한 역할을 할 거라는 것을 그때는 나는 거의 알지 못했다.

know / the same / did / principal / that / that / major / part / play / a / would / at / in / years / later / time / life / my / ten / I

Little _____ .

10 상대방의 주먹이 너무 빨리 날아와서 Maggie는 거의 그 펀치들을 막을 수 없었다.

barely / block / fists / fast / could / the / flew / punches / so / opponent's / that / the / Maggie

_____

~ addition & transformation

[11~15] 우리말과 같도록, <u>조건에 맞게</u> 문장을 완성하시오.

11
통통한 도마뱀인 chuckwalla는 대개 20~25cm 길이이고, 성장했을 때 무게가 약 1.5kg 나간다. (13 단어, 동격 표현을 사용할 것)

about / long / mature / weigh / fat lizards / when

_____

12
대부분의 아이들이 하는 것보다 말하기를 훨씬 더 빨리 그가 시작했을 뿐만 아니라, 그는 그의 동화책의 거의 모든 페이지를 암기할 수 있었다. (Not only, but ~ books 포함 25 단어)

did / much / sooner than / do

Not only _____ ,

but he could memorize nearly all the pages of his fairy tale books.

13
내가 그 집에 도착하자마자 나는 그곳이 비어 있다는 것을 나는 깨달았다. (No sooner 포함 13 단어, 필요시 어형 변화할 것)

it / than / reach / empty / realize / be

No sooner _____ .

14
어제 Mr. Lane에게 청구서를 보낸 것은 바로 내 비서였다. (12 단어, 「It ~ that」 강조구문을 사용할 것, 필요시 어형 변화할 것)

the bill / secretary / send

_____

15
이런 대상들이 화가들에게 적합하다고 결코 이전에는 여겨지지 않았다. (Never before 포함 10 단어, 필요시 어형 변화할 것)

consider / had / these subjects / artists / appropriate for

Never before _____ .

[1~3] 다음 글을 읽고, 물음에 답하시오.

Did you know you actually think in images and not in (a) w_____? Images are simply mental pictures showing ideas and experiences. Early humans communicated their ideas and experiences to others for thousands of years by drawing pictures in the sand or on the walls of their caves. Only recently <u>이 '그림' 메시지를 기호로 나타내기 위해서 다양한 언어와 알파벳을 인간이 만들어 냈다.</u> Your mind has not yet adapted to this relatively new development. An image has a much greater impact on your brain than words; the nerves from the eye to the brain are twenty-five times larger than the nerves from the ear to the brain. You often remember a person's face but not his or her name, for example. The old saying, "_____ (b) _____," is true.

VOCA

simply 간단히 말해, 요약하면
mental picture 심상
cave 동굴
recently 최근에
adapt to ~에 적응하다
have an impact on ~에 영향을 주다
nerve 신경 (조직)
saying 속담

한대부고 2학년 서술형 응용

1 본문의 내용으로 보아, 빈칸 (a)에 들어갈 알맞은 단어를 본문에서 찾아 쓰시오. (w 포함 5자)

w_____

2 윗글에서 밑줄 친 우리말과 같도록, 다음 어구를 배열하여 문장을 완성하시오.

created / "picture" messages / have / and / to symbolize /
various languages / alphabets / humans / these

Only recently _____.

3 윗글의 빈칸 (b)에 들어갈 말로 가장 적절한 것은?

① Actions speak louder than words

② A bad workman blames his tools

③ You can't judge a book by its cover

④ The pen is mightier than the sword

⑤ A picture is worth a thousand words

전교 1등의
책상 위에는 언제나
블랙라벨

| 15개정 | 수학(상) | 수학(하) | 수학Ⅰ | 수학Ⅱ | 확률과 통계 | 미적분 | 기하 |

22개정   공통수학1 | 공통수학2 (출시 예정)

WHITE
label

서술형 문항의
원리를 푸는 열쇠

화 이 트 라 벨

| 서술형 문장완성북 | 서술형 핵심패턴북

링크랭크

마인드맵으로 쉽게
우선순위로 빠르게

링 크 랭 크

| 고등 VOCA | 수능 VOCA

1등급을 위한 서술형 명품 영어

WHITE
label

화 이 트 라 벨

서술형
문장완성북

정답과 해설

OX로 개념을 적용하는
고등 국어 문제 기본서

더 THE 개념
블랙라벨

국어

국어 문학   국어 독서   국어 문법

개념은 빠짐없이! 설명은 분명하게!
연습은 충분하게! 내신과 수능까지!

짧은 호흡, 다양한	꼼꼼한 OX문제,	내신형 문제부터
도식과 예문으로	충분한 드릴형 문제로	수능 고난도까지
직관적인	**국어 개념**	**내신 만점**
개념 학습	**완벽 훈련**	**수능 만점**

정답과 해설

Unit 01 주어가 명사구인 문장 쓰기

단어 배열 Practice

01 To go swimming in winter makes you feel very healthy.

02 Falling through the sky fifteen thousand feet from the ground was never on my wish list.

03 Being able so easily to dispose of things makes us insensitive to the actual objects we possess.

04 Having reliable energy storage to back up wind and solar will be necessary for everything to run smoothly.

05 Accepting your role in your problems means that you understand that the solution lies within you.

06 To select the ice cream means not being able to eat the chocolate chip cookies.

07 Deciding whether your child is bright requires careful observation.

08 Becoming an expert in recognizing patterns of behavior can help you reduce the stress in your life.

09 Doing science in the school laboratory can be much more interesting than reading about it.

10 Studying families with rare genetic disorders has allowed doctors to trace the genetic basis of disease through generations.

11 Saying something aloud creates a more powerful memory than only thinking it.

12 Getting the latest thing is more important than making durable use of it.

13 Allowing employees to occasionally work from home will generate better ideas and results.

14 To want to spare children from going through unpleasant experiences is a noble aim.

15 Listening to older people to find out how to live is not very common in our society.

01

STEP 1 겨울에 수영하러 가는 것은 / 당신이 / 아주 건강해지는 기분이 들도록 / 만든다.
　　　　　S (to-V구)　　　　O　　　　　　　OC　　　　　　　　V

STEP 2 <u>To go swimming / in winter</u>　<u>makes</u>　<u>you</u>　<u>feel very healthy.</u>
　　　　　　　　S (to-V구)　　　　　　　V　　　O　　　　　OC
　　　　　　수영하러 가는 것은 / 겨울에　　만든다　당신이　아주 건강해지는 기분이 들도록

Tip
• make + O + OC :
O가 OC하게 만들다 (OC 에는 명사, 형용사, 동사원 형 가능)

02

STEP 1 지면으로부터 15,000피트 떨어진 하늘에서 떨어지는 것은 / 내 소원 목록에는 / 결코 있지 않았다.
　　　　　　　　　　S (동명사구)　　　　　　　　　　　　M　　　　　V

STEP 2 <u>Falling through the sky / fifteen thousand feet from the ground</u>
　　　　　　　　　　　　　　　S (동명사구)
　　　　　　하늘에서 떨어지는 것은 / 지면으로부터 15,000피트 떨어진

<u>was never</u>　<u>on my wish list.</u>
　　V　　　　　　M
결코 있지 않았다　내 소원 목록에는

Tip
• 주어 Falling~(동명사구) 은 단수 취급하므로 단수 동사 was가 쓰였다.

03

STEP 1 물건을 아주 쉽게 버릴 수 있다는 것은   우리가 가지고 있는 실제의 물건들에 대해
       S (동명사구)   M

우리를 무감각하도록 만든다.
 O   OC   V

STEP 2 Being able so easily to dispose of things   makes us insensitive
              S (동명사구)   V + O + OC
       물건을 아주 쉽게 버릴 수 있다는 것은   우리를 무감각하도록 만든다

to the actual objects / we possess.
              M
실제의 물건들에 대해 / 우리가 가지고 있는

Tip
- be able to = can
- make + O + OC(형용사)
  : O가 OC하도록 만들다
- we possess는 앞에 목적격 관계대명사 that[which]이 생략되어 있는 형태로, the actual objects를 수식한다.

04

STEP 1 바람과 태양(에너지)을 뒷받침할 수 있는 믿을 만한 에너지를 보유하는 것은
                                    S (동명사구)

모든 것이 원활하게 작동하도록 하기 위해 필요할 것이다.
            M   V + SC

STEP 2 Having reliable energy storage / to back up wind and solar
                          S (동명사구)
믿을 만한 에너지를 보유하는 것은 / 바람과 태양(에너지)을 뒷받침 할 수 있는

will be necessary for everything to run smoothly.
   V + SC   M
필요할 것이다   모든 것이 원활하게 작동하도록 하기 위해

Tip
- to back up ~은 형용사적 용법의 to부정사구로 reliable energy storage를 수식한다.
- to부정사가 명사를 수식하기 위해서는 명사 뒤에 위치한다.
- to run smoothly는 '원활하게 작동하도록'이라는 의미의 목적을 나타내는 부사적 용법의 to부정사구이고, for everything이 의미상의 주어이다.

05

STEP 1 당신의 문제에 있어 당신의 역할을 받아들이는 것은
                      S (동명사구)

해결책이 당신 안에 있다는 것을 당신이 이해한다는 것을 의미한다.
                    O   V

STEP 2 Accepting your role / in your problems   means
                   S (동명사구)   V
당신의 역할을 받아들이는 것은 / 당신의 문제에 있어   의미한다

that you understand / that the solution lies within you.
                          O
당신이 이해한다는 것을 / 해결책이 당신 안에 있다는 것을

Tip
- 「means + that(목적어절)」 안에 「understand + that(목적어절)」이 들어가 있는 형태이다.

[01 - 05] VOCA

weight 추, 무거운 것   dispose of ~을 버리다[없애다]   insensitive 무감각한, 의식하지 못하는   reliable 믿을 만한   storage 보유, 저장   back up ~을 뒷받침하다[도와주다]   solution 해결책   lie ~에 있다

06

STEP 1 <u>그 아이스크림을 선택하는 것은</u> <u>그 초콜릿 칩 쿠키를 먹을 수 없다는 것을</u> <u>의미한다.</u>
S (to-V구)   O   V

STEP 2 <u>To select the ice cream</u>   <u>means</u>   <u>not being able to eat the chocolate chip cookies.</u>
S (to-V구)   V   O
그 아이스크림을 선택하는 것은   의미한다   그 초콜릿 칩 쿠키를 먹을 수 없다는 것을

Tip
• 주어 To select ～(to부정사구)는 단수 취급하므로 단수동사 means가 쓰였다.
• mean -ing(동명사) : ～한다는 것을 의미하다

07

STEP 1 <u>당신의 아이가 영리한지 아닌지를 결정하는 것은</u> <u>주의 깊은 관찰력을</u> <u>필요로 한다.</u>
S (동명사구)   O   V

STEP 2 <u>Deciding / whether your child is bright</u>   <u>requires</u>   <u>careful observation.</u>
S (동명사구)   V   O
결정하는 것은 / 당신의 아이가 영리한지 아닌지를   필요로 한다   주의 깊은 관찰력을

Tip
• Deciding은 whether ～ bright를 목적어절로 취한다.

08

STEP 1 <u>행동 패턴을 인지하는 데 전문가가 되는 것은</u> <u>당신의 인생에서 스트레스를 줄이도록</u>
S (동명사구)   OC
<u>당신을</u> <u>도와줄 수 있다.</u>
O   V

STEP 2 <u>Becoming an expert / in recognizing patterns of behavior</u>
S (동명사구)
전문가가 되는 것은 / 행동 패턴을 인지하는 데

<u>can help</u>   <u>you</u>   <u>reduce the stress / in your life.</u>
V   O   OC
도와줄 수 있다   당신을   스트레스를 줄이도록 / 당신의 인생에서

Tip
• help(준사역동사) + O + OC(V / to-V) : O가 OC 하도록 도와주다

09

STEP 1 <u>학교 실험실에서 과학을 하는 것은</u> <u>그것(과학)에 관하여 읽는 것보다</u> <u>훨씬 더 흥미로울 수 있다.</u>
S (동명사구)   M   V + SC

STEP 2 <u>Doing science / in the school laboratory</u>   <u>can be much more interesting</u>
S (동명사구)   V + SC
과학을 하는 것은 / 학교 실험실에서   훨씬 더 흥미로울 수 있다

<u>than reading about it.</u>
M
그것(과학)에 관하여 읽는 것보다

Tip
• much는 비교급을 강조하는 역할을 한다.
• 동명사구인 Doing ～과 reading ～은 병렬구조를 이루고 있다.

10

STEP 1 <u>희귀한 유전적 질병을 가진 가족을 연구하는 것이</u> <u>의사들로 하여금</u>
S (동명사구)   O
<u>세대에 걸친 질병의 유전적 원인을 추적하도록</u> <u>가능케 해왔다.</u>
OC   V

STEP 2 <u>Studying families / with rare genetic disorders</u>   <u>has allowed</u>   <u>doctors</u>
S (동명사구)   V   O
가족을 연구하는 것이 / 희귀한 유전적 질병을 가진   가능케 해왔다   의사들로 하여금

<u>to trace the genetic basis of disease / through generations.</u>
OC
질병의 유전적 원인을 추적하도록 / 세대에 걸친

Tip
• allow + O + OC(to-V) :
O가 OC하도록 허용하다

[06 - 10] VOCA

observation 관찰(력)   expert 전문가   recognize 인지하다   laboratory 실험실   genetic 유전적
disorder 질병   trace 추적하다   generation 세대

11

STEP 1 <u>어떤 것을 크게 말하는 것은</u> <u>단지 그것을 생각하는 것보다</u> <u>더 강력한 기억을</u> <u>만든다.</u>
S (동명사구)   M   O   V

STEP 2 <u>Saying something aloud</u>   <u>creates</u>   <u>a more powerful memory</u>   <u>than only thinking it.</u>
S (동명사구)   V   O   M
어떤 것을 크게 말하는 것은   만든다   더 강력한 기억을   단지 그것을 생각하는 것보다

Tip
• 주어 Saying ~(동명사구) 은 단수 취급하므로 단수동사 creates가 쓰였다.
• 비교급에서 비교대상은 병렬구조를 이루므로 동명사구인 Saying ~과 같은 형태의 thinking ~이 쓰였다.

12

STEP 1 <u>최신 제품을 가진다는 것이</u> <u>그것을 오랫동안 사용한다는 것보다</u> <u>더 중요하다.</u>
S (동명사구)   M   V + SC

STEP 2 <u>Getting the latest thing</u> <u>is more important</u> <u>than making durable use of it.</u>
S (동명사구)   V + SC   M
최신 제품을 가진다는 것이   더 중요하다   그것을 오랫동안 사용한다는 것보다

Tip
• 비교급에서 비교 대상은 병렬구조를 이루므로 동명사구인 Getting ~과 같은 형태의 making ~이 쓰였다.

13

STEP 1 <u>직원들이 가끔씩 집에서 일하도록 허용하는 것은</u> <u>더 좋은 아이디어와 결과들을</u> <u>만들어 낼 것이다.</u>
S (동명사구)   O   V

STEP 2 <u>Allowing employees / to occasionally work / from home</u>   <u>will generate</u>
S (동명사구)   V
직원들이 (~하도록) 허용하는 것은 / 가끔씩 일하도록 / 집에서   만들어 낼 것이다

<u>better ideas and results.</u>
O
더 좋은 아이디어와 결과들을

Tip
• allow + O + OC(to-V) :
O가 OC하도록 허용하다

14

STEP 1 <u>아이들이 불쾌한 경험들을 겪지 않기를 원하는 것은</u> <u>고귀한 목적이다.</u>
　　　　　　　　　S (to-V구)　　　　　　　　　　　　 V + SC

STEP 2 <u>To want / to spare children from going through unpleasant experiences</u>
　　　　　　　　　　　　　　　　　S (to-V구)
　　　　　원하는 것은 / 아이들이 불쾌한 경험들을 겪지 않도록

　　　　<u>is a noble aim.</u>
　　　　　V + SC
　　　　고귀한 목적이다

15

STEP 1 <u>살아가는 방법을 알아내기 위해서 노인들의 의견을 듣는 것은</u>
　　　　　　　　　　　　　　S (동명사구)

　　　　<u>우리 사회에서</u> <u>그다지 흔하지 않다.</u>
　　　　　　M　　　　　 V + SC

STEP 2 <u>Listening to older people / to find out / how to live</u>
　　　　　　　　　　　　　S (동명사구)
　　　　노인들의 의견을 듣는 것은 / 알아내기 위해서 / 살아가는 방법을

　　　　<u>is not very common</u> <u>in our society.</u>
　　　　　　V + SC　　　　　　 M
　　　　그다지 흔하지 않다　　 우리 사회에서

[11 - 15] VOCA

latest 최신의　　durable 오래가는, 내구성이 있는　　employee 직원　　occasionally 가끔씩　　generate 만들어
내다　　result 결과　　noble 고귀한　　common 흔한

Tip

· spare + O + from +
-ing / N(명사) : O가 ~하
는 것을 겪지 않도록 하다

· to spare ~는 명사적 용
법의 to부정사구로 want
의 목적어로 쓰였다.

Tip

· 의문사 + to-V =
의문사 + S + should + V

1 ③   **2** To see what is in front of your nose needs constant struggle.   **3** (f) what → that

---

해석 및 해설

[핵심 내용] 주변에 가까이 있는 기회를 주목하라.

George Orwell은 "당신의 코앞에 있는 것을 보는 것은 끊임없는 노력을 필요로 한다."라고 썼다. 우리는 기회에 둘러싸여 있지만, 우리는 자주 그것들을 알아보지도 못한다. Richard Wiseman 교수는 이것에 대한 인상적이면서 극단적인 실험을 했다. 그는 한 그룹의 지원자들에게 농구팀이 공을 패스한 횟수를 세어 달라고 부탁했다. 그들이 공을 패스하는 동안, 고릴라 옷을 입은 한 사람이 그 그룹 사이로 걸어 들어가서, 가슴을 몇 번 두드리고 나서 걸어 나갔다. 상당수의 지원자들은 정확하게 숫자를 셌지만, 20명이 넘는 지원자들 중 5명만 그 고릴라를 알아차렸다. 동일한 것이 우리의 직업적 삶에 적용된다. 우리는 점수를 기록하고 그날그날 살아가는 데 너무 집중하느라 우리의 코앞에 있는 무한한 기회들을 알아차리지 못한다.

VOCA plus

struggle 노력, 분투

constant 끊임없는

in front of ~ 앞에

1

한 그룹의 지원자들에게 농구팀이 공을 패스한 횟수를 세어 달라는 부탁을 했고, 농구팀이 패스를 하는 동안 실험을 위한 어떤 상황이 벌어지는 것을 주어진 문장에서 설명하고 있으므로, 주어진 문장은 ③에 들어가는 것이 가장 적절하다.

2

STEP 1 당신의 코앞에 있는 것을 보는 것은 끊임없는 노력을 필요로 한다.
        S (to-V구)   O   V

STEP 2 <u>To see / what is in front of your nose</u> <u>needs</u> <u>constant struggle</u>.
        S (to-V구)   V   O
        보는 것은 / 당신의 코앞에 있는 것을   필요로 한다   끊임없는 노력을

3

(f) 관계대명사 what은 '~하는 것'이라는 뜻으로, 앞에는 선행사가 없고 뒤에는 불완전한 절이 이어지는 것이 특징이다. 그런데 what 뒤에 완전한 절이 왔으므로 접속사 that으로 고쳐야 한다. 또한 「so ~ that ...」 구문으로 '매우 ~해서 …하다'로 해석될 수 있으므로 that이 알맞다.

(a) walked는 문장의 동사로 쓰였고 뒤에 thumped, walked와 병렬구조를 이루고 있으므로, 의미상으로나 시제상으로 적절하다.

(b) them은 앞의 opportunities를 지칭하므로 적절하다.

(c) asked는 목적격 보어 자리에 to부정사를 취하는 5형식 동사이므로 to count는 적절하다.

(d) 「quite[what, such] + a(n) + 형용사 + 명사」의 어순이므로 적절하다.

(e) 전치사 on 뒤에 오는 동사는 동명사의 형태를 취하므로 keeping과 병렬구조를 이루는 managing은 적절하다.

Tip

• To see는 주어 역할을 하고 있다. to부정사는 명사적 용법으로 쓰여 주어, 목적어, 보어의 역할을 할 수 있다.

• what은 선행사를 포함한 관계대명사로 '~하는 것'이라고 해석한다. what이 이끄는 절이 see의 목적어 역할을 하고 있다.

구문 분석

[5행] He **asked** a group of volunteers **to count the number of** *times* a basketball team passed the ball.

▶ asked는 5형식 동사로 to부정사(to count)를 목적격보어로 취한다.

▶ the number of는 뒤에 복수명사가 오며, '~의 수'로 해석한다. *cf.* a number of(= many) + 복수명사 : 많은 ~

Unit 02 주어가 명사절인 문장 쓰기

단어 배열 Practice

01 What makes it different is the relative height between a young child and an adult.

02 What you have done there is to create a form of electricity called static electricity.

03 That rattlesnake meat is a disgusting thing to eat triggered a violent reversal of the normal digestive process.

04 What these parents don't realize is that they can't make the lives of their children more pleasant.

05 Whether the money spent on safety is seen as a wise decision or not will depend on the context of comparison.

06 What causes a person to be inactive is a lack of goals and purpose.

07 Whether a woman was a slave or came from a wealthier class made a great deal of difference.

08 How you address your professors depends on many factors such as college culture and their own preference.

09 What is more surprising is that you can find more vitamin C in the white pith than in the actual orange.

10 That his true self just happened to be a handsome prince shows symbolically that she was rewarded greatly.

11 How we see the world depends on what we want from it.

12 What I decided to do was to write a letter to my grandmother in New York.

13 Whether he used it or not doesn't matter to me.

14 How positively people rated a potential relationship was more important than how much they had in common.

15 What hurts me is not the occurrence itself but the response he or she has uncritically adopted.

01

STEP 1 그것을 차이 나도록 만드는 것은 어린아이와 어른 사이의 상대적인 신장이다.
S (what절) M V + SC

STEP 2 What makes it different is the relative height between a young child and an adult.
S (what절) V + SC M
그것을 차이 나도록 만드는 것은 상대적인 신장이다 어린아이와 어른 사이의

Tip

• 관계대명사 what은 the thing(s) which[that](~하는 것)의 의미로, 문장의 주어, 목적어, 보어의 역할을 할 수 있다.

02

STEP 1 여러분이 거기서 한 것은 정전기라고 불리는 전기의 한 형태를 만든 것이다.
S (what절) M V + SC

STEP 2 What you have done there is to create a form of electricity called static electricity.
S (what절) V + SC M
여러분이 거기에서 한 것은 전기의 한 형태를 만든 것이다 정전기라고 불리는

Tip

• to create ~는 명사적 용법의 to부정사구로 보어 역할을 하고 있다.

• called ~는 과거분사구로 앞에 있는 electricity를 수식한다.

03

STEP 1 <u>방울뱀 고기가 먹기에 혐오스러운 음식이라는 것은</u> <u>정상적인 소화 과정의</u> <u>극단적인 반전을</u> <u>촉발했다.</u>
　　　　　S (that절)　　　　　　　　　　　　　　　　　M　　　　　　　　O　　　　V

STEP 2 <u>That rattlesnake meat is a disgusting thing / to eat</u>　<u>triggered</u>
　　　　　　　　　　　S (that절)　　　　　　　　　　　　　　　　V
　　　　　방울뱀 고기가 혐오스러운 음식이라는 것은 / 먹기에　　　촉발했다

　　　　<u>a violent reversal</u>　<u>of the normal digestive process.</u>
　　　　　　　O　　　　　　　　　　　　　M
　　　　　극단적인 반전을　　　　　정상적인 소화 과정의

> **Tip**
> • that은 명사절을 이끄는 접속사로 '~하는 것'이라는 의미로, 「that + 명사절」은 문장의 주어, 목적어, 보어의 역할을 할 수 있다.
> • to eat은 a disgusting thing을 수식하는 형용사적 용법의 to부정사이다.

04

STEP 1 <u>이런 부모들이 깨닫지 못하는 것은</u> <u>그들이 그들의 자녀의 삶을 더 즐겁게 만들 수 없다는 것이다.</u>
　　　　　S (what절)　　　　　　　　　　　　V + SC (that절)

STEP 2 <u>What these parents don't realize</u>
　　　　　　　　S (what절)
　　　　　이런 부모들이 깨닫지 못하는 것은

　　　　<u>is that they can't make / the lives of their children / more pleasant.</u>
　　　　　　　　　　　　　V + SC (that절)
　　　　　그들이 만들 수 없다는 것이다 / 그들의 자녀의 삶을 / 더 즐겁게

> **Tip**
> • 주어는 관계대명사 what이 이끄는 불완전한 문장이다.
> • 보어는 접속사 that이 이끄는 완전한 문장이다.
> • make + O + OC(형용사) : O가 OC하도록 만들다[하게 하다] (5형식)

05

STEP 1 <u>안전에 지출된 그 돈이 현명한 결정으로 보일지 않을지는</u> <u>비교의 상황에</u> <u>달려 있을 것이다.</u>
　　　　　　　　S (whether절)　　　　　　　　　　　　　O　　　　V

STEP 2 <u>Whether the money / spent on safety / is seen as a wise decision or not</u>
　　　　　　　　　　S (whether절: whether A or not)
　　　　　그 돈이 / 안전에 지출된 / 현명한 결정으로 보일지 않을지는

　　　　<u>will depend on</u>　<u>the context of comparison.</u>
　　　　　　V　　　　　　　　　O
　　　　~에 달려 있을 것이다　　　비교의 상황

[01 - 05] VOCA

relative 상대적인　static electricity 정전기　disgusting 혐오스러운　trigger 촉발하다　reversal 반전,
뒤바뀜　digestive 소화의　context 상황, 맥락　comparison 비교

> **Tip**
> • whether는 명사절을 이끄는 접속사로 '~인지 아닌지'라는 의미를 가지고 있다.
> • spend + 시간/돈(O) + on/in : O를 ~에 지출하다 〈수동태〉 시간/돈(S) + (be) spent + on/in : S가 ~에 지출하다
> • spent ~는 과거분사구로 앞에 있는 the money를 수식한다.

06

STEP 1 <u>사람을 게으르게 만드는 것은</u> <u>목표와 목적의 부족이다.</u>
　　　　　S (what절)　　　　　　　V + SC

STEP 2 <u>What causes a person to be inactive</u>　<u>is a lack of goals and purpose.</u>
　　　　　　　　S (what절)　　　　　　　　　　　　　V + SC
　　　　　사람을 게으르게 만드는 것은　　　　목표와 목적의 부족이다

> **Tip**
> • 관계대명사 what이 주어로 쓰이면 단수 취급하므로 단수동사 is가 쓰였다.
> • cause + O + OC(to-V) : O가 OC하도록 만들다[야기하다]

정답과 해설 • **009**

07

STEP 1 <u>여성이 노예인지 더 부유한 계층 출신인지가</u> <u>많은 차이를 만들었다.</u>
　　　　　　S (whether절)　　　　　　　　　　V + O

STEP 2 <u>Whether a woman was a slave / or came from a wealthier class</u>
　　　　　　　S (whether절: whether A or B)
　　　　　여성이 노예인지 / 더 부유한 계층 출신인지가

　　　<u>made a great deal of difference.</u>
　　　　　　　V + O
　　　　　많은 차이를 만들었다

Tip
- whether A or B :
A인지 B인지
- a great deal of :
많은, 다량의

08

STEP 1 <u>당신이 당신의 교수들을 어떻게 부르는지는</u>
　　　　　　　S (how절)
　　　<u>대학 문화와 교수 자신의 선호도와 같은</u> <u>많은 요소들에</u> <u>달려 있다.</u>
　　　　　　　　　　M　　　　　　　　　　　O　　　　　V

STEP 2 <u>How you address your professors</u>　<u>depends on</u>　<u>many factors</u>
　　　　　　　S (how절)　　　　　　　　　V　　　　　　O
　　　당신이 당신의 교수들을 어떻게 부르는지는　~에 달려 있다　많은 요소들

　　　<u>such as / college culture and their own preference.</u>
　　　　　　　　　　　　M
　　　　~와 같은 / 대학 문화와 교수 자신의 선호도

Tip
- 의문사 how가 이끄는 명사절이 주어로 쓰이면 단수 취급하므로, 단수동사 depends가 쓰였다.
- such as : ~와 같은

09

STEP 1 <u>더욱 놀라운 것은</u>
　　　　　S (what절)
　　　<u>당신이 실제 오렌지 안에서보다 하얀색 속껍질 안에서 더 많은 비타민 C를 찾을 수 있다는 것이다.</u>
　　　　　　　　　　　　　　　　V + SC(that절)

STEP 2 <u>What is more surprising</u>
　　　　　　S (what절)
　　　　더욱 놀라운 것은

　　　<u>is that you can find more vitamin C / in the white pith / than in the actual orange.</u>
　　　　　　　　　　　　V + SC (that절)
　　　당신이 더 많은 비타민 C를 찾을 수 있다는 것이다 / 하얀색 속껍질 안에서 / 실제 오렌지 안에서보다

Tip
- 관계대명사 what이 이끄는 절이 주어로 쓰였다.
- 접속사 that이 이끄는 절이 is의 보어로 쓰였다.

10

STEP 1 <u>그의 진짜 모습이 공교롭게도 잘생긴 왕자였다는 것은</u> <u>그녀가 크게 보상을 받았다는 것을</u>
　　　　　　　　　　S (that절)　　　　　　　　　　　　　　O (that절)
　　　<u>상징적으로</u> <u>보여 준다.</u>
　　　　　M　　　　V

STEP 2 <u>That his true self just happened to be a handsome prince</u>
　　　　　　　　　　　S (that절)
　　　　그의 진짜 모습이 공교롭게도 잘생긴 왕자였다는 것은

　　　<u>shows</u>　<u>symbolically</u>　<u>that she was rewarded greatly.</u>
　　　　V　　　　M　　　　　　　O (that절)
　　　보여 준다　상징적으로　그녀가 크게 보상을 받았다는 것을

Tip
- 주어와 목적어로 쓰인 접속사 that이 이끄는 절은 명사절로 완전한 문장이다.

[06 - 10] **VOCA**

inactive 게으른, 활동하지 않는   address (~라고) 부르다   preference 선호(도)   pith 속, 중과피(오렌지 등의 껍질 안쪽 하얀 부분)   happen to 우연히 ~하다   reward 보상하다

11

STEP 1   우리가 어떻게 세상을 보는지는   우리가 그것(세상)으로부터 무엇을 원하는지에   달려 있다.
　　　　　　S (how절)　　　　　　　　　　　M　　　　　　　　　　　　　V

STEP 2   How we see the world   depends on   what we want / from it.
　　　　　　　S (how절)　　　　　　　　V　　　　　　　O
　　　　우리가 어떻게 세상을 보는지는　~에 달려 있다　우리가 무엇을 원하는지 / 그것(세상)으로부터

> **Tip**
> • 의문사 how가 이끄는 명사절이 주어로 쓰이면 단수 취급하므로 단수동사 depends가 쓰였다.
> • 의문사 what이 이끄는 절은 depends on의 목적어 역할을 하고 있다.

12

STEP 1   내가 하기로 결심했던 일은   뉴욕에 계신 나의 할머니께   편지를 쓰는 것이었다.
　　　　　　S (what절)　　　　　　　M　　　　　　　　　V + SC

STEP 2   What I decided to do   was to write a letter   to my grandmother / in New York.
　　　　　　S (what절)　　　　　　V + SC　　　　　　　M
　　　　내가 하기로 결심했던 일은　편지를 쓰는 것이었다　　나의 할머니께 / 뉴욕에 계신

> **Tip**
> • 주어 자리에 do동사가 나오면 be동사 뒤에서 보어 역할을 하는 to부정사는 to가 생략된 형태로 쓸 수도 있다.

13

STEP 1   그가 그것을 사용했던 아니던   나에게는   중요하지 않다.
　　　　　　S (whether절)　　　　　M　　　　V

STEP 2   Whether he used it or not   doesn't matter   to me.
　　　　　　S (whether절)　　　　　V　　　　M
　　　　그가 그것을 사용했던 아니던　중요하지 않다　나에게는

> **Tip**
> • 접속사 whether가 이끄는 절이 문장의 주어로 쓰였다.
> • whether A or not : A인지 아닌지

14

STEP 1   사람들이 얼마나 긍정적으로 잠재적 관계를 평가했는지가   그들이 얼마나 많은 공통점을 가졌는지보다
　　　　　　　　　　　　S (how절)　　　　　　　　　　　　　　　　　M
더 중요했다.
V + SC

STEP 2   How positively people rated a potential relationship   was more important
　　　　　　　　　　　S (how절)　　　　　　　　　　　　　V + SC
　　　사람들이 얼마나 긍정적으로 잠재적 관계를 평가했는지가　　　더 중요했다

than how much they had in common.
　　　　　　　M
그들이 얼마나 많은 공통점을 가졌는지보다

> **Tip**
> • 의문부사인 how를 사용한 「How + 형용사/부사 + S + V」 형태로, 동사 rated를 수식해야 하므로 부사 positively가 쓰였다.

15

STEP 1 <u>나를 아프게 하는 것은</u> <u>사건 그 자체가 아니라, 그나 그녀가 무비판적으로 택했던 반응이다.</u>
          S (what절)   V + SC

STEP 2 <u>What hurts me</u>
          S (what절)
          나를 아프게 하는 것은

is not the occurrence itself / but the response / he or she has uncritically adopted.
          V + SC (not A but B)
          사건 그 자체가 아니라 / 반응이다 / 그나 그녀가 무비판적으로 택했던

[11 - 15] VOCA

rate 평가하다   potential 잠재적인   in common 공통으로   occurrence 사건, 발생하는 것   adopt 채택하다,
취하다

Tip

• not A but B = B, not A
  : A가 아니라 B

• he or she ~는 앞에
  목적격 관계대명사 that
  [which]이 생략되어 있는
  형태로, the response를
  수식한다.

1 ③　**2** (a) 대화 중에 휴대 전화를 받는 것 (b) 전화가 긴급하지 않은 경우　**3** what the speaker is saying is important to you

해석 및 해설

핵심 내용 상대방의 말을 주의 깊게 들을 때는 전화를 받지 마라.

여러분이 화자의 말을 주의 깊게 듣는 것을 주의를 산만하게 하는 것들이 방해하도록 두지 마라. 여러분은 화자가 말하고 있는 것이 여러분에게 중요하다는 메시지를 전달하기 원한다. 여러분이 휴대 전화를 받고 화자를 기다리게 한다면 그 메시지는 공허하게 들릴 것이다. 대화 중에 여러분의 휴대 전화가 울린다면, 전화를 받고 싶은 충동을 물리쳐라. 영문 모를 이유로, 대부분의 사람들은 울리는 전화를 받아야 한다고 느낀다. 여러분의 휴대 전화가 울리고 있다는 사실이 여러분이 그것을 받아야 한다는 것을 의미하지는 않는다. 긴급한 전화는 거의 없다. 메시지가 남겨져 있지 않다면, 그것은 분명히 그러한 경우이다. 그리고 메시지가 남겨져 있다면, 일단 여러분의 대화가 끝나고 보통 몇 분 내에 그것을 들을 수 있다. 기술 사용이 능숙한 요즘 세상에서도, 대화 중에 전화를 받는 것은 무례한 일이다.

1

상대방의 말을 주의 깊게 들어야 할 때 방해하는 것들의 예로 휴대 전화를 들어 대화 중에 전화를 받는 것은 무례한 일이라고 언급하고 있다. 따라서 필자가 주장하는 바로 가장 적절한 것은 ③ '상대방의 말을 주의 깊게 들을 때는 전화를 받지 마라.'이다.

2

(a) 주의를 산만하게 하는 것들의 예로 휴대 전화가 울리면 받으려고 하는 것을 들고 있다.
(b) 앞 문장에서 휴대 전화가 울리더라도 긴급한 전화는 거의 없다고 언급하고 있으므로, 따로 메시지가 남겨져 있지 않다는 것은 긴급한 전화가 아니었다는 것을 의미한다.

3

STEP 1　화자가 말하고 있는 것이　여러분에게　중요하다
　　　　　　<u>S (what절)</u>　　　　　<u>M</u>　　<u>V + SC</u>

STEP 2　what the speaker is saying　is important　to you
　　　　　　<u>S (what절)</u>　　　　　　　<u>V + SC</u>　　<u>M</u>
　　　　　　화자가 말하고 있는 것이　　중요하다　여러분에게

구문 분석

6행 **The fact that** your cell phone is ringing / doesn't mean / you have to answer it.

▶ that은 동격의 접속사로 The fact에 대한 구체적인 설명을 제공한다. The fact that ~은 '~라는 사실'로 해석한다. that 동격절과 같이 쓰이는 명사로는 the news, the rumor, the idea, the opinion, the belief, the thought 등이 있다.

▶ you ~ it은 문장의 목적어로 앞에 접속사 that이 생략되어 있다.

7행 **Rarely** are phone calls urgent.

▶ 부정어인 Rarely가 문두에 나와 주어(phone calls)와 동사(are)가 도치되었다.

VOCA plus
important 중요한
speaker 화자, 말하는 사람

Tip
• what은 '~하는 것'이라는 의미로 선행사를 포함하는 관계대명사이다. 여기서는 관계대명사 what이 이끄는 명사절이 that절의 주어이다.

Unit 03 주어가 형용사구의 수식을 받는 문장 쓰기

단어 배열 Practice

01 The current disagreements about the issue of unifying Europe are typical of Europe's disunity.

02 The scenarios involved in the surveys varied in the number of pedestrian and passenger lives that could be saved.

03 The way to test that belief is to stick within the range of what you believe to be acceptable.

04 Drivers using mobile devices are four times more likely to have an accident and injure themselves or others.

05 One of the most curious paintings of the Renaissance is a careful depiction of a weedy patch of ground by Albrecht Dürer.

06 There is something exciting about getting a letter in the mail.

07 His decision to give up having fun and study for the exam turned out a good one.

08 One of the workers at the animal center has found out what was wrong.

09 Failure to do so will lead to misunderstanding that may have negative consequences for those who are involved.

10 There are numerous stories offering explanations of how the tree came to be stuffed in the ground upside down.

11 The information sent from memory will allow us to have a fake listen.

12 The most important way to show respect to students is to involve them in problem-solving.

13 The best way to make sure long-term happiness in a relationship is not to stick to your first love.

14 One important reason for the financial success of fast-food chains has been the fact that their labor costs are low.

15 The best way to get from Amsterdam to Tokyo is to head in an easterly direction along what is known as the Mediterranean route.

01

STEP 1 유럽을 통합하는 문제에 관한 현재의 의견 불일치는   유럽 분열의 전형이다.
　　　　　　　　　S (S + M)　　　　　　　　　　　　　　　V + SC

STEP 2 The current disagreements / about the issue of unifying Europe
　　　　　　　　　S (S + M)
　　　　　현재의 의견 불일치는 / 유럽을 통합하는 문제에 대한

are typical of Europe's disunity.
　　　V + SC
　유럽 분열의 전형이다

Tip

• 전치사 about이 이끄는 구가 주어 The current disagreements를 수식한다.

02

STEP 1 설문 조사에 포함된 시나리오들은   구조될 수 있었던 보행자와 탑승자의 수를   달리했다.
　　　　　　　S (S + M)　　　　　　　　　　M　　　　　　　　　　　　　　V

STEP 2 The scenarios / involved in the surveys varied in
　　　　　　　　S (S + M)　　　　　　　　　　　V
　　　　시나리오들은 / 설문 조사에 포함된　　　~을 달리했다

the number of pedestrian and passenger lives / that could be saved.
　　　　　　　　　　　　O
　　　보행자와 탑승자의 수 / 구조될 수 있었던

Tip

• 과거분사 involved가 이끄는 구가 주어 The scenarios를 수식한다.

• the number of : ~의 수
cf. a number of : 많은 ~ (= many)

03

STEP 1

<u>그 믿음을 시험해 볼 방법은</u>
S (S + M)

<u>당신이 받아들일 수 있다고 믿는 것의 범위 내에서 고수하는 것이다.</u>
V + SC

STEP 2

<u>The way / to test that belief</u>
S (S + M)
방법은 / 그 믿음을 시험해 볼

<u>is to stick / within the range of / what you believe to be acceptable.</u>
V + SC
고수하는 것이다 / ~의 범위 내에서 / 당신이 받아들일 수 있다고 믿는 것

Tip

- to test ~는 형용사적 용법의 to부정사구로 주어 The way를 수식한다.
- to stick ~은 명사적 용법의 to부정사구로 보어 역할을 하고 있다.
- 관계대명사 what이 이끄는 절이 전치사 of의 목적어 역할을 하고 있다.

04

STEP 1

<u>휴대 기기를 사용하는 운전자들은</u> <u>4배 더 사고를 내고 자신이나 타인을 다치게 할 것 같다.</u>
S (S + M)   V + SC

STEP 2

<u>Drivers / using mobile devices</u>
S (S + M)
운전자들은 / 휴대 기기를 사용하는

<u>are four times more likely to / have an accident / and injure themselves or others.</u>
V + SC
4배 더 ~할 것 같다 / 사고를 내다 / 그리고 자신이나 타인을 다치게 하다

Tip

- 현재분사 using이 이끄는 구가 주어 Drivers를 수식한다.
- 배수사는 비교급 앞에 위치한다.
- 등위접속사 and를 중심으로 have와 injure가 동사 are ~ likely to에 이어져 병렬구조를 이루고 있다.

05

STEP 1

<u>르네상스의 가장 흥미 있는 그림들 중의 하나는</u>
S (S + M)

<u>Albrecht Dürer가 그린 잡초가 무성한 지대의</u> <u>정교한 묘사이다.</u>
M   V + SC

STEP 2

<u>One / of the most curious paintings / of the Renaissance</u>
S (S + M)
하나는 / 가장 흥미 있는 그림들 중의 / 르네상스의

<u>is a careful depiction</u> <u>of a weedy patch of ground / by Albrecht Dürer.</u>
V + SC   M
정교한 묘사이다   잡초가 무성한 지대의 / Albrecht Dürer가 그린

Tip

- one of the + 최상급 형용사 + 복수명사(paintings) + 단수동사(is) : 가장 ~한 것들 중의 하나는 …이다

[01 - 05] VOCA

disagreement 불일치   unify 통합[통일]하다   disunity 분열   pedestrian 보행자   passenger 탑승자
range 범위   device 기기   injure 부상을 입히다   depiction 묘사   weedy 잡초가 우거진   patch 좁은 땅, 밭

06

STEP 1 <u>우편물로 편지를 받는 것에 대한 흥미로운 무언가가</u> <u>있다.</u>
                       S (S + M)   V

STEP 2 <u>There is</u>   <u>something / exciting about getting a letter / in the mail.</u>
        There + V   S (S + M)
        ~이 있다   무언가가 / 편지를 받는 것에 대한 흥미로운 / 우편물로

07

STEP 1 <u>즐거움을 포기하고 시험을 위해 공부한다는 그의 결정이</u> <u>올바른 것임이</u> <u>증명되었다.</u>
                          S (S + M)   SC   V

STEP 2 <u>His decision / to give up having fun / and study for the exam</u> <u>turned out</u> <u>a good one.</u>
                         S (S + M)   V   SC
       그의 결정이 / 즐거움을 포기한다는 / 그리고 시험을 위해 공부한다는   ~임이 증명되었다 올바른 것

08

STEP 1 <u>그 동물 센터의 직원들 중의 한 명은</u> <u>무엇이 잘못되었는지를</u> <u>알아냈다.</u>
                   S (S + M)   O   V

STEP 2 <u>One / of the workers / at the animal center</u> <u>has found out</u> <u>what was wrong.</u>
                    S (S + M)   V   O
       한 명은 / 직원들 중의 / 그 동물 센터의   알아냈다   무엇이 잘못되었는지를

09

STEP 1 <u>그렇게 하지 않는 것은</u> <u>관련된 사람들에게 부정적인 결과를 가져올 수 있는</u>
           S (S + M)   M

        <u>오해를</u> <u>불러일으킬 것이다.</u>
         O   V

STEP 2 <u>Failure / to do so</u> <u>will lead to</u>
        S (S + M)   V
       그렇게 하지 않는 것은 불러일으킬 것이다

        <u>misunderstanding</u> <u>that may have negative consequences / for those / who are involved.</u>
           O   M
        오해를   부정적인 결과를 가져올 수 있는 / 사람들에게 / 관련된

10

STEP 1 <u>어떻게 그 나무가 거꾸로 땅에 박히게 되었는지에 대한 설명을 제공하는 수많은 이야기들이</u> <u>있다.</u>
                            S (S + M)   V

STEP 2 <u>There are</u> <u>numerous stories / offering explanations /</u>
        There + V   S (S + M)
        ~이 있다   수많은 이야기들이 / 설명을 제공하는 /

        <u>of how the tree came to be stuffed / in the ground / upside down.</u>

                    어떻게 그 나무가 박히게 되었는지에 대한 / 땅에 / 거꾸로

Tip

- There is + S : ~이 있다
- 현재분사 exciting이 이끄는 구가 주어 something을 수식한다.
- -thing으로 끝나는 명사는 형용사가 뒤에서 수식한다.

Tip

- to give up ~은 형용사적 용법의 to부정사구로 주어인 His decision을 수식한다.
- study는 앞의 to give up과 병렬구조를 이룬다.

Tip

- one of the + 복수명사 (workers) : ~들 중의 하나

Tip

- to do so는 형용사적 용법의 to부정사구로 주어 Failure를 수식한다.
- that과 who는 각각 misunderstanding과 those를 수식하는 주격 관계대명사이다.

Tip

- 현재분사 offering이 이끄는 구가 주어 numerous stories를 수식한다.
- how ~는 의문사절로 전치사 of의 목적어 역할을 하고 있다.

turn out 드러나다, 밝혀지다   find out 알아내다   misunderstanding 오해   consequence 결과   involve 관련시키다   explanation 설명   stuff 쑤셔 박다   upside down 거꾸로

11

STEP 1 기억에서 보내진 그 정보는 / 우리가 / 가상의 청취를 하도록 / 허락할 것이다.
S (S + M) · O · OC · V

STEP 2 The information / sent from memory   will allow
S (S + M)   V
그 정보는 / 기억에서 보내진   (~하도록) 허락할 것이다

us   to have a fake listen.
O   OC
우리가   가상의 청취를 하도록

Tip

• '기억에서 보내진'의 의 미이므로 수동 의미의 과 거분사 sent가 주어 The information을 수식한다.

• allow + O + OC(to-V) : O가 OC하도록 허락하다

12

STEP 1 학생들에게 존중을 보여 주는 가장 중요한 방법은 / 그들을 문제 해결에 포함시키는 것이다.
S (S + M)   V + C

STEP 2 The most important way / to show respect / to students
S (S + M)
가장 중요한 방법은 / 존중을 보여 주는 / 학생들에게

is to involve them / in problem-solving.
V + SC
그들을 포함시키는 것이다 / 문제 해결에

Tip

• to show ~는 형용사적 용법의 to부정사구로 주 어 The most important way를 수식한다.

• to involve ~는 명사적 용법의 to부정사구로 보어 역할을 하고 있다.

13

STEP 1 관계에서 장기간의 행복을 보장하는 최고의 방법은 / 당신의 첫사랑에 집착하지 않는 것이다.
S (S + M)   V + SC

STEP 2 The best way / to make sure long-term happiness / in a relationship
S (S + M)
최고의 방법은 / 장기간의 행복을 보장하는 / 관계에서

is not to stick to your first love.
V + SC
당신의 첫사랑에 집착하지 않는 것이다

Tip

• 최상급 형용사 앞에는 정 관사 the를 써야 한다.

• to make ~는 형용사적 용법의 to부정사구로 주어 The best way를 수식한 다.

• to stick ~은 명사적 용 법의 to부정사구로 보어 역할을 하고 있다.

14

STEP 1   <u>패스트푸드 체인점의 경제적인 성공에 대한 한 가지 중요한 이유는</u>
                    S (S + M)

<u>그들의 노동 비용이 낮다는 사실이었다.</u>
        V + SC

STEP 2   One important reason / for the financial success / of fast-food chains
                              S (S + M)
             한 가지 중요한 이유는 / 경제적인 성공에 대한 / 패스트푸드 체인점의

has been the fact / that their labor costs are low.
        V + SC (that 동격절)
사실이었다 / 그들의 노동 비용이 낮다는

Tip

- that은 동격의 접속사로 the fact에 대한 구체적인 설명을 제공한다.

- 동격의 접속사로 쓰인 that절은 완전한 문장이다.
  cf. 관계대명사 that절 + 불완전한 문장

15

STEP 1   <u>암스테르담에서 도쿄로 가는 최고의 방법은</u>
                    S (S + M)

<u>지중해 노선이라고 알려진 것을 따라서</u>   <u>동쪽 방향으로 향하는 것이다.</u>
              M   V + SC

STEP 2   The best way / to get from Amsterdam to Tokyo
                        S (S + M)
             최고의 방법은 / 암스테르담에서 도쿄로 가는

is to head / in an easterly direction   along what is known / as the Mediterranean route.
        V + SC   M
향하는 것이다 / 동쪽 방향으로   알려진 것을 따라서 / 지중해 노선이라고

Tip

- to get ~은 형용사적 용법의 to부정사구로 주어 The best way를 수식한다.

- what ~은 '~하는 것'이라는 의미의 관계대명사절로 전치사 along의 목적어 역할을 하고 있다.

- from A to B : A에서 B로

- be known as : ~로 알려지다

[11 - 15] VOCA

fake 가짜의, 가상의   financial 금융의, 재정의   stick to ~에 집착하다[달라붙다]   easterly 동쪽으로 향하는
Mediterranean 지중해의

1 (c) being → be　　**2** less than one percent of the material sent to publishers is ever published　　**3** (P)ublishers (S)elect

해석 및 해설

핵심 내용 출판사는 상업적 가치와 오류 여부에 근거해 원고를 선택해야 한다.

출판사에 원고를 팔려는 경쟁은 치열하다. 출판사에 보내진 자료 중 1% 미만이 출판되는 것으로 나는 추산한다. 아주 많은 자료가 작성되고 있어서, 출판사는 매우 선택적일 수 있다. 그들이 출판을 위해 선택하는 자료는 상업적 가치를 지니고 있어야 할 뿐만 아니라, 매우 적절하게 작성되어 있고 편집 및 사실 오류가 없어야 한다. 오류를 포함하는 어떤 원고도 출판을 위해 받아들여질 가능성이 거의 없다. 대부분의 출판사는 자료에 너무 많은 오류를 포함하고 있는 집필자와 시간을 낭비하려 하지 않을 것이다.

VOCA plus
publish 출판[발행]하다
material 자료

1

(c) 「not only A but (also) B」 구문에서 A와 B는 병렬구조를 이루어야 하므로 have와 동일한 형태인 be로 고쳐야 한다.

(a) 주어가 The competition이므로 단수동사인 is는 적절하다.

(b) '많은 자료가 작성되고 있다'는 의미이므로 현재 진행형 수동태인 「be동사 현재형 + being p.p.」로 쓴 것은 적절하다.

(d) 과거분사인 written을 수식해야 하므로 부사 competently는 적절하다.

(e) 선행사 writers를 받아 writers' material이라는 의미가 되어야 하므로, writers'를 대신할 수 있도록 소유격 관계대명사 whose로 쓴 것은 적절하다.

2

STEP 1　출판사에 보내진 자료 중 1% 미만이　출판된다
　　　　 ‾‾‾‾‾‾‾‾‾‾‾‾‾‾‾‾‾‾‾‾‾‾‾‾‾‾‾‾　‾‾‾‾‾
　　　　 S (S + M)　　　　　　　　　　　　V

STEP 2　less than one percent / of the material / sent to publishers　is ever published
　　　　 ‾‾　‾‾‾‾‾‾‾‾‾‾‾‾‾‾
　　　　 S (S + M)　　　　　　　　　　　　　　　　　　　　　 V
　　　　 1% 미만이 / 자료 중 / 출판사에 보내진　　　　　　　　　 출판된다

Tip
• less than + 수사[수사 + 단위명사(years, miles, pounds 등)]: ~ 미만의, ~보다 적은

• 과거분사구인 sent to publishers는 the material을 수식한다.

3

출판사는 많은 원고 중에서 상업적 가치가 있고 편집과 사실 오류가 없는 원고를 선택한다는 내용이므로, How Publishers Select Manuscripts(출판사는 어떻게 원고를 선택하는가)가 글의 제목으로 가장 적절하다.

구문 분석

5행 Any manuscript [**that contains** errors] **stands** little chance at being accepted for publication.

▶ 주격 관계대명사 that은 주어 Any manuscript를 수식하므로 단수동사인 contains가 왔고, 문장의 동사는 stands로 역시 단수형이 쓰였다.

Unit 04 주어가 형용사절의 수식을 받는 문장 쓰기

단어 배열 Practice

01 Kids whose parents set any time or content limits are plugged in three hours less each day.

02 A person who is willing to take risks likes to be tattooed and also takes more chances on a motorcycle.

03 There was a time when priority was given to an observance of tradition rather than to an artist's personality.

04 The participants that stood with close friends gave significantly lower estimates of the steepness of the hill.

05 The lightning that we often see during a storm is caused by a large flow of electrical charges between charged clouds and the earth.

06 The person who compares himself to others lives in a state of fear.

07 Any action that people can take for the benefit of sharks is good for the entire ecosystem.

08 Inequality of well-being that is driven by differences in individual choices or tastes is acceptable.

09 Newspapers that were once published in the traditional broadsheet size are forced to switch to a tabloid layout.

10 There is an interesting phenomenon where people are perceived as possessing a trait that they describe in others.

11 The first of the great thinkers that we know of was Thales of Miletus.

12 Many parents who have experienced personal hardship desire a better life for their children.

13 There are several things which you can do to prevent your child from being bitten by insects.

14 People who consider themselves a valuable person are more likely to agree to know about their health.

15 The most important skill that you can develop in human relations is the ability to see things from others' points of view.

01

STEP 1 부모가 시간이나 내용 제한을 설정한 아이들은 하루에 세 시간 덜 접속한다.
　　　　　S (S + M절)　　　　　　　　　　　　　　　　　M　　　　V

STEP 2 Kids / whose parents set any time or content limits
　　　　　　　　　　S (S + M절)
　　　　　아이들은 / 부모가 시간이나 내용 제한을 설정한

are plugged in　three hours less / each day.
　　V　　　　　　　　　　M
　접속한다　　　세 시간 덜 / 하루에

Tip
• 소유격 관계대명사 whose가 이끄는 절이 주어 Kids를 수식한다.

02

STEP 1 위험을 기꺼이 감수하려는 사람은 문신 새기기를 좋아할 것이며
　　　　　S (S + M절)　　　　　　　　V1 + O1
그리고 또한 오토바이를 탈 가능성이 더 높다.
　　　　V2 + O2 + M

STEP 2 A person / who is willing to take risks　likes to be tattooed
　　　　　　　　S (S + M절)　　　　　　　　　V1 + O1
　　　사람은 / 위험을 기꺼이 감수하려는　　문신 새기기를 좋아한다

and　also takes more chances / on a motorcycle.
접속사　　　　V2 + O2 + M
그리고　　또한 가능성이 더 높다 / 오토바이를 탈

Tip
• 주격 관계대명사 who가 이끄는 절이 주어 A person을 수식한다.
• 문장의 동사 likes ~와 takes ~가 병렬구조로 연결되어 있다.
• be willing to-V : 기꺼이 ~하다

03

STEP 1 <u>예술가의 개성보다 전통의 준수에 우선권이 주어졌던 시기가</u> <u>있었다.</u>
S (S + M절)   V

STEP 2 <u>There was</u> <u>a time / when priority was given / to an observance of tradition /</u>
There + V   S (S + M절)
~이 있었다   시기가 / 우선권이 주어졌던 / 전통의 준수에 /

<u>rather than to an artist's personality.</u>
M
예술가의 개성보다

Tip

· There was[were] + S : ~이 있었다

· 관계부사 when이 이끄는 절이 주어 a time을 수식한다.

· 「A rather than B」(B보다는 오히려 A) 구문으로 A와 B가 「to + N」 형태로 병렬구조를 이루고 있다.

04

STEP 1 <u>친한 친구들과 함께 서 있었던 참가자들은</u> <u>그 언덕의 경사도에 대해</u>
S (S + M절)   M
<u>상당히 더 낮은 추정치를</u> <u>주었다.</u>
O   V

STEP 2 <u>The participants / that stood with close friends</u> <u>gave</u>
S (S + M절)   V
참가자들은 / 친한 친구들과 함께 서 있었던   주었다

<u>significantly lower estimates</u> <u>of the steepness / of the hill.</u>
O   M
상당히 더 낮은 추정치를   경사도에 대해 / 그 언덕의

Tip

· 주격 관계대명사 that이 이끄는 절이 주어 The participants를 수식한다.

· give an estimate of : ~의 견적을 내다. ~의 추정치를 내다

05

STEP 1 <u>폭풍우 동안에 우리가 종종 보는 번개는</u>
S (S + M절)
<u>전기를 띤 구름과 지면 사이의 전하의 큰 흐름에 의해서</u> <u>야기된다.</u>
M   V

STEP 2 <u>The lightning / that we often see / during a storm</u> <u>is caused</u>
S (S + M절)   V
번개는 / 우리가 종종 보는 / 폭풍우 동안에   야기된다

<u>by a large flow of electrical charges / between charged clouds and the earth.</u>
M
전하의 큰 흐름에 의해서 / 전기를 띤 구름과 지면 사이의

Tip

· 목적격 관계대명사 that이 이끄는 절이 주어 The lightning을 수식한다.

· 전치사 between이 이끄는 전치사구가 electrical charges를 수식하는 형용사구로 쓰였다.

[01 - 05] VOCA

plug 접속하다   take risks 위험을 감수하다   tattoo 문신하다   take a chance 기회를 잡다   priority 우선(권), 우선 사항   observance (법률·규칙 등의) 준수   estimate 추정(치), 추산   steepness 경사도   electrical charge 전하   charged 전하를 가진

06

STEP 1 <u>자신을 다른 사람들과 비교하는 사람은</u> <u>두려움의 상태에서</u> <u>산다.</u>
               S (S + M절)   M   V

STEP 2 <u>The person / who compares himself to others</u> <u>lives</u> <u>in a state of fear.</u>
                       S (S + M절)   V   M
사람은 / 자신을 다른 사람들과 비교하는   산다   두려움의 상태에서

Tip
- 주어는 The person으로 단수이므로 단수동사 lives가 쓰였다.
- compare A to[with] B : A와 B를 비교하다

07

STEP 1 <u>상어의 이익을 위해 사람들이 취할 수 있는 어떤 조치든</u> <u>전체 생태계에 유익하다.</u>
                           S (S + M절)   V + SC

STEP 2 <u>Any action / that people can take / for the benefit of sharks</u>
                         S (S + M절)
어떤 조치든 / 사람들이 취할 수 있는 / 상어의 이익을 위해

<u>is good / for the entire ecosystem.</u>
            V + SC
     유익하다 / 전체 생태계에

Tip
- 목적격 관계대명사 that이 이끄는 절이 주어 Any action을 수식한다.
- take action : 조치를 취하다
- be good for : ~에 유익하다

08

STEP 1 <u>개인의 선택이나 취향의 차이점들에 의해 만들어지는 행복의 불평등은</u> <u>허용 가능하다.</u>
                              S (S + M절)   V + SC

STEP 2 <u>Inequality of well-being / that is driven by differences / in individual choices or tastes</u>
                                    S (S + M절)
행복의 불평등은 / 차이점들에 의해 만들어지는 / 개인의 선택이나 취향의

<u>is acceptable.</u>
   V + SC
  허용 가능하다

Tip
- 주격 관계대명사 that이 이끄는 절이 주어 Inequality of well-being을 수식한다.
- be driven by : ~에 의해 만들어지다[추진되다]

09

STEP 1 <u>한때 전통적인 보통 신문 크기로 출판되었던 신문들이</u> <u>타블로이드판으로 전환하도록 강요받는다.</u>
                        S (S + M절)   V + SC

STEP 2 <u>Newspapers / that were once published / in the traditional broadsheet size</u>
                         S (S + M절)
신문들이 / 한때 출판되었던 / 전통적인 보통 신문 크기로

<u>are forced / to switch to a tabloid layout.</u>
            V + SC
  강요받는다 / 타블로이드판으로 전환하도록

Tip
- 주격 관계대명사 that이 이끄는 절이 주어 Newspapers를 수식한다.
- be forced to-V : ~하도록 강요받다

10

STEP 1 사람들은 그들이 다른 사람들에게 있다고 설명한 어떤 특성을 가지고 있는 것으로 인식된다는
          S (S + M절)
          흥미로운 현상이 있다.
          V

STEP 2 There is an interesting phenomenon / where people are perceived /
          There + V   S (S + M절)
          ~이 있다   흥미로운 현상이 / 사람들은 인식된다는 /

          as possessing a trait / that they describe in others.

          어떤 특성을 가지고 있는 것으로 / 그들이 다른 사람들에게 있다고 설명한

[06 - 10] VOCA

compare 비교하다   ecosystem 생태계   inequality 불평등   well-being 행복, 복지   taste 취향
acceptable 허용 가능한   broadsheet 보통 크기의 신문   switch to ~로 바뀌다   tabloid (보통 신문의 절반
크기의) 타블로이드판 신문   layout 배치, 레이아웃   phenomenon 현상   perceive 인식하다

Tip

• 관계부사 where가 이끄
는 절은 완전한 문장으
로 주어 an interesting
phenomenon을 수식한
다.

• 목적격 관계대명사 that
이 이끄는 절이 선행사 a
trait를 수식한다.

• perceive A as B :
A를 B로 여기다

11

STEP 1 우리가 아는 위대한 사상가들 중 첫 번째 사람은 Miletus의 Thales였다.
          S (S + M절)   V + SC

STEP 2 The first / of the great thinkers / that we know of
          S (S + M절)
          첫 번째 사람은 / 위대한 사상가들 중 / 우리가 아는

          was Thales of Miletus.
          V + SC
          Miletus의 Thales였다.

Tip

• 목적격 관계대명사 that이
이끄는 절이 선행사 the
great thinkers를 수식한
다.

• 관계대명사 that은 선행사
로 사람과 사물을 모두 취
할 수 있고, 주격 또는 목
적격으로 쓰일 수 있지만,
전치사나 콤마 뒤에는 쓸
수 없다.

12

STEP 1 개인적인 고난을 경험해 온 많은 부모님들은 그들의 자녀들을 위해 더 나은 삶을 살기를 바란다.
          S (S + M절)   O + M   V

STEP 2 Many parents / who have experienced personal hardship desire
          S (S + M절)   V
          많은 부모님들은 / 개인적인 고난을 경험해 온   바란다

          a better life / for their children.
          O + M
          더 나은 삶을 살기를 / 그들의 자녀들을 위해

Tip

• 주격 관계대명사 who가
이끄는 절이 주어 Many
parents를 수식한다.

• 부모님들이 과거부터 현
재까지 '경험해 왔다'는 의
미이므로 who가 이끄는
관계사절의 시제로 현재완
료(have experienced)
가 쓰였다.

13

STEP 1 <u>당신의 아이가 곤충들에 의해 물리는 것으로부터 보호하기 위해 당신이 할 수 있는 여러 가지 것들이</u>
S (S + M절)

<u>있다.</u>
V

STEP 2 <u>There are</u> <u>several things / which you can do /</u>
There + V   S (S + M절)
~이 있다   여러 가지 것들이 / 당신이 할 수 있는 /

<u>to prevent your child from being bitten / by insects.</u>

당신의 아이가 물리는 것으로부터 보호하기 위해 / 곤충들에 의해

Tip
· There are + S : ~들이 있다
· 목적격 관계대명사 which 가 이끄는 절이 주어 several things를 수식한다.
· prevent / stop / keep / prohibit + O + from + -ing / N : O가 ~하는 것을 막다

14

STEP 1 <u>자신들을 가치 있는 사람으로 여기는 사람들은</u>
S (S + M절)

<u>그들의 건강에 대해 아는 것에 더 동의하는 경향이 있다.</u>
V + SC

STEP 2 <u>People / who consider themselves / a valuable person</u>
S (S + M절)
사람들은 / 자신들을 여기는 / 가치 있는 사람으로

<u>are more likely to / agree to know about their health.</u>
V + SC
더 ~하는 경향이 있다 / 그들의 건강에 대해 아는 것에 동의하다

Tip
· 주격 관계대명사 who가 이끄는 절이 주어 People 을 수식한다.
· consider + O + OC(N) : O를 OC라고 생각하다
· be likely to-V : ~하는 경향이 있다

15

STEP 1 <u>여러분이 인간관계에서 발전시킬 수 있는 가장 중요한 기술은</u>
S (S + M절)

<u>다른 사람들의 관점으로부터 사물들을 보는 능력이다.</u>
M   V + SC

STEP 2 <u>The most important skill / that you can develop / in human relations</u>
S (S + M절)
가장 중요한 기술은 / 여러분이 발전시킬 수 있는 / 인간관계에서

<u>is the ability</u> <u>to see things / from others' points of view.</u>
V + SC   M
능력이다   사물들을 보는 / 다른 사람들의 관점으로부터

Tip
· 목적격 관계대명사 that 이 이끄는 절이 주어 The most important skill을 수식한다.
· to see ~는 형용사적 용법의 to부정사구로 the ability를 수식한다.

[11 - 15] VOCA

> **hardship** 고난 **desire** 바라다 **valuable** 가치 있는 **relation** 관계 **point of view** 관점

1 ①　　**2** (c)onfidence　　**3** those who are proud of the dishes they make are more likely to enjoy eating vegetarian food and health food

해석 및 해설

핵심 내용 요리에 자신이 있는 사람들은 그렇지 않은 사람들보다 다양한 음식을 즐긴다.

호주의 한 연구에 따르면, 한 사람의 부엌에서의 자신감은 자신이 즐겨 먹는 경향이 있는 음식의 종류와 연관성이 있다. 평균적인 사람과 비교해 보면, 자신이 만든 요리에 자부심을 가지는 사람들은 채식과 건강식품을 먹는 것을 더 즐기는 경향이 있다. 게다가, 이러한 집단은 평균적인 사람보다 샐러드와 해산물 요리부터 햄버거와 감자튀김에 이르기까지 다양한 종류의 음식을 먹는 것을 즐길 가능성이 더 많다. 반대로, "나는 요리하기보다는 차라리 설거지를 하겠어."라고 말하는 사람들은 음식에 대한 이러한 광범위한 열정을 공유하지 않는다. 그들은 평균적인 사람보다 다양한 종류의 음식을 즐길 가능성이 더 낮다. 일반적으로, 그들은 평균적인 사람보다 패스트푸드 음식점에서 먹는 때를 제외하고는 외식을 덜 한다.

1

→ 일반적으로, 요리에 자신감이 있는 사람들은 그렇지 않은 사람들보다 다양한 음식을 즐길 가능성이 더 많다.

요리에 대해 자신감이 있는 사람은 즐겨 먹는 음식의 종류가 다양하다는 내용이므로, (A)에는 cooking(요리), (B)에는 various(다양한)가 들어가는 것이 가장 적절하다.

2

이어지는 문장에서 자신이 만든 요리에 자부심을 가지는 사람들이 다양한 음식을 즐긴다고 말하고 있으므로, 빈칸에는 '자신감'이라는 의미의 confidence가 들어가는 것이 가장 적절하다.

3

STEP 1 자신이 만든 요리에 자부심을 가지는 사람들은 <u>채식과 건강식품을 먹는 것을 더 즐기는 경향이 있다.</u>
　　　　　　　　　　 S (S + M절)　　　　　　　　　　　　 V + SC

STEP 2 <u>those / who are proud of the dishes / they make</u>
　　　　　　　　　　 S (S + M절)
　　　　　　사람들은 / 요리에 자부심을 가지는 / 자신이 만든

<u>are more likely to / enjoy eating vegetarian food and health food</u>
　　　　　　 V + SC
더 ~하는 경향이 있다 / 채식과 건강식품을 먹는 것을 즐기다

구문 분석

6행 In contrast, **people** [who say "I **would rather** clean **than** make dishes,"] **don't share** this wide-ranging enthusiasm for food.

▶ 주어 people이 주격 관계대명사 who가 이끄는 [ ]의 수식을 받고 있으며, 동사는 don't share이다.
▶ would rather A than B : B보다 차라리 A하는 것이 더 낫다

8행 In general, they eat out less than the average person **except for when it comes to eating** at fast-food restaurants.

▶ except for : ~을 제외하고
▶ 「when it comes to + N / -ing」는 '~라는 점에서'라는 의미로 전치사 to 뒤에 명사 또는 동명사가 온다.

VOCA plus
confident 자신감이 있는
various 다양한
specific 특정한
organic 유기농의
healthy 건강에 좋은
exotic 이국적인
vegetarian 채식의
health food 건강식품

Tip
• those who ~는 '~하는 사람들'이라는 의미로 관계대명사 who가 이끄는 절이 주어 those를 수식한다.

• 목적격 관계대명사 that 또는 which가 앞에 생략된 형태의 they make가 선행사 the dishes를 수식한다.

• enjoy -ing : ~하는 것을 즐기다

Unit 05 가주어 문장 쓰기

단어 배열 Practice

01 It is my hope that you would be willing to give a special lecture to my class and share stories about your travels.

02 It was so beautiful to see how a problem could be turned into a blessing by working together.

03 It is obvious that a collision at a lower speed is less likely to result in death or serious injury.

04 It is a lovely feeling knowing that you could be brightening up someone's day with such a small gesture.

05 It is ironic that as an adult I find myself traveling from state to state throughout the year.

06 It is nearly impossible for us to imagine a life without emotion.

07 It is essential to control the amount of food that we eat for our well-being.

08 It is not surprising that constant exposure to noise is related to children's academic achievement.

09 It can be exciting to make friends with people who are not in your social circle.

10 It may be helpful to know that crying makes the baby's lungs stronger or sends oxygen to his blood.

11 It is natural to believe that external events upset you.

12 It is necessary to take further steps in protecting an individual's privacy.

13 It might be wise to dye your hair instead of blaming those stressful situations.

14 It is important for companies to know what makes their employees satisfied with their jobs.

15 It turns out that sitting up straight can improve how you feel about yourself.

01

STEP 1 <u>당신이 기꺼이 제 학생들에게 특별 강연을 해 주고 당신의 여행에 관한 이야기를 나누어 주는 것이</u>
진S

<u>제 희망입니다.</u>
V + SC

STEP 2 It is my hope that you would be willing to give a special lecture /
가S + V + SC   진S
제 희망입니다   당신이 기꺼이 특별 강연을 해 주는 것이 /

to my class / and share stories about your travels.
                   진S
제 학생들에게 / 그리고 당신의 여행에 관한 이야기를 나누어 주는 것이

Tip

- It이 가주어이고 that절이 진주어이다.

- be willing to-V : 기꺼이 ~하다

- 등위접속사 and를 중심으로 give와 share가 동사 be willing to에 이어져 병렬구조를 이루고 있다.

02

STEP 1 <u>함께 일함으로써 어떻게 문제가 축복으로 변할 수 있는지를 보는 것은</u> <u>아주 멋졌다.</u>
                             진S   V + SC

STEP 2 It was so beautiful
가S + V + SC
아주 멋졌다

to see / how a problem could be turned into a blessing / by working together.
                                  진S
보는 것은 / 어떻게 문제가 축복으로 변할 수 있는지를 / 함께 일함으로써

Tip

- It이 가주어이고 to see ~의 to부정사구가 진주어이다.

- 간접의문문의 구조: 의문사 + S + V

- by + -ing : ~ 함으로써

03

STEP 1 더 낮은 속도에서의 충돌이 사망 또는 중상을 덜 초래할 것 같다는 것은 <u>분명하다</u>.
　　　　　　　　　　　　　　진S　　　　　　　　　　　　　　　　　　　V + SC

STEP 2 <u>It is obvious</u>
　　　　　가S + V + SC
　　　　　분명하다

<u>that a collision / at a lower speed / is less likely to result in / death or serious injury.</u>
　　　　　　　　　　　　　　진S
　　충돌이 / 더 낮은 속도에서의 / 덜 초래할 것 같다는 것은 / 사망 또는 중상을

Tip
- It이 가주어이고 that절이 진주어이다.
- be likely to-V : ~할 것 같다
- result in + 결과 : ~을 야기하다
  cf. result from + 원인 : ~에서 야기되다

04

STEP 1 그러한 사소한 행동으로 당신이 누군가의 하루를 밝게 할 수 있다는 것을 아는 것은 <u>유쾌한 느낌이다</u>.
　　　　　　　　　　　　　　　　진S　　　　　　　　　　　　　　　　　　V + SC

STEP 2 <u>It is a lovely feeling</u>
　　　　　가S + V + SC
　　　　　유쾌한 느낌이다

<u>knowing / that you could be brightening up someone's day / with such a small gesture.</u>
　　　　　　　　　　　　　　　　진S
　아는 것은 / 당신이 누군가의 하루를 밝게 할 수 있다는 것을 / 그러한 사소한 행동으로

Tip
- It이 가주어이고 knowing ~의 동명사구가 진주어이다.
- that절이 knowing의 목적어절 역할을 하고 있다.
- such[quite] + a(n) + 형용사 + 명사
  cf. so + 형용사 + a(n) + 명사

05

STEP 1 성인으로서 내 자신이 일 년 내내 전국으로 여행하는 것을 발견하게 되는 것은 <u>아이러니하다</u>.
　　　　　　　　　　　　　　　진S　　　　　　　　　　　　　　　　　　V + SC

STEP 2 <u>It is ironic</u>
　　　　　가S + V + SC
　　　　　아이러니하다

<u>that as an adult / I find myself traveling / from state to state / throughout the year.</u>
　　　　　　　　　　　　　　　　진S
　성인으로서 / 내 자신이 여행하는 것을 발견하게 되는 것은 / 전국으로 / 일년 내내

Tip
- It이 가주어이고 that절이 진주어이다.
- find + O + OC(-ing) : O가 OC하는 것을 발견하다[알게 되다]

[01 - 05] VOCA

lecture 강연, 수업　　blessing 축복　　collision 충돌　　injury 부상　　brighten up 밝히다　　ironic 아이러니한, 역설적인

06

STEP 1 우리가　감정이 없는 삶을 상상하는 것은　거의 불가능하다.
　　　　　의미상의 S　　　　진S　　　　　　V + SC

STEP 2 <u>It is nearly impossible</u>　　<u>for us</u>　　<u>to imagine a life / without emotion.</u>
　　　　　가S + V + SC　　　　의미상의 S　　　　　진S
　　　　　거의 불가능하다　　　　우리가　　　삶을 상상하는 것은 / 감정이 없는

Tip
- for us는 to imagine ~의 의미상의 주어이다.
- to부정사의 의미상의 주어는 「for + 목적격」으로 나타낸다.
- 전치사구인 without emotion이 a life를 수식한다.

07

STEP 1 <u>우리의 건강을 위해 우리가 먹는 음식의 양을 조절하는 것은</u> <u>필수적이다.</u>
　　　　　　　　　　　　　　　　　진S　　　　　　　　　　　　　　　V + SC

STEP 2 It is essential to control the amount of food / that we eat / for our well-being.
　　　　　가S + V + SC　　　　　　　　　　　　　　　　　　진S
　　　　　필수적이다　　　　　음식의 양을 조절하는 것은 / 우리가 먹는 / 우리의 건강을 위해

- the amount of + 셀 수 없는 명사(단수) : ~의 양
- 목적격 관계대명사 that이 이끄는 절이 선행사 food를 수식한다.

08

STEP 1 <u>소음에 대한 지속적인 노출이 아이들의 학업 성취와 관계가 있다는 것은</u> <u>놀랍지 않다.</u>
　　　　　　　　　　　　　　　　　　진S　　　　　　　　　　　　　　　V + SC

STEP 2 It is not surprising
　　　　　가S + V + SC
　　　　　놀랍지 않다

that constant exposure to noise / is related / to children's academic achievement.
　　　　　　　　　　　　　　　　　진S
소음에 대한 지속적인 노출이 / 관계가 있다는 것은 / 아이들의 학업 성취와

Tip
- It이 가주어이고 that절이 진주어이다.
- be related to : ~와 관계가 있다

09

STEP 1 <u>당신의 사회적 집단 속에 있지 않은 사람들과 사귀는 것은</u> <u>흥미로울 수 있다.</u>
　　　　　　　　　　　　　　　진S　　　　　　　　　　　　V + SC

STEP 2 It can be exciting
　　　　　가S + V + SC
　　　　　흥미로울 수 있다

to make friends with people / who are not in your social circle.
　　　　　　　　　　　　　진S
사람들과 사귀는 것은 / 당신의 사회적 집단 속에 있지 않은

Tip
- make friends with : ~와 친해지다[친구가 되다]
- 주격 관계대명사 who가 이끄는 절이 people을 수식한다.

10

STEP 1 <u>울음이 아기의 폐를 더 튼튼하게 해 주거나 혈액에 산소를 보낸다는 것을 아는 것은</u> <u>도움이 될 수 있다.</u>
　　　　　　　　　　　　　　　　　　진S　　　　　　　　　　　　　　　　V + SC

STEP 2 It may be helpful
　　　　　가S + V + SC
　　　　　도움이 될 수 있다

to know / that crying makes / the baby's lungs stronger / or sends oxygen to his blood.
　　　　　　　　　　　　　　　　　진S
아는 것은 / 울음이 ~하게 만든다 / 아기의 폐를 더 튼튼하게 / 또는 혈액에 산소를 보낸다는 것을

Tip
- make + O + OC(형용사) : O가 OC하게 만들다
- send + DO + to IO : DO를 IO에게 보내다

[06 - 10] VOCA

essential 필수적인　control 조절하다　constant 지속적인　exposure 노출　achievement 성취　lung 폐　oxygen 산소

11

STEP 1 <u>외부 사건이 당신을 언짢게 한다고 믿는 것은</u> <u>당연하다.</u>
　　　　　　　　　　진S　　　　　　　　　　　　　V + SC

STEP 2 <u>It is natural</u> <u>to believe / that external events upset you.</u>
　　　　가S + V + SC　　　　　　　진S
　　　　당연하다　　　믿는 것은 / 외부 사건이 당신을 언짢게 한다고

Tip
- upset : *vt.* 언짢게 하다
  a. 당황한, 혼란스러운

12

STEP 1 <u>개인의 사생활을 보호하는 데 추가적인 조치들을 취하는 것이</u> <u>필수적이다.</u>
　　　　　　　　　　　진S　　　　　　　　　　　　　　　V + SC

STEP 2 <u>It is necessary</u> <u>to take further steps / in protecting an individual's privacy.</u>
　　　　가S + V + SC　　　　　　　　　진S
　　　　필수적이다　　　추가적인 조치들을 취하는 것이 / 개인의 사생활을 보호하는 데

Tip
- 「전치사 + (동)명사」로 써야 하므로 in 뒤에 동명사 protecting이 쓰였다.
- take a step : 조치를 취하다

13

STEP 1 <u>그런 긴장을 유발하는 상황들을 비난하는 대신에 당신의 머리카락을 염색하는 것이</u> <u>현명할지도 모른다.</u>
　　　　　　　　　　　　　진S　　　　　　　　　　　　　　　　　　　　V + SC

STEP 2 <u>It might be wise</u> <u>to dye your hair / instead of blaming those stressful situations.</u>
　　　　가S + V + SC　　　　　　　　　진S
　　　　현명할지도 모른다　당신의 머리카락을 염색하는 것이 / 그런 긴장을 유발하는 상황을 비난하는 대신에

Tip
- instead of는 '~ 대신에'라는 뜻으로, of는 전치사이므로 뒤에 동명사 blaming이 쓰였다.

14

STEP 1 회사들은 무엇이 그들의 직원들이 그들의 직업에 대하여 만족하도록 만드는지를 아는 것이 중요하다.
　　　　의미상의 S　　　　　　　　　　　　진S　　　　　　　　　　　　　　V + SC

STEP 2 <u>It is important</u> <u>for companies</u>
　　　　가S + V + SC　　　의미상의 S
　　　　중요하다　　　　회사들은

<u>to know / what makes / their employees satisfied / with their jobs.</u>
　　　　　　　　　　　　　진S
아는 것이 / 무엇이 (~하도록) 만드는지를 / 그들의 직원들이 만족하도록 / 그들의 직업에 대하여

Tip
- to부정사의 의미상의 주어는 「for + 목적격」으로 나타낸다.
- satisfy는 '만족시키다'라는 의미의 타동사로 목적어 their employees와의 관계가 수동이므로 과거분사 satisfied가 쓰였다.

15

STEP 1 <u>바른 자세로 앉는 것이 당신이 스스로에 대해서 어떻게 느끼는지를 향상시킬 수 있는 것으로</u> <u>드러났다.</u>
　　　　　　　　　　　　　　진S　　　　　　　　　　　　　　　　　　　　V

STEP 2 <u>It turns out</u> <u>that sitting up straight / can improve / how you feel about yourself.</u>
　　　　가S + V　　　　　　　　　　　　진S
　　~인 것으로 드러났다　바른 자세로 앉는 것이 / 향상시킬 수 있다는 / 당신이 스스로에 대해서 어떻게 느끼는지를

Tip
- that절에서 주어 자리에 동명사구 sitting up straight가 쓰였다.

[11 - 15] VOCA

external 외부의　privacy 사생활　dye 염색하다　blame 비난하다　turn out 드러나다, 나타나다　improve 향상시키다

1 it is impossible for a man of many trades to be skilled in all of them   **2** ①
3 (1) which → where (2) cutting out them → cutting them out

해석 및 해설

핵심 내용 대도시에서는 전문화로 작업의 효율성과 생산성을 높였다.

작은 마을에서는 똑같은 직공이 의자와 문과 탁자를 만들고, 흔히 바로 그 사람이 집을 짓는다. 물론, 여러 직종들에 종사하는 사람이 그것들(그 직종들) 모두에 능숙하기는 불가능하다. 반면에, 큰 도시에서는 많은 사람들이 각 직종을 필요로 하기 때문에, 직종 하나만으로도, 빈번히 온전한 직종에 훨씬 미치지 못하는 것으로도, 한 사람을 먹고 살게 하기에 충분하다. 예를 들어, 어떤 사람은 남성용 신발을 만들고, 다른 사람은 여성용 신발을 만든다. 그리고 어떤 사람은 신발에 바느질만 하고, 다른 사람은 그것을 잘라 내는 것으로, 또 다른 사람은 신발의 윗부분을 꿰매 붙이는 것으로 한 사람이 생계를 꾸리는 경우까지도 있다. 그런 숙련된 직공들은 간단한 도구를 사용했을지도 모르지만, 그들의 <u>전문화</u>는 더 효율적이고 생산적인 작업을 정말로 초래했다.

1

STEP 1 <u>여러 직종들에 종사하는 사람이</u> <u>그것들(그 직종들) 모두에 능숙하기는</u> <u>불가능하다</u>
　　　　　　　의미상의 S　　　　　　　　　　　　진S　　　　　　　　　V + SC

STEP 2 <u>it is impossible</u>　<u>for a man of many trades</u>　<u>to be skilled / in all of them</u>
　　　　　가S + V + SC　　　　　　의미상의 S　　　　　　　진S
　　　　　불가능하다　　　여러 직종들에 종사하는 사람이　능숙하기는 / 그것들(그 직종들) 모두에

2

대도시에서는 분업으로 작업의 효율성과 생산성을 높였다는 내용이므로, 빈칸에는 ① '전문화'가 들어가는 것이 가장 적절하다.
② 비평, 비판 ③ 경쟁 ④ 근면 ⑤ 상상, 창의력

3

(1) And there are places even which ~ : 선행사 places가 나오고 관계대명사 which 뒤에 완전한 문장이 왔으므로 관계부사 where로 고쳐야 한다. 관계대명사 뒤에는 불완전한 문장이 온다.
(2) another by cutting out them ~ : cut out은 「타동사 + 부사」로 이루어진 이어동사이므로 대명사 목적어는 타동사와 부사 사이에 위치해야 한다. 따라서 cutting them out으로 고쳐야 한다.

구문 분석

8행 Such skilled workers **may have used** simple tools, but their specialization **did** result in more efficient and productive work.

▶ may have p.p. : ~했을지도 모른다(과거의 추측)
▶ do는 동사를 강조하는 역할을 하는데, 시제와 수에 따라서 do, does, did를 사용하며 뒤에는 동사원형을 쓴다. 여기서는 resulted를 강조하여 did result를 썼다.

VOCA plus
trade 직종
impossible 불가능한

Tip
• 가주어 it과 진주어 to부정사, 의미상의 주어 「for + 목적격」을 사용한 「it is + 형용사 + for 목적격 + to-V」 구문이다.

06 다양한 시제의 문장 쓰기

Unit

단어 배열 Practice

01 Kenge had lived his entire life in a dense jungle that offered no views of the horizon.

02 Ad creators are constantly searching and using catchy phrases to win over the attention of their target.

03 Many students at the school have been working on a project about the youth unemployment problem in Lockwood.

04 The American man had experimented with rubber for years before the accident helped him discover his finding.

05 Cell phones seem to have achieved the status of having the shortest life cycle of all the electronic consumer products.

06 I hope that you will never have a chance to use this kind of program.

07 Studying in multiple locations has been proven to help the brain retain information.

08 Koreans have believed that Samshin Halmoni spanked the bottom of the baby to encourage him or her to be born.

09 Some monkeys and apes in captivity have learned to use tokens that they trade for various foods.

10 People who don't seem to do anything haven't found a good enough reason to do something.

11 One of the most recent explanations has been a lack of language skills.

12 Scientists have wondered about body organs that don't seem to do anything useful.

13 Napoleon is known to have lost the battle of Waterloo because of his painful disease.

14 (None of) your ideas will change the world if you keep them inside of your head.

15 The rest of the body seems to have been covered in much shorter feathers that would have kept out the cold.

01

STEP 1 Kenge는 지평선의 광경을 제공하지 않던 무성한 정글에서 그의 평생을 살았었다.
　　　　S　　　　　　　　　M　　　　　　　　　　　　　　　　O　　　　V

STEP 2 <u>Kenge</u>　<u>had lived</u>　<u>his entire life</u>
　　　　　S　　　V (과거완료)　　　O
　　　　Kenge는　　살았었다　　　그의 평생을

<u>in a dense jungle / that offered no views / of the horizon.</u>
　　　　　　　　　　　　　　M
　　　　무성한 정글에서 / 광경을 제공하지 않던 / 지평선의

Tip
- had lived는 과거완료형으로 과거 시점인 offered보다 더 이전 시점을 의미한다.
- 주격 관계대명사 that이 이끄는 절이 a dense jungle을 수식한다.

02

STEP 1 광고 기획자들은　그들의 목표 대상의 주의를 끌기 위해
　　　　　S　　　　　　　　　　　M
기발한 광고 문구를 끊임없이 찾아 사용하고 있다.
　　　O　　　　　　　　V

STEP 2 <u>Ad creators</u>　<u>are constantly searching and using</u>　<u>catchy phrases</u>
　　　　　S　　　　　　　　V (현재진행)　　　　　　　　　　O
　　　광고 기획자들은　　끊임없이 찾아 사용하고 있다　　　기발한 광고 문구를

<u>to win over / the attention / of their target.</u>
　　　　　　　　　　　M
　　끌기 위해 / 주의를 / 그들의 목표 대상의

Tip
- 현재진행형으로 사용된 현재분사 searching은 and를 중심으로 using과 병렬구조를 이루고 있다.
- to win ~은 '얻기[끌기] 위해'라는 의미로 목적을 나타내는 부사적 용법의 to부정사구이다.

03

STEP 1 그 학교의 많은 학생들은 Lockwood 지역의 청년 실업 문제에 관한 프로젝트를 수행해 오고 있다.
　　　　　S (S + M)　　　　　　　　　　　　M　　　　　　　　　　　　　O　　　　　V

STEP 2 Many students / at the school have been working on
　　　　　　　　S (S + M)　　　　　　　　　　V (현재완료진행)
　　　　　많은 학생들은 / 그 학교의　　　　　　~을 수행해 오고 있다

　　　　a project about the youth unemployment problem / in Lockwood.
　　　　　　O　　　　　　　　　　　　　　　M
　　　　프로젝트　　　　　　청년 실업 문제에 관한 / Lockwood 지역의

04

STEP 1 그 미국 남자는 그 사건이 자신의 발견이 드러나도록 그를 도와주기 전에 수년 동안 고무로
　　　　　　S　　　　　　　　　　　　　　　　　　　M

실험해 왔었다.
V (과거완료)

STEP 2 The American man had experimented
　　　　　　　　S　　　　　　　　V (과거완료)
　　　　　그 미국 남자는　　　　　　실험해 왔었다

with rubber / for years / before the accident helped him / discover his finding.
　　　　　　　　　　　　　　　　　　　　　M
고무로 / 수년 동안 / 그 사건이 그를 (~하도록) 도와주기 전에 / 자신의 발견이 드러나도록

05

STEP 1 휴대 전화는 모든 전자 제품 중 가장 짧은 수명을 가지고 있는 지위를 획득해 왔던 것 같다.
　　　　　　S　　　　　　　　　　　　　　　　SC　　　　　　　　　　　　　　　　　V

STEP 2 Cell phones　　seem
　　　　　　　S　　　　　　V
　　　　　휴대 전화는　　~인 것 같다

to have achieved / the status / of having the shortest life cycle /
　　　　　　　　　　　　　　　SC
획득해 왔다 / 지위를 / 가장 짧은 수명을 가지고 있는 /

of all the electronic consumer products.
　　　　　　모든 전자 제품 중

[01 - 05] VOCA

dense 무성한, 빽빽한　horizon 지평선　catchy 기억하기 쉬운　phrase 구, 구절　unemployment 실업
rubber 고무　achieve 획득하다　status 지위　electronic 전자의　consumer product 소비재

Tip

- have been working on
은 현재완료 진행형으로
과거부터 현재까지 계속
진행되고 있는 일을 나타
낸다.

- about이 이끄는 전치사
구가 a project를 수식한
다.

Tip

- had experimented는
과거완료형으로 과거 시점
인 helped보다 더 이전
시점을 의미한다.

- help(준사역동사) + O +
OC(V / to-V) : O가 OC
하도록 도와주다

Tip

- [복문 전환]
It seems that cell
phones achieved
[have achieved] ~.

- seem to have p.p. :
~였던 것처럼 보이다.
~였던 것 같다(과거 상황
에 대한 현재 상태)
cf. seem to-V : ~처럼
보이다, ~인 것 같다

06

STEP 1 <u>나는</u> <u>당신이 이런 종류의 프로그램을 사용할 기회가 절대 없기를</u> <u>바란다.</u>
$\quad\quad\;\;$ S $\quad\quad\quad\quad\quad\quad\quad\quad\quad\quad\quad$ O $\quad\quad\quad\quad\quad\quad\quad\quad\quad$ V

STEP 2 <u>I</u> $\;$ <u>hope</u> $\quad$ <u>that you will never have a chance / to use this kind of program.</u>
$\quad\quad\;$ S $\quad$ V (현재) $\quad\quad\quad\quad\quad\quad\quad\quad\quad\quad$ O
$\quad\quad\;$ 나는 $\;$ 바란다 $\quad\quad$ 당신이 기회가 절대 없기를 / 이런 종류의 프로그램을 사용할

Tip
- 접속사 that이 이끄는 절이 hope의 목적어로 쓰였다.
- to use ~는 a chance를 수식하는 형용사적 용법의 to부정사구이다.

07

STEP 1 <u>다양한 장소에서 공부하는 것은</u> <u>두뇌가 정보를 유지하도록 돕는 것으로</u> <u>밝혀졌다.</u>
$\quad\quad\quad\quad$ S (S + M) $\quad\quad\quad\quad\quad\quad\quad$ SC $\quad\quad\quad\quad\quad\quad$ V

STEP 2 <u>Studying / in multiple locations</u> <u>has been proven</u>
$\quad\quad\quad\quad\quad$ S (S + M) $\quad\quad\quad\quad\quad$ V (현재완료 수동태)
$\quad\quad\quad\quad$ 공부하는 것은 / 다양한 장소에서 $\quad\quad$ 밝혀졌다

$\quad\quad\;\;$ <u>to help the brain / retain information.</u>
$\quad\quad\quad\quad\quad\quad\quad\quad\quad$ SC
$\quad\quad\;\;$ 두뇌가 (~하도록) 돕는 것으로 / 정보를 유지하도록

Tip
- 주어 Studying ~(동명사구)은 단수 취급하므로 단수동사 has가 쓰였다.
- prove는 '증명[입증]하다'라는 의미의 타동사로 주어인 Studying과의 관계가 수동이므로 현재완료 수동태(has been proven)로 쓰였다.

08

STEP 1 <u>한국 사람들은</u> <u>삼신할머니가 아기가 태어나도록 북돋기 위해 아기의 엉덩이를 때렸다고</u> <u>믿어 왔다.</u>
$\quad\quad\quad$ S $\quad\quad\quad\quad\quad\quad\quad\quad\quad\quad\quad$ O $\quad\quad\quad\quad\quad\quad\quad\quad\quad\quad$ V

STEP 2 <u>Koreans</u> $\quad$ <u>have believed</u>
$\quad\quad\quad$ S $\quad\quad\quad$ V (현재완료)
$\quad\quad\;$ 한국 사람들은 $\quad$ 믿어 왔다

$\quad\quad\;\;$ <u>that Samshin Halmoni / spanked the bottom of the baby /</u>
$\quad\quad\quad\quad\quad\quad\quad\quad\quad\quad$ O
$\quad\quad\quad\;\;$ 삼신할머니가 / 아기의 엉덩이를 때렸다고 /

$\quad\quad\;\;$ <u>to encourage him or her to be born.</u>

$\quad\quad\quad\quad\;$ 아기가 태어나도록 북돋기 위해

Tip
- to encourage ~는 '북돋기 위해'라는 의미로 목적을 나타내는 부사적 용법의 to부정사구이다.
- 「encourage + O + to-V」에서 O와 to부정사가 수동 관계이므로 to부정사의 수동태(to be p.p.)인 to be born이 쓰였다.

09

STEP 1 <u>포획되어 있는 몇몇 원숭이들과 유인원들은</u> <u>그들이 다양한 음식을 얻기 위해 교환할</u>
$\quad\quad\quad\quad\quad\quad$ S (S + M) $\quad\quad\quad\quad\quad\quad\quad\quad\quad\quad$ M
$\quad\quad\;$ <u>상징물들을 사용하는 것을</u> <u>배워 왔다.</u>
$\quad\quad\quad\quad\quad$ O $\quad\quad\quad\quad\quad$ V

STEP 2 <u>Some monkeys and apes / in captivity</u> <u>have learned</u>
$\quad\quad\quad\quad\quad\quad$ S (S + M) $\quad\quad\quad\quad\quad\quad$ V (현재완료)
$\quad\quad\;$ 몇몇 원숭이들과 유인원들은 / 포획되어 있는 $\quad$ 배워 왔다

$\quad\quad\;\;$ <u>to use tokens</u> $\quad\quad$ <u>that they trade for various foods.</u>
$\quad\quad\quad\quad$ O $\quad\quad\quad\quad\quad\quad\quad\quad\quad$ M
$\quad\quad\;$ 상징물들을 사용하는 것을 $\quad$ 그들이 다양한 음식을 얻기 위해 교환할

Tip
- 전치사구인 in captivity가 Some monkeys and apes를 수식한다.
- have learned는 현재완료형으로 과거부터 현재까지 계속되고 있는 일을 나타낸다.
- 목적격 관계대명사 that이 이끄는 절이 선행사 tokens를 수식한다.
- in captivity : 감금되어, 포로가 되어
- trade A for B : B를 (얻기) 위해 A를 교환하다

10

STEP 1 <u>무언가를 하는 것처럼 보이지 않는 사람들은</u>　<u>어떤 것을 할 충분히 좋은 이유를</u>　<u>찾지 못했다.</u>
　　　　　　S (S + M절)　　　　　　　　　　　O (O + M)　　　　　　　　V

STEP 2 <u>People / who don't seem to do anything</u>　<u>haven't found</u>
　　　　　　　　S (S + M절)　　　　　　　　　　V (현재완료)
　　　　사람들은 / 무언가를 하는 것처럼 보이지 않는　　　찾지 못했다

　　　　<u>a good enough reason / to do something.</u>
　　　　　　　　　　O (O + M)
　　　　　충분히 좋은 이유를 / 어떤 것을 할

[06 - 10] VOCA

multiple 다양한　　location 장소　　retain 유지하다, 간직하다　　spank 찰싹 때리다　　encourage 북돋다

ape 유인원　　captivity 감금　　token 상징물

Tip
- 주격 관계대명사 who가 이끄는 절이 People을 수식한다.
- 형용사/부사를 수식하는 부사 enough는 형용사/부사의 뒤에서 수식한다. 단, enough가 형용사로 쓰이면 명사 앞에 위치한다. *ex.*
  enough chairs
  (enough + 명사)

11

STEP 1 <u>가장 최근의 설명 중의 하나는</u>　<u>언어 기술의 부족이었다.</u>
　　　　　　　S (S + M)　　　　　　　　V + SC

STEP 2 <u>One / of the most recent explanations</u>　<u>has been a lack / of language skills.</u>
　　　　　　　　S (S + M)　　　　　　　　　　　　V (현재완료) + SC
　　　　　하나는 / 가장 최근의 설명 중의　　　　　　부족이었다 / 언어 기술의

Tip
- one of the + 최상급 형용사 + 복수명사 + 단수동사 : 가장 ~한 것들 중의 하나는 …이다

12

STEP 1 <u>과학자들은</u>　<u>유용한 어떤 일도 할 것 같아 보이지 않는 신체 기관에</u>　<u>대해 궁금해 했다.</u>
　　　　　　S　　　　　　　　　O (O + M절)　　　　　　　　　　　V

STEP 2 <u>Scientists</u>　<u>have wondered about</u>
　　　　　　S　　　　V (현재완료)
　　　　과학자들은　　~에 대해 궁금해 했다

　　　　<u>body organs / that don't seem to do anything useful.</u>
　　　　　　　　　　O (O + M절)
　　　신체 기관 / 유용한 어떤 일도 할 것 같아 보이지 않는

Tip
- 주격 관계대명사 that이 이끄는 절이 선행사 body organs를 수식하며, 선행사의 수에 맞춰 복수동사 don't가 쓰였다.
- -thing으로 끝나는 명사는 형용사가 뒤에서 수식한다.

13

STEP 1 Napoleon은 그의 고통스런 질병 때문에 Waterloo 전투에서 패배했다고 알려져 있다.
S   M   SC   V

STEP 2 <u>Napoleon</u> <u>is known</u>
       S   V
     나폴레옹은   ~라고 알려져 있다

    <u>to have lost the battle of Waterloo</u> <u>because of his painful disease.</u>
           SC   M
    Waterloo 전투에서 패배했다고   그의 고통스런 질병 때문에

14

STEP 1 당신이 당신의 머릿속에 아이디어들을 가지고만 있다면 당신의 어떤 아이디어도
M   S

세상을 바꾸지 않을 것이다.
O   V

STEP 2 <u>None of your ideas</u> <u>will change</u> <u>the world</u>
         S   V (미래)   O
    당신의 어떤 아이디어도 바꾸지 않을 것이다 세상을

    <u>if you keep them / inside of your head.</u>
               M (if절)
    당신이 그것들(아이디어들)을 가지고만 있다면 / 당신의 머릿속에

15

STEP 1 몸의 나머지 부분은 추위를 막아 주었을 훨씬 더 짧은 깃털들로 덮여 있었던 것처럼 보인다.
S   M   SC   V

STEP 2 <u>The rest / of the body</u> <u>seems</u>
            S   V
    나머지 부분은 / 몸의   ~처럼 보인다

    <u>to have been covered / in much shorter feathers</u> <u>that would have kept out the cold.</u>
               SC   M
    덮여 있었던 / 훨씬 더 짧은 깃털들로   추위를 막아 주었을

[11 - 15] VOCA

explanation 설명   body organ 신체 기관   battle 전투   feather 깃털

Tip

- Napoleon이 Waterloo 전투에서 패배한 시점은 과거이기 때문에 완료부정사 to have lost로 썼다.

- be known to : ~로 알려져 있다

- is known to have lost는 과거상황에 대한 현재 상태를 말해준다.

- because of + 명사(구) / because + S + V : ~ 때문에

Tip

- if가 '만약 ~라면'이라는 의미로 부사절을 이끌 때 현재 시제가 미래 시제를 대신한다.

Tip

- [복문 전환] It seems that the rest of the body was covered in much ~ .

- cover는 '~을 뒤덮다'라는 의미의 타동사로 주어인 The rest of the body와의 관계가 수동이고 시제가 동사의 시점보다 과거이므로 현재완료 수동 부정사(to have been covered)로 썼다.

- much는 비교급을 강조하는 부사로, even, still, far, a lot 등과 바꿔 쓸 수 있다.

- would는 '아마 ~했을 것이다'라는 의미로, 상상이나 추정을 나타낸다.

1 ② **2** He had never been able to attend school for more than four years.

3 The praise that he received from getting one story in print changed his whole life.

해석 및 해설

핵심 내용 Charles Dickens의 일생

19세기 초 런던에서, Charles Dickens라는 이름의 한 젊은이는 작가가 되고자 하는 강한 열망을 가지고 있었다. 하지만 모든 상황이 그에게 불리한 듯 보였다. (B) 그는 절대 4년 이상 학교에 다닐 수 없었다. 아버지는 빚을 갚지 못해 수감되어 있었고, 이 젊은이는 종종 배고픔이라는 고통을 알고 있었다. (A) 게다가, 그는 글쓰기 능력에 대한 자신감이 너무 부족하여 아무도 자신을 비웃을 수 없도록 밤에 몰래 자신의 작품을 편집자에게 보냈다. 그의 작품은 계속해서 거절당했다. (C) 그러던 어느 날, 한 편집자가 그를 알아보고 칭찬했다. 자신의 작품이 출판됨으로써 그가 얻게 된 칭찬은 그의 일생을 바꾸어 놓았다. 그의 작품들은 널리 읽혀 왔고 여전히 큰 인기를 누리고 있다.

1

주어진 글의 마지막 부분에서 모든 상황이 그에게 불리해 보였다고 했으므로, 이에 대한 부연 설명인 아버지의 수감과 배고픔의 고통을 언급한 (B)가 나와야 한다. (A)에서는 Moreover를 통해 그에게 좋지 않은 상황, 즉 자신의 글쓰기 능력에 대한 자신감 부족과 작품을 거부당한 일들을 추가적으로 묘사하고 있으므로 (B) 뒤에 (A)가 와야 한다. (C)에서는 앞의 상황과 반대되는 긍정적인 상황이 제시되고 있으므로, 마지막에 (C)가 오는 것이 가장 적절하다.

2

STEP 1 <u>그는</u> <u>절대</u> <u>4년 이상 학교에</u> <u>다닐 수 없었다.</u>
　　　　　S　　M　　　　O　　　　　　V

STEP 2 <u>He</u> <u>had never been able to attend</u> <u>school / for more than four year.</u>
　　　　　S　　　　V (과거완료) + M　　　　　　　　O
　　　　　그는　　　절대 다닐 수 없었다　　　　학교에 / 4년 이상

3

STEP 1 <u>자신의 작품이 출판됨으로써 그가 얻게 된 칭찬은</u> <u>그의 일생을</u> <u>바꾸어 놓았다.</u>
　　　　　　　　　　S (S + M)　　　　　　　　　　　　　O　　　　　V

STEP 2 <u>The praise / that he received / from getting one story in print</u> <u>changed</u> <u>his whole life.</u>
　　　　　　　　　　S (S + M절)　　　　　　　　　　　　　V (과거)　　　　O
　　　　　칭찬은 / 그가 얻게 된 / 자신의 작품이 출판됨으로써　　바꾸어 놓았다　그의 일생을

구문 분석

2행 But everything seemed to be against him.
　▶ [복문 전환] But it seemed that everything was against him.

3행 Moreover, he had **so** little confidence in his ability to write **that** he mailed his writings secretly at night to editors **so that** nobody would laugh at him.
　▶ so ~ that + S + V : 너무 ~해서 …하다 (결과)
　▶ so that + S + V : ~하기 위해서 (목적)

VOCA plus
receive 받다
whole 전체의
praise 칭찬

Tip
· 과거완료형인 「had never p.p.」와 「be able to-V」가 합쳐져 had never been able to attend가 쓰였다.
· attend는 타동사로 목적어인 school이 바로 이어진다.

Tip
· 목적격 관계대명사 that이 이끄는 절이 선행사 The praise를 수식한다.

Unit 07 조동사가 포함된 문장 쓰기

단어 배열 Practice

01 Our ancestors might have benefited from wisdom teeth when chewing and grinding raw food.

02 Exercise cannot fix the health problem caused by spending too much time in front of the computer.

03 Jane ended the conversation telling herself that she shouldn't have forgotten what her son had asked.

04 Some of the most successful professionals could never ever have predicted what they actually do today.

05 You should keep asking yourself what the author's main idea is and what your own opinion about that is.

06 Your first aim to begin a piece of writing ought to be to make a mess.

07 You would be surprised at how many people fail to understand the importance of this step.

08 Your recommendation must have persuaded the scholarship committee to take a chance on me.

09 A farmer recognizes that a given amount of land must be worked by a certain amount of labor.

10 Companies that allow their employees to personalize their workspaces should be rewarded with faithful employees.

11 Letters used to be the usual way for people to send messages.

12 You should have asked the god which empire he spoke of.

13 This will encourage your readers to check out what they can do to help the victims.

14 They should be able to identify situations in which the rules of the cultures are different.

15 The best indicator of how much sleep you need should be based on how you feel.

01

STEP 1 <u>우리의 조상들은</u> <u>날 음식을 씹고 갈 때</u> 사랑니로부터 <u>혜택을 받았을지도 모른다.</u>
　　　　　　S　　　　　　　　　M　　　　　　　　　　　　　V

STEP 2 <u>Our ancestors</u>　<u>might have benefited</u>
　　　　　　S　　　　　　　　　V
　　　우리의 조상들은　　혜택을 받았을지도 모른다

<u>from wisdom teeth / when chewing and grinding raw food.</u>
　　　　　　　　　　　　　M
　　　사랑니로부터 / 날 음식을 씹고 갈 때

Tip
- might have p.p.(~이었을지도 모른다)는 과거의 추측을 나타낸다.
- when과 chewing 사이에 they were가 생략되었다.
- benefit from : ~로부터 이익을 얻다[혜택을 받다]

02

STEP 1 <u>컴퓨터 앞에서 너무 많은 시간을 보냄으로써 야기된 건강의 문제를</u> <u>운동이</u> <u>해결할 수 없다.</u>
　　　　　　　　　　　O (O + M)　　　　　　　　　　　　　　　S　　　　V

STEP 2 <u>Exercise</u>　<u>cannot fix</u>
　　　　　　S　　　　　V
　　　운동이　　해결할 수 없다

<u>the health problem / caused by spending too much time / in front of the computer.</u>
　　　　　　　　　　　　　　　O (O + M)
　　　건강 문제를 / 너무 많은 시간을 보냄으로써 야기된 / 컴퓨터 앞에서

Tip
- 과거분사 caused가 이끄는 구가 the health problem을 수식한다.
- by + -ing : ~함으로써
  cf. in + -ing : ~할 때
  on + -ing : ~하자마자

03

STEP 1 Jane은 그녀의 아들이 당부했던 것을 그녀가 잊지 말았어야 했다고 혼잣말을 하면서 대화를 끝냈다.
$\underset{S}{\quad}$ $\underset{M}{\quad}$ $\underset{O}{\quad}$ $\underset{V}{\quad}$

STEP 2 $\underset{S}{\text{Jane}}$ $\underset{V}{\text{ended}}$ $\underset{O}{\text{the conversation}}$
Jane은 $\quad$ 끝냈다 $\quad$ 대화를

$\underset{M}{\text{telling herself / that she shouldn't have forgotten / what her son had asked.}}$
혼잣말을 하면서 / 그녀가 잊지 말았어야 했다고 / 그녀의 아들이 당부했던 것을

Tip
• should have p.p.(~했어야 했다)는 과거에 하지 않은 일에 대한 후회를 나타낸다.

• that절은 telling의 직접 목적어이고, what절은 have forgotten의 목적어이다.

04

STEP 1 가장 성공한 전문가들 중의 몇몇은 그들이 오늘날 실제로 하고 있는 것을 절대 예측하지 못했을 것이다.
$\underset{S\ (S+M)}{\quad}$ $\underset{O}{\quad}$ $\underset{V}{\quad}$

STEP 2 $\underset{S\ (S+M)}{\text{Some / of the most successful professionals}}$
몇몇은 / 가장 성공한 전문가들 중의

$\underset{V}{\text{could never ever have predicted}}$ $\underset{O}{\text{what they actually do today.}}$
절대 예측하지 못했을 것이다 $\quad$ 그들이 오늘날 실제로 하고 있는 것을

Tip
• some of the + 최상급 형용사 + 복수명사 : 가장 ~한 …중의 몇몇은

• could have p.p.(~할 수도 있었다)는 과거의 가능성을 나타낸다.

05

STEP 1 여러분은 스스로에게 무엇이 작가의 주된 생각인지와 그것에 대한 여러분 자신의 의견은 무엇인지를
$\underset{S}{\quad}$ $\underset{IO}{\quad}$ $\underset{DO1}{\quad}$ $\underset{DO2}{\quad}$
계속해서 질문해야 한다.
$\underset{V}{\quad}$

STEP 2 $\underset{S}{\text{You}}$ $\underset{V}{\text{should keep asking}}$ $\underset{IO}{\text{yourself}}$ $\underset{DO1}{\text{what the author's main idea is}}$
여러분은 $\quad$ 계속해서 질문해야 한다 $\quad$ 스스로에게 $\quad$ 무엇이 작가의 주된 생각인지를

$\underset{접속사}{\text{and}}$ $\underset{DO2}{\text{what your own opinion about that is.}}$
그리고 $\quad$ 그것(작가의 주된 생각)에 대한 여러분 자신의 의견은 무엇인지를

Tip
• keep -ing : 계속해서 ~하다

• ask + IO(간접목적어) + DO(직접목적어): IO에게 DO를 질문하다[물어보다]

• what절은 간접의문문으로 「의문사 + S + V」구조를 취한다.

[01 - 05] VOCA

wisdom tooth 사랑니	grind 갈다, 씹어 으깨다	raw food 날 음식	professional 전문가	predict 예측하다
author 작가	opinion 의견			

06

STEP 1 한 편의 글을 시작하는 당신의 첫 번째 목표는   어수선하게 만드는 것이어야 한다.
                   S (S + M)   V + SC

STEP 2 Your first aim / to begin a piece of writing   ought to be to make a mess.
                       S (S + M)   V + SC
      당신의 첫 번째 목표는 / 한 편의 글을 시작하는   어수선하게 만드는 것이어야 한다

07

STEP 1 당신은   얼마나 많은 사람들이 이런 단계의 중요성을 이해하지 못하는지에 대해   놀라게 될 것이다.
       S   M   V + SC

STEP 2 You   would be surprised
      S   V + SC
     당신은   놀라게 될 것이다

at how many people fail to understand / the importance of this step.
                               M
    얼마나 많은 사람들이 이해하지 못하는지에 대해 / 이런 단계의 중요성을

08

STEP 1 당신의 추천서가   장학금 위원회로 하여금   나에게 운을 맡겨 보도록   설득했었음이 틀림없다.
         S   O   OC   V

STEP 2 Your recommendation   must have persuaded
             S   V
     당신의 추천서가   설득했었음이 틀림없다

the scholarship committee   to take a chance on me.
             O   OC
   장학금 위원회로 하여금   나에게 운을 맡겨 보도록

09

STEP 1 농부는   주어진 양의 토지는 어느 정도의 노동력에 의해서 작업되어야만 한다는 것을
       S   O

인식하고 있다.
  V

STEP 2 A farmer   recognizes
      S   V
    농부는   인식하고 있다

that a given amount of land / must be worked / by a certain amount of labor.
                                O
  주어진 양의 토지는 / 작업되어야만 한다는 것을 / 어느 정도의 노동력에 의해서

Tip
- to begin ~은 주어인 Your first aim을 수식하는 형용사적 용법의 to부정사구이다.
- a piece of : (어떤) 한 개, 한 점[작품], 한 부분
  ex. a piece of cheese 치즈 한 조각 / a piece of music 음악 작품 하나
- ought to-V : ~해야 한다 (의무)

Tip
- 의문부사 how가 이끄는 간접의문문이 전치사 at의 목적어로 쓰였다.
- be surprised at : ~에 놀라다
- fail to : ~에 실패하다, ~하지 못하다

Tip
- must have p.p. (~이었음에 틀림없다)는 과거의 강한 추측을 나타낸다.
  cf. cannot have p.p. : ~이었을 리가 없다
- persuade + O + OC (to-V) : O가 OC하도록 설득하다
- take a chance on : ~에게 운을 맡기다

Tip
- 조동사를 포함하는 문장의 수동태는 「조동사 + be + p.p.」로 나타낸다.
- that은 동사 recognizes의 목적어절을 이끄는 접속사이다.

10

STEP 1 직원들이 자신들의 업무 공간을 개인화하도록 허용하는 회사들은   성실한 직원으로   보상을 받아야 한다.
  S (S + M절)   M   V

STEP 2 Companies / that allow their employees to personalize their workspaces
  S (S + M절)
  회사들은 / 직원들이 자신들의 업무 공간을 개인화하도록 허용하는

  should be rewarded   with faithful employees.
  V   M
  보상받아야 한다   성실한 직원으로

[06 - 10] VOCA

aim 목표   make a mess 어수선하게 만들다   recommendation 추천서   scholarship 장학금   committee 위원회   recognize 인식하다   personalize 개인화하다   reward 보상하다

Tip

· should be rewarded는 조동사를 포함하는 동사 reward의 수동태이다.

· 주격 관계대명사 that이 이끄는 절이 주어 Companies를 수식한다.

11

STEP 1 편지는   사람들이   메시지를 보내는   보통의 방법이었다.
  S   의미상의 S   M   V + SC

STEP 2 Letters   used to be the usual way   for people / to send messages.
  S   V + SC   의미상의 S + M
  편지는   보통의 방법이었다   사람들이 / 메시지를 보내는

Tip

· 「used + to-V」는 과거의 규칙적 습관(~하곤 했다)이나 상태(~였었다)를 나타낸다.

12

STEP 1 당신은   신에게   그가 어느 제국을 말했는지   질문했어야 했다.
  S   IO   DO   V

STEP 2 You   should have asked   the god   which empire he spoke of.
  S   V   IO   DO
  당신은   질문했어야 했다   신에게   그가 어느 제국을 말했는지

Tip

· ask + IO + DO : IO에게 DO를 질문하다

13

STEP 1 이것은   당신의 독자들이   희생자들을 돕기 위해 그들이 할 수 있는 것이 무엇인지 확인하도록
  S   O   OC
  독려할 것이다.
  V

STEP 2 This   will encourage   your readers
  S   V   O
  이것은   독려할 것이다   당신의 독자들이

  to check out / what they can do / to help the victims.
  OC
  확인하도록 / 그들이 할 수 있는 것이 무엇인지 / 희생자들을 돕기 위해

Tip

· encourage + O + OC(to-V) : O가 OC하도록 독려[격려]하다

· 의문사 what이 이끄는 간접의문문이 check out의 목적어로 쓰였다.

· to help ~는 '~을 돕기 위해'라는 의미로 목적을 나타내는 부사적 용법의 to부정사구이다.

14

STEP 1 <u>그들은</u> <u>문화의 규칙들이 다르다는 상황들을</u> <u>식별할 수 있어야 한다.</u>
S   O (O + M절)   V

STEP 2 <u>They</u> <u>should be able to identify</u>
  S   V
그들은   식별할 수 있어야 한다

<u>situations / in which the rules of the cultures are different.</u>
O (O + M절)
상황들을 / 문화의 규칙들이 다르다는

15

STEP 1 <u>당신이 얼마만큼의 수면이 필요한지에 대한 최고의 지표는</u>
S (S + M절)

<u>당신이 어떻게 느끼느냐에</u> <u>근거를 두어야 한다.</u>
M   V + SC

STEP 2 <u>The best indicator / of how much sleep you need</u>
S (S + M절)
최고의 지표는 / 당신이 얼마만큼의 수면이 필요한지에 대한

<u>should be based</u>   <u>on how you feel.</u>
V + SC   M
근거를 두어야 한다   당신이 어떻게 느끼느냐에

[11 - 15] VOCA

empire 제국   victim 희생자   identify 식별하다   indicator 지표, 척도

Tip

• 조동사 should와 can이 동시에 연결될 수 없으므로 should be able to가 쓰였다.

• 「전치사 + 관계대명사」의 구조 이해

They should be able to identify **situations**. + The rules of the cultures are different in **situations**.

= They should be able to identify **situations which** the rules of the cultures are different **in**.

= They should be able to identify **situations in which** the rules of the cultures are different.

Tip

• how(의문부사) + 형용사 / 부사 + 명사 + S + V : 얼마나 ~한 …

ex. how much time you spend : 얼마나 많은 시간을 당신이 보내는지

• be based on : ~에 근거를 두다

1 Some African countries find it difficult to feed their own people or provide safe drinking water. **2** (1) cannot help growing (2) cannot help but grow (3) have no choice but to grow
3 ②

해석 및 해설

[핵심 내용] 유럽 수출용 환금 작물을 재배하는 데 쓰이는 물이 아프리카의 물 부족을 악화시키고 있다.

아프리카의 농촌 사람들은 물을 길어 오기 위해 하루에 5킬로미터를 걸으면서 해바라기, 장미, 또는 커피와 같은 환금 작물 밭을 지날 때 무슨 생각을 할까? 일부 아프리카 국가들은 자국민들을 먹여 살리거나 안전한 식수를 공급하는 것이 어렵다는 것을 알고 있지만, 귀한 물은 유럽 시장에 수출하는 작물을 생산하는 데 사용된다. 하지만, 아프리카 농민들은 그러한 작물들을 기를 수밖에 없는데 그 작물들은 얼마 되지 않는 소득원 중 하나이기 때문이다. 어떤 의미로는, 아프리카 국가들은 그들이 재배하는 바로 그 작물을 통해 물을 수출하고 있는 것이다. 그들은 물이 필요하지만, 또한 그들이 재배하는 농작물을 통해 물을 수출할 필요도 있다. 환경 보호 압력 단체들은 아프리카산 커피와 꽃을 구매하는 유럽의 소비자들이 아프리카의 물 부족을 악화시키고 있다고 주장한다.

VOCA plus
lower 내리다
shortage 부족
profit 이익, 수익
criticize 비판하다
unfair 불공정한

1

STEP 1 <u>일부 아프리카 국가들은</u> <u>자국민을 먹여 살리거나 안전한 식수를 공급하는 것이</u>
　　　　　　S　　　　　　　　　　　　　　　　　　　O
<u>어렵다는 것을</u> <u>알고 있다.</u>
　　OC　　　　V

STEP 2 <u>Some African countries</u>　<u>find</u>　<u>it</u>　<u>difficult</u>
　　　　　　　　S　　　　　　　 V　 가O　　OC
　　　　　 일부 아프리카 국가들은　알고 있다　어렵다는 것을

<u>to feed their own people / or provide safe drinking water.</u>
　　　　　　　　　　　　진O
　자국민을 먹여 살리는 것이 / 또는 안전한 식수를 공급하는 것이

Tip
- find + it(가O) + OC + 진O : 진O가 OC하다는 것을 알다
- 등위접속사 or을 중심으로 feed와 provide가 병렬구조를 이루고 있다.

2

'~할 수 밖에 없다, ~하지 않을 수 없다'는 의미로 「cannot help + -ing」, 「cannot (help) but + 동사원형」, 「have no choice but + to부정사」를 쓸 수 있다.

3

환금 작물을 재배하기 위해 아프리카의 귀한 물이 사용되므로 유럽이 아프리카로부터 수입하는 작물로 인해 아프리카의 물 부족 문제가 심화되고 있다는 내용이다. 따라서 빈칸에는 ② '물 부족을 악화시키고 있다'가 들어가는 것이 가장 적절하다.
① 작물의 가격을 내리고 있다
③ 농부들의 수입을 더 적어지게 만들고 있다
④ 더 많은 이익으로 상품을 생산하고 있다
⑤ 불공정한 물 무역을 비판하고 있다

구문 분석

[9행] Environmental pressure groups argue that European customers [**who** buy African coffee or flowers] are **making** water shortages **worse** in Africa.
- ▶ 주격 관계대명사 who가 이끄는 [ ]가 European customers를 수식한다.
- ▶ make + O + OC(형용사) : O가 OC하게 만들다

Unit 08 수동태 문장 쓰기

■ 단어 배열 Practice ■

01 There was a higher chance of being exposed to diseases and infections than living in the country.

02 GE managers are taught to find their own solutions rather than look them up in a dusty old book.

03 This method is now being used all over the world to provide drinking water for some four million people.

04 Students who are made to feel happy before taking math achievement tests perform much better than their neutral peers.

05 It was discovered that the clock had struck thirteen times at midnight on the very night he was supposed to have fallen asleep on duty.

06 The gym was filled with weight lifters who had been competing for years.

07 The experience of having their internal organs rudely deformed is thought exciting.

08 This idiomatic expression is often used to describe an issue that involves a social taboo.

09 Such tricks are called "placebo buttons" and they are being pushed in all sorts of contexts.

10 These incentives are meant to encourage companies to develop drugs for the small markets of individuals with rare illnesses.

11 Babies are immersed in the language that they are expected to learn.

12 Some whales have been removed from endangered species lists.

13 The unique transport was said to have reached a speed of 180 miles an hour.

14 It has been proved that less fuel is consumed at low speeds than at high speeds.

15 You may have received an e-mail that will have an impact on how you are perceived.

01

STEP 1 시골에 사는 것보다 질병과 전염병에 노출될 더 높은 가능성이 있었다.
　　　　　　　　　　　M　　　　　　　　　　　　　　　　　　　S + V

STEP 2 There was a higher chance of being exposed to diseases and infections /
　　　　There + V　　　　S　　　　　　　　　　　　　　M
　　　　~이 있었다　더 높은 가능성이　　　　질병과 감염에 노출될 /

than living in the country.
　　　시골에 사는 것보다

Tip

• There was + S : ~이 있었다

• 동명사의 수동태형인 being exposed는 a higher chance를 수식한다.

• than을 중심으로 being ~과 living ~이 병렬구조를 이루고 있다.

02

STEP 1 GE 관리자들은 먼지투성이의 낡은 책에서 그것들(해결책)을 찾기보다는
　　　　　S　　　　　　　　　　　M

그들 자신의 해결책을 찾도록 배운다.
　　　　SC　　　　　　　　V

STEP 2 GE managers are taught to find their own solutions
　　　　　S　　　　　V　　　　　　SC
　　　　GE 관리자들은　배운다　그들 자신의 해결책을 찾도록

rather than look them up / in a dusty old book.
　　　　　　　　M
그것들(해결책)을 찾기보다는 / 먼지투성이의 낡은 책에서

Tip

• teach + O + OC(to-V) → [수동태] be taught to-V

• look up은 「타동사 + 부사」의 이어동사로 대명사가 목적어로 올 때 타동사와 부사 사이에 위치한다.

03

STEP 1 이 방법은　약 4백만 명의 사람들에게 식수를 공급하기 위해 전 세계적으로　현재 사용되고 있다.
　　　　　S　　　　　　　　　　　　　　　　M　　　　　　　　　　　　　　　　　V

STEP 2 This method　is now being used
　　　　　　S　　　　　　V
　　　　　이 방법은　　현재 사용되고 있다

all over the world / to provide drinking water / for some four million people.
　　　　　　　　　　　　　　　　　M
전 세계적으로 / 식수를 공급하기 위해 / 약 4백만 명의 사람들에게

Tip
• be동사 + being p.p. : 현재진행형 수동태
• to provide ~는 '~을 제공하기 위해'라는 의미로 목적을 나타내는 부사적 용법의 to부정사로 쓰였다.

04

STEP 1 수학 성취 평가를 보기 전에　행복하다고 느끼게 된 학생들은
　　　　　　　　M　　　　　　　　　S (S + M)
그들의 중립적인 (기분의) 또래들보다　훨씬 더 잘한다.
　　　　　　M　　　　　　　　　　　　V

STEP 2 Students / who are made to feel happy　before taking math achievement tests
　　　　　　　S (S + M)　　　　　　　　　　　　　　　　M
　　　　　학생들은 / 행복하다고 느끼게 된　　　수학 성취 평가를 보기 전에

perform much better　than their neutral peers.
　　V　　　　　　　　　　M
훨씬 더 잘한다　그들의 중립적인 (기분의) 또래들보다

Tip
• make + O + OC(V) → [수동태] be made to-V
• much, even, still, far, a lot 등은 비교급을 강조한다.

05

STEP 1 그가 근무 중에 잠들었다고 추정되었던 바로 그날 밤 자정에
　　　　　　　　　　　　　　M
그 시계가 13번 울렸다는 것이　**밝혀졌다.**
　　　　S　　　　　　　　　　　V

STEP 2 It was discovered
　　　　　가S + V
　　　　　밝혀졌다

that the clock had struck thirteen times
　　　　진S
그 시계가 13번 울렸다는 것이

at midnight / on the very night / he was supposed to have fallen asleep / on duty.
　　　　　　　　　　　　　M
자정에 / 바로 그날 밤 / 그가 잠들었다고 추정되었던 / 근무 중에

Tip
• It은 가주어이고 that절이 진주어이다.
• suppose + O + OC (to-V) → [수동태] be supposed to-V

[01 - 05] VOCA

expose 노출시키다　infection 전염(병)　dusty 먼지투성이인　achievement 성취　neutral 중립적인　peer 또래　on duty 근무 중에

06

STEP 1 그 체육관은   수년 동안 경쟁을 해 오던 역도 선수들로   가득했다.
        S   M   V

STEP 2 The gym   was filled   with weight lifters / who had been competing / for years.
     S   V   M
 그 체육관은   가득했다   역도 선수들로 / 경쟁을 해 오던 / 수년 동안

07

STEP 1 그들의 내부 장기가 격렬하게 변형되는 경험은   흥미 있다고 여겨진다.
                 S (S + M)   V + SC

STEP 2 The experience / of having their internal organs rudely deformed
                         S (S + M)
          경험은 / 그들의 내부 장기가 격렬하게 변형되는

is thought exciting.
   V + SC
 흥미 있다고 여겨진다

08

STEP 1 이 관용적 표현은   사회적 금기를 포함하는 문제를 설명하기 위해   종종   사용된다.
        S   M   M   V

STEP 2 This idiomatic expression is often used
            S   V + M
      이 관용적 표현은   종종 사용된다

to describe an issue / that involves a social taboo.
                  M
   문제를 설명하기 위해 / 사회적 금기를 포함하는

09

STEP 1 그런 속임수들은   "placebo buttons"라고   불리며   그것들은   모든 종류의 상황에서   강요되고 있다.
      S1   SC   V1   S2   M   V2

STEP 2 Such tricks   are called "placebo buttons"   and   they   are being pushed
      S1   V1 + SC   접속사   S2   V2
  그런 속임수들은   "placebo buttons"라고 불리다   그리고 그것들은   강요되고 있다

in all sorts of contexts.
        M
   모든 종류의 상황에서

Tip

- fill A with B
  → [수동태] A be filled with B

- had been -ing : 과거완료 진행형

Tip

- have + O + OC(p.p.) : O가 OC되어지다

- think + O + OC(형용사)
  → [수동태] be thought SC(형용사)

Tip

- (주어가 사물일 때) be used + to-V : ～하기 위해 사용되다

  cf. (주어가 사람일 때) be used to + -ing / N : ～하는 데 익숙하다

- 빈도부사 often은 be동사나 조동사 뒤 또는 일반동사 앞에 위치한다.

Tip

- be동사 + being p.p. : 현재진행형 수동태

10

STEP 1 <u>이런 유인책들은</u> <u>희귀병을 지닌 개인들의 그 작은 시장들을 위한 약품을 개발하도록</u>
S　　　　　　　　　　　　　　　　M

<u>회사들을 장려하기로 되어 있다.</u>
　　　V + SC

STEP 2 <u>These incentives</u> <u>are meant</u> <u>to encourage companies /</u>
　　　　　　S　　　　　　　V　　　　　　SC
　　　　이런 유인책들은　　되어 있다　　회사들을 장려하기로 /

<u>to develop drugs / for the small markets of individuals / with rare illnesses.</u>
　　　　　　　　　　　　M
약품을 개발하도록 / 개인들의 작은 시장들을 위한 / 희귀병을 지닌

11

STEP 1 <u>아기들은</u> <u>그들이 배우려고 기대하는 언어에</u> <u>몰입한다.</u>
　　　　S　　　　　　　M　　　　　　　V

STEP 2 <u>Babies</u> <u>are immersed</u> <u>in the language / that they are expected to learn.</u>
　　　　S　　　　V　　　　　　　　　　　M
　　아기들은　　몰입한다　　　　언어에 / 그들이 배우려고 기대하는

12

STEP 1 <u>몇몇 고래들은</u> <u>멸종 위기 종 목록에서</u> <u>삭제되었다.</u>
　　　　S　　　　　　M　　　　　　V

STEP 2 <u>Some whales</u> <u>have been removed</u> <u>from endangered species lists.</u>
　　　　S　　　　　V　　　　　　　　M
　　몇몇 고래들은　　삭제되었다　　　　멸종 위기 종 목록에서

13

STEP 1 <u>그 독특한 수송기는</u> <u>시속 180마일의 속도에 도달했었다고</u> <u>언급되었다.</u>
　　　　S　　　　　　　SC　　　　　　　V

STEP 2 <u>The unique transport</u> <u>was said</u> <u>to have reached a speed / of 180 miles an hour.</u>
　　　　S　　　　　V　　　　　　　SC
　　그 독특한 수송기는　　언급되었다　　속도에 도달했었다고 / 시속 180마일의

Tip

- be meant to-V : ∼하기로 되어 있다, ∼하지 않으면 안 되다

- encourage + O + OC(to-V) : O가 OC하도록 장려[격려]하다

Tip

- immerse A in B → [수동태] A be immersed in B : (보통 수동형) A가 B에 몰입[집중]하다

- expect + O + OC(to-V) → [수동태] be expected to-V

Tip

- have[has] been p.p. : 현재완료 수동태

- '멸종 위기에 처한 종 목록'이라는 수동 의미이므로 과거분사 endangered가 쓰였고, 명사 species를 수식한다.

Tip

- [능동태 전환] People said that the unique transport had reached a speed of 180 miles an hour.

- [복문 전환] It was said that the unique transport had reached a speed of 180 miles an hour.

14

STEP 1 낮은 속도에서는 높은 속도에서보다 적은 연료가 소모된다는 것이 증명되어 왔다.
                    S   V

STEP 2 <u>It has been proved</u>
                가S + V
                증명되어 왔다

<u>that less fuel is consumed / at low speeds / than at high speeds.</u>
                진S
적은 연료가 소모된다는 것이 / 낮은 속도에서는 / 높은 속도에서보다

15

STEP 1 당신은 당신이 어떻게 인식되는가에 영향을 미칠 이메일을 받았을지도 모른다.
              S   O   V

STEP 2 <u>You</u> <u>may have received</u>
              S   V
            당신은   받았을지도 모른다

<u>an e-mail / that will have an impact on / how you are perceived.</u>
                O (O + M절)
이메일을 / 영향을 미칠 / 당신이 어떻게 인식되는가에

[11 - 15] **VOCA**

immerse 몰두하게 만들다 remove 삭제하다 endanger 위험에 빠뜨리다 species 종 transport 수송기
consume 소모하다 impact 영향 perceive 인식하다

Tip

- have[has] been p.p. : 현재완료 수동태

- [단문 전환] Less fuel has been proved to be consumed at low speeds than at high speeds.

Tip

- may have p.p. : ∼했을 지도 모른다

- 주격 관계대명사 that이 이끄는 절이 선행사 an e-mail을 수식한다.

- how ∼는 전치사 on의 목적어로 쓰인 간접의문문 이다.

1 ③   **2** It is the temperature deep inside the body that must be kept stable.
3 Maintaining Body Temperature

해석 및 해설

[핵심 내용] 효소가 원활하게 작동하도록 몸의 온도를 유지하는 것이 중요하다.

우리가 어디를 가든 무엇을 하든, 우리 몸의 효소들이 가장 잘 작용하는 온도로 체온이 유지되게 하는 것이 아주 중요하다. 중요한 것은 몸의 표면 온도가 아니다. 안정되게 유지되어야 하는 것은 바로 몸 속 깊은 곳의 온도이다. 정상적인 체온보다 조금이라도 높거나 낮을 때 우리의 효소들은 원활하게 기능할 수 없다. <u>만약 이러한 상태가 일정 시간 계속된다면, 우리의 세포 안에서의 반응들은 지속될 수 없고 우리는 죽게 된다.</u> 운동 중 근육에서 발생되는 열, 질병으로 인한 열, 그리고 외부 온도를 포함하여, 모든 종류의 것들은 내부 체온에 영향을 미칠 수 있다. 우리는 다양한 방법으로 우리의 체온을 통제할 수 있는데, 옷과 행동하는 방식 그리고 활동량을 바꿀 수 있다. 그러나 우리는 또한 내부 통제 체제를 가지고 있는데, 너무 더우면 우리는 땀을 흘리기 시작한다.

1

주어진 문장의 this는 ③ 앞의 내용인 정상적인 체온보다 조금이라도 높거나 낮을 때 효소들이 원활하게 기능할 수 없는 것을 가리키므로, 주어진 문장은 ③에 들어가는 것이 가장 적절하다.

2

STEP 1 <u>안정되게 유지되어야 하는 것은</u> <u>바로 몸 속 깊은 곳의 온도이다.</u>
　　　　　　관계사절　　　　　　　　　　It is + 강조 어구

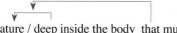

STEP 2 <u>It is the temperature / deep inside the body</u> <u>that must be kept stable.</u>
　　　　　　It is + 강조 어구　　　　　　　　　　　　관계사절
　　　　　온도이다 / 몸 속 깊은 곳의　　　　안정되게 유지되어야 하는 것은

3

우리 몸의 효소가 원활하게 기능하기 위해서는 몸의 내부 온도 유지가 중요하다는 내용이므로, '체온 유지의 중요성(The Importance of Maintaining Body Temperature)'이 제목으로 가장 적절하다.

구문 분석

[3행] **It** is vitally important **that** wherever we go and whatever we do / the body temperature is maintained at the temperature **at which** our enzymes work best.

▶ 「It(가주어) – that(진주어)」 구문이다.
▶ at which에서 which는 the temperature를 선행사로 취한다.

VOCA plus

temperature 온도
stable 안정된

Tip

• 「It ∼ that」 강조구문은 It과 that 사이에 주어, 목적어, 수식어를 넣어 의미를 강조한다. 여기서는 주어인 the temperature를 강조하고 있다.

• 주어 temperature와 keep의 관계가 수동이므로 수동태(be kept)로 쓰였다.

Unit 09 목적어가 명사구인 문장 쓰기

단어 배열 Practice

01 They were so intensely focused that they forgot to watch for upcoming tunnels or bridges.

02 The subjects who had their self-esteem raised wanted to be tested for it.

03 The first jokes that you hear told by your colleagues help to form a belief about what is appropriate.

04 We should begin to step out of the process and begin requiring our students to take the journey on their own.

05 The paths are cracked and littered with rocks and debris that make it impossible to roll her chair from place to place.

06 I remember reading about a rumor that was passed along by an individual.

07 Another prevention technique involves avoiding areas where insects gather or nest.

08 I have found it helpful to expect that a certain percentage of plans will change.

09 The boy started to understand that holding his temper was easier than driving nails into the fence.

10 We have found it much more effective to allow students to use problems as an opportunity to learn problem-solving skills.

11 You began to avoid letting yourself go after scary goals.

12 No one wants to tell a story to have the listeners look puzzled.

13 I have always thought it hard to be creative in a doorless office.

14 I remember trying to balance while walking on a railroad track.

15 The sail made it possible to trade with countries that could be reached only by sea.

01

STEP 1 그들은 너무 열심히 집중해서 그들은 다가오는 터널이나 다리에 주의할 것을 잊었다.
S1 　　　V1 + SC 　　　　　　　　　　　　　S2 + V2 + O

STEP 2 They　were so intensely focused
S1　　　V1 + SC
그들은　　　너무 열심히 집중했다

that they forgot / to watch for / upcoming tunnels or bridges.
that절 (S2 + V2 + O (명사구))
(그래서) 그들은 잊었다 / 주의할 것을 / 다가오는 터널이나 다리에

Tip

• so ~ that … :
너무 ~해서 …하다

• forget [remember] +
to-V : ~할 것을 잊다 [기억하다]
cf. forget [remember]
+ -ing : ~했던 것을 잊다
[기억하다]

02

STEP 1 그들의 자존감이 고양된 실험 대상자들은 그것에 대해 검진 받는 것을 원했다.
S 　　　　　　　　　　　　　　　　O 　　　　　　V

STEP 2 The subjects / who had their self-esteem raised
S
실험 대상자들은 / 그들의 자존감이 고양된

wanted　to be tested for it.
V　　　　O
원했다 그것에 대해 검진 받는 것을

Tip

• have + O + OC(p.p.) :
O가 OC하게 되다 (O와
OC의 관계가 수동)

• want의 목적어로 to부정
사구이자 명사구인 to be
~가 쓰였다.

03

STEP 1 당신의 동료들에 의해서 말해지는 당신이 들은 첫 번째 농담은
<u>   </u>
                                S

무엇이 적절한지에 대한 믿음을 형성하는 것을 도와준다.
           O   **V**

STEP 2 The first jokes / that you hear / told by your colleagues help
            S   **V**

첫 번째 농담은 / 당신이 들은 / 당신의 동료들에 의해서 말해지는 도와준다

to form a belief / about what is appropriate.
           O (명사구)

믿음을 형성하는 것을 / 무엇이 적절한지에 대한

Tip

• 목적격 관계대명사 that이 이끄는 절이 주어 The first jokes를 수식한다.

• 「hear(지각동사) + O + OC(V / -ing / p.p.)」 구문으로, 본래 목적어였던 The first jokes와의 관계가 수동이므로 과거분사 told가 쓰였다.

• help + V / to-V : ～하는 것을 돕다

04

STEP 1 우리는 그 과정에서 빠져나오는 것을 시작해야 하고
        S   **V1 + O1**

우리의 학생들에게 스스로 여행을 떠나도록 요구하는 것을 시작해야 한다.
                         V1 + O2

STEP 2 We should begin / to step out of the process
      S   **V1 + O1 (명사구)**

우리는　시작해야 한다 / 그 과정에서 나오는 것을

and begin / requiring our students / to take the journey / on their own.
                 V2 + O2 (명사구)

그리고 시작해야 한다 / 우리의 학생들에게 요구하는 것을 / 여행을 떠나도록 / 스스로

Tip

• begin[start] / like[love] / hate + to-V/-ing : ～하는 것을 시작하다 / 좋아하다 / 싫어하다

• require + O + to-V : O가 ～하도록 요구하다

05

STEP 1 그 길은 금이 가 있고 그녀의 휠체어를 여기저기에서 굴리는 것을 불가능하게 만드는
        S + V1   **M**

돌멩이들과 파편들로 널려 있다.
               V2

STEP 2 The paths are cracked / and littered with rocks and debris / that make it impossible /
      S   **V1 + V2**   **M**

그 길은　금이 가 있다 / 그리고 널려 있다　돌멩이들과 파편들로 / 불가능하게 만드는 /

to roll her chair / from place to place.

그녀의 휠체어를 굴리는 것을 / 여기저기에서

Tip

• 주격 관계대명사 that이 이끄는 절이 선행사 rocks and debris를 수식한다.

• make / find / consider [think] + it(가O) + OC + to-V(진O) : 진O가 OC하게 만들다 / OC하다는 것을 알게 되다 / OC하다고 생각하다

• make의 진목적어로 to부정사구이자 명사구인 to roll ～이 쓰였다.

[01 - 05] VOCA

intensely 열심히　upcoming 다가오는　self-esteem 자존감　colleague 동료　appropriate 적절한
path 길, 산책로　crack 금이 가게 하다　litter 흩뜨리다, 어지르다　debris 파편

06

STEP 1 <u>나는</u> <u>한 개인에 의해서 퍼뜨려진 소문에 대해서 읽었던 것을</u> <u>기억한다.</u>
    S   O   V

STEP 2 I   remember   reading about a rumor / that was passed along / by an individual.
    S   V   O (명사구)
   나는 기억한다   소문에 대해서 읽었던 것을 / 퍼뜨려진 / 한 개인에 의해서

07

STEP 1 <u>또 다른 예방책은</u> <u>벌레들이 모이거나 둥지를 트는 장소를 피하는 것을</u> <u>포함한다.</u>
        S   O   V

STEP 2 Another prevention technique involves
              S   V
         또 다른 예방책은   포함한다

     avoiding areas / where insects gather or nest.
                    O (명사구)
    장소를 피하는 것을 / 벌레들이 모이거나 둥지를 트는

08

STEP 1 <u>나는</u> <u>계획들의 일부가 바뀔 것임을 예상하는 것이</u> <u>도움이 된다는 것을</u> <u>알게 되었다.</u>
    S   O   OC   V

STEP 2 I   have found   it   helpful
    S   V   가O   OC
   나는 알게 되었다   도움이 된다는 것을

    to expect / that a certain percentage of plans will change.
                      진O
    예상하는 것이 / 계획들의 일부가 바뀔 것임을

09

STEP 1 <u>그 소년은</u> <u>그 울타리에 못을 박는 것보다 자신의 화를 참는 것이 더 쉽다는 것을 이해하기</u> <u>시작했다.</u>
    S   O   V

STEP 2 The boy started
      S   V
   그 소년은   시작했다

    to understand / that holding his temper was easier / than driving nails into the fence.
                        O (명사구)
    이해하기 / 자신의 화를 참는 것이 더 쉽다는 것을 / 그 울타리에 못을 박는 것보다

Tip
- remember + -ing : ~했던 것을 기억하다
- 주격 관계대명사 that이 이끄는 절이 선행사 a rumor를 수식한다.
- '소문이 퍼뜨려진' 것이므로 수동태 was passed가 쓰였다.

Tip
- 관계부사 where가 이끄는 절이 선행사 areas를 수식한다.

Tip
- find + it(가O) + OC + to-V(진O) : 진O가 OC하다는 것을 알게 되다
- 접속사 that이 이끄는 절이 expect의 목적어로 쓰였다.

Tip
- start + to-V / -ing : ~하기 시작하다
- 접속사 that이 이끄는 절이 understand의 목적어로 쓰였다.
- 접속사 than을 중심으로 holding ~과 driving ~이 병렬구조를 이루고 있다.

10

STEP 1 우리는 <u>학생들이 문제 해결 기술을 배울 기회로서 그 문제들을 사용하도록 허락하는 것이</u>

　　　　　　　　　　　　　　　　　　　　　O

<u>훨씬 더 효과적임을</u> <u>알게 되었다.</u>
　　　OC　　　　　　V

STEP 2 <u>We</u>　<u>have found</u>　<u>it</u>　<u>much more effective</u>
　　　　S　　　V　　　가O　　　OC
　　　우리는　알게 되었다　　　훨씬 더 효과적임을

<u>to allow students to use problems / as an opportunity / to learn problem-solving skills.</u>
　　　　　　　　　　　　　　　　진O
　학생들이 그 문제들을 사용하도록 허락하는 것이 / 기회로서 / 문제 해결 기술을 배울

[06 - 10] VOCA

individual 개인　prevention 예방(책)　insect 곤충, 벌레　nest 둥지를 틀다　temper 화　drive a nail 못을 박다　fence 울타리　effective 효과적인　opportunity 기회

Tip

· find + it(가O) + OC + to-V(진O) : 진O가 OC하다는 것을 알게 되다

· 비교급을 강조하는 표현으로 much 외에 even, still, far, a lot 등을 쓸 수 있다.

· allow + O + OC(to-V) : O가 OC하도록 허락하다

· to learn ~은 an opportunity를 수식하는 형용사적 용법의 to부정사로 쓰였다.

11

STEP 1 <u>당신은</u> <u>당신 스스로 두려운 목표를 좇도록 하는 것을</u> <u>피하기</u> <u>시작했다.</u>
　　　　S　　　　　　　　O　　　　　　　　　　　　　V

STEP 2 <u>You</u>　<u>began</u>　<u>to avoid / letting yourself go after scary goals.</u>
　　　　S　　V　　　　　　　O (명사구)
　　　당신은　시작했다　피하기 / 당신 스스로 두려운 목표를 좇도록 하는 것을

12

STEP 1 <u>아무도</u> <u>듣는 사람들을 당황스러워 보이게 만드는 이야기를 말하는 것을</u> <u>원하지 않는다.</u>
　　　　S　　　　　　　　　　　O　　　　　　　　　　　　　　　　V

STEP 2 <u>No one wants</u>　　<u>to tell a story / to have the listeners look puzzled.</u>
　　　　　S + V　　　　　　　　　　O (명사구)
　아무도 원하지 않는다　이야기를 말하는 것을 / 듣는 사람들을 당황스러워 보이게 만드는

13

STEP 1 <u>나는</u> <u>문이 없는 사무실에서는 창의적이 되는 것이</u> <u>어렵다고</u> <u>항상 생각해 왔다.</u>
　　　　S　　　　　　　O　　　　　　　　　　　OC　　　　　V

STEP 2 <u>I</u>　<u>have always thought</u>　<u>it</u>　<u>hard</u>
　　　S　　　V　　　　　　　가O　OC
　　나는　　항상 생각해 왔다　　　어렵다고

<u>to be creative / in a doorless office.</u>
　　　　진O
창의적이 되는 것이 / 문이 없는 사무실에서는

Tip

· begin + to-V / -ing : ~하기 시작하다

· avoid + -ing : ~하는 것을 피하다

· let + O + OC(V) : O가 OC하게 하다

Tip

· want + to-V : ~하는 것을 원하다

· have + O + OC(V/p.p.) : O가 OC하게 하다

· 듣는 사람들이 '당황스러워 보이는' 것이므로 수동 의미의 과거분사 puzzled가 쓰였다.

Tip

· think + it(가O) + OC + to-V(진O) : 진O가 OC하다고 생각하다

· 빈도부사 always는 조동사나 be동사 뒤, 일반동사 앞에 위치한다.

14

STEP 1 나는 선로 위에서 걸어가면서 균형을 잡으려고 노력했던 것을 기억한다.
　　　　　S　　　　　　M　　　　　　　　　O　　　　　　　　　V

STEP 2 I remember trying to balance while walking / on a railroad track.
　　　　　S　　V　　　　O (명사구)　　　　　　　　　M
　　　　　나는 기억한다 균형을 잡으려고 노력했던 것을　　　걸어가면서 / 선로 위에서

15

STEP 1 돛은 오직 바다에 의해서만 도달할 수 있는 나라들과 무역하는 것을 가능하게 만들었다.
　　　　　S　　　　　　　　　　　　　O　　　　　　　　　　　　OC　　　V

STEP 2 The sail made it possible
　　　　　　S　　　V　가O　　OC
　　　　　　돛은　　만들었다　　가능하게

to trade with countries / that could be reached / only by sea.
　　　　　　　　　　　　진O
나라들과 무역하는 것을 / 도달할 수 있는 / 오직 바다에 의해서만

[11 - 15] VOCA

go after ~을 쫓다[따라가다], (목표 등을) 좇다　**puzzle** 당황하게 만들다　**doorless** 문이 없는　**railroad** 선로
sail 돛　**trade** 무역[거래]하다

Tip

• remember + -ing :
　~했던 것을 기억하다

• try + to-V :
　~하려고 노력하다
　cf. try + -ing :
　한번 ~해 보다

• while + 분사구문 :
　~하면서, ~하는 동안

Tip

• make + it(가O) + OC +
　to-V(진O) : 진O가 OC하
　게 만들다

• 주격 관계대명사 that
　이 이끄는 절이 선행사
　countries를 수식한다.

1 ②　**2** You would find it very difficult indeed to describe the inside of your friend
3 it helps you to know and love the world as intimately as you know and love a friend

해석 및 해설

핵심 내용 시는 우리의 삶에 유용하다.

시는 우리의 감각들을 선명하게 하고, 우리로 하여금 더욱 날카롭고 완전하게 삶을 인식하게 한다. 잠시 동안 당신이 당신의 친구들 중 한 명을 묘사하려 하고 있다고 상상해 보자. 당신은 그 친구가 키가 크고, 푸른 눈, 왼쪽 뺨에 점 하나, 또는 빨간 코를 가지고 있다고 말할 수 있다. 그러나 그것은 이 사람의 외양만을 묘사할 것이다. 그것은 사람들에게 당신의 친구가 진정 어떠한 사람인지에 대해, 즉, 습관들, 감정들, 이 사람을 지금의 모습으로 만들고 다른 사람과는 다르게 만드는 모든 사소한 특이점들에 대해서는 말해 주지 않을 것이다. 그러한 멋진 친구를 속속들이 알고 있다고 느끼더라도, 당신은 당신 친구의 내면을 묘사하는 것이 정말로 매우 어렵다는 것을 알게 될 것이다. 이제 좋은 시는 삶을 정말 그러한 방식으로 묘사한다. 왜냐하면, 그것은 삶의 외양뿐만 아니라 삶의 내면에 대해서도 우리에게 말해 주고, 따라서 그것은 당신이 친구를 알고 사랑하는 것만큼 친밀하게 세상을 알고 사랑하도록 당신을 돕는다.

1

시가 우리 삶에서 유용하다는 것을 친구를 예로 들어 설명하고 있으므로, ② '우리 삶에서 시의 유용성'이 주제로 가장 적절하다.

① 성공한 시인이 되기 위한 비결들　　　③ 시 읽는 것에 관한 오해들
④ 외양적 특징들을 묘사하는 것의 어려움　　⑤ 시적인 묘사로 생각들을 전달하는 방법들

2

STEP 1
당신은 / 당신 친구의 내면을 묘사하는 것이 / 정말로 매우 어렵다는 것을 / 알게 될 것이다
S　　　　O　　　　　　　OC　　　　　V

STEP 2
You / would find / it / very difficult indeed / to describe the inside of your friend
S　　V　　가O　　　OC　　　　　　　진O
당신은 / 알게 될 것이다 / 그것이 / 정말로 매우 어렵다는 것을 / 당신 친구의 내면을 묘사하는 것이

3

STEP 1
그것은 / 당신이 친구를 알고 사랑하는 것만큼 친밀하게 / 세상을 알고 사랑하도록 / 당신을 / 돕는다
S　　　　M　　　　　　　OC　　　　O　　V

STEP 2
it / helps / you / to know and love the world
S　　V　　O　　　　OC
그것은 / 돕는다 / 당신을 / 세상을 알고 사랑하도록

as intimately as you know and love a friend
M
당신이 친구를 알고 사랑하는 것만큼 친밀하게

구문 분석

4행 It wouldn't tell people **what your friend is really like** — the habits, feelings, all the little peculiarities [that make this person **what he or she is** and different from everyone else].

▶ what your friend is really like는 「의문사 + S + V」 구조의 간접의문문이다.
▶ [　]로 표시된 관계절은 all the little peculiarities를 수식한다.
▶ what he or she is : 지금의 모습, 인격　*cf.* what he or she has : 가지고 있는 것, 재산

VOCA plus
poet 시인
usefulness 유용성
misconception 오해
difficulty 어려움
feature 특징
convey 전(달)하다
description 묘사
intimately 친밀하게

Tip
• find + it(가O) + OC + to-V(진O) : 진O가 OC하다는 것을 알게 되다

Tip
• help + O + OC(V / to-V) : O가 OC하는 것을 돕다
• as + 형 / 부 원급 / as : ~만큼 …한[하게]

Unit 10 목적어가 명사절인 문장 쓰기

단어 배열 Practice

01 The ecologist Rhahyosue has observed directly how the loss of large animals affects the natural world.

02 The same respondents said that they prefer to buy cars which protect them and their passengers.

03 He would inquire about the family health history to see if any relatives had suffered from similar diseases.

04 He taught his students that it is the role of rulers to secure the happiness of their people.

05 The following example will illustrate why it is difficult to make causal statements on the basis of correlational observation.

06 We estimate how our next summer vacation will make us feel.

07 People respond to incentives by doing what is in their best interests.

08 You will find that the bits of paper or chalk dust cling to the pen.

09 He knew that looking for conventional distribution would be almost impossible.

10 She does not give anyone the impression that certain people have an advantage.

11 I asked one of the angels why he had not been healed.

12 Linguistic knowledge does not guarantee that you can understand and produce socially appropriate speech.

13 Some people believed myths that their blood could protect them from wounds.

14 They wanted to know how big the moon was and how far away it was.

15 The problem in this model is that it does not guarantee how much a person will laugh.

01

STEP 1 생태학자 Rhahyosue는 <u>어떻게 큰 동물의 손실이 자연계에 영향을 주는지를</u>
  S   O
<u>직접적으로 관찰했다.</u>
  V

STEP 2 <u>The ecologist Rhahyosue</u> <u>has observed directly</u>
     S   V
  생태학자 Rhahyosue는   직접적으로 관찰했다.
<u>how the loss of large animals affects the natural world.</u>
                    O (명사절)
  어떻게 큰 동물의 손실이 자연계에 영향을 주는지를

Tip
• 의문사를 포함한 절이 문장 안으로 들어가게 되면 간접의문문(의문사+S+V)의 어순을 따른다.
• how가 이끄는 의문사절이 has observed의 목적어로 쓰였으며, 주어의 핵은 the loss이므로 단수동사 affects가 쓰였다.

02

STEP 1 <u>동일한 응답자들은</u> <u>그들이 자신들과 탑승자들을 보호하는 차량을 구입하기를 선호한다고</u> <u>말했다.</u>
       S   O   V

STEP 2 <u>The same respondents</u> <u>said</u>
       S   V
  동일한 응답자들은   말했다
<u>that they prefer to buy cars / which protect them and their passengers.</u>
                        O (명사절)
  그들이 차량을 구매하기를 선호한다고 / 자신들과 탑승객들을 보호하는

Tip
• 접속사 that이 이끄는 절은 완전한 문장으로 said의 목적어로 쓰였다.
• 주격 관계대명사 which가 이끄는 절이 선행사 cars를 수식하며, 동사는 선행사 cars에 일치시켜 복수형 protect가 쓰였다.

03

STEP 1 그는 <u>어떤 친척이 비슷한 질병으로 고통 받았는지를 알아보기 위해</u> <u>가족 병력에 대해</u> <u>물어보곤 했다.</u>
　　　　S　　　　　　　　　　　　　M　　　　　　　　　　　　　M　　　　　　V

STEP 2 <u>He</u>　<u>would inquire</u>　<u>about the family health history</u>
　　　　S　　　V　　　　　　　　M
　　　그는　　물어보곤 했다　　　　가족 병력에 대해

<u>to see / if any relatives had suffered from similar diseases.</u>
　　　　　　　M (see의 O가 명사절)
　알아보기 위해 / 어떤 친척이 비슷한 질병으로 고통 받았는지를

Tip

• 접속사 if는 '~인지 아닌지'라는 뜻으로, if가 이끄는 절은 명사절로 see의 목적어로 쓰였다. 이때 if는 whether와 바꿔 쓸 수 있다.

04

STEP 1 <u>그는</u> <u>자신의 제자들에게</u> <u>백성들의 행복을 보장하는 것이 지도자의 역할이라고</u> <u>가르쳤다.</u>
　　　　S　　　IO　　　　　　　　　　　DO　　　　　　　　　　　V

STEP 2 <u>He</u>　<u>taught</u>　<u>his students</u>
　　　　S　　V　　　　IO
　　　그는　가르쳤다　자신의 제자들에게

<u>that it is the role of rulers / to secure the happiness of their people.</u>
　　　　　　　　　　　DO (명사절)
　　지도자의 역할이라고 / 백성들의 행복을 보장하는 것이

Tip

• teach + IO + DO : IO에게 DO를 가르치다

• 접속사 that이 이끄는 명사절은 「it(가주어) ~ to-V(진주어)」로 구성되어 있다.

05

STEP 1 <u>다음 예는</u> <u>상관 관계의 관찰에 기초하여 인과 관계의 진술을 하는 것이 왜 어려운지를</u> <u>보여 줄 것이다.</u>
　　　　S　　　　　　　　　　　　　　O　　　　　　　　　　　　　　V

STEP 2 <u>The following example</u>　<u>will illustrate</u>
　　　　　　　S　　　　　　　　V
　　　　다음 예는　　　　　　　보여 줄 것이다

<u>why it is difficult / to make causal statements / on the basis of correlational observation.</u>
　　　　　　　　　　　　　　O (명사절)
　왜 어려운지를 / 인과 관계의 진술을 하는 것이 / 상관 관계의 관찰에 기초하여

Tip

• 의문사 why가 이끄는 절이 illustrate의 목적어로 쓰였다.

• why절은 「it(가주어) + to-V(진주어)」로 구성되어 있다.

[01 - 05] VOCA

ecologist 생태학자　observe 관찰하다　respondent 응답자　passenger 탑승자　inquire 묻다　ruler 지도자, 통치자　secure 단단하게 지키다, 확보하다　illustrate 보여주다　causal 인과 관계의　statement 진술　correlational 상관 관계의

06

STEP 1 <u>우리는</u> <u>우리의 다음 여름휴가가 우리로 하여금 어떤 느낌이 들게 하는지를</u> <u>추정한다.</u>
  S   O   V

STEP 2 <u>We</u> <u>estimate</u> <u>how our next summer vacation will make us feel.</u>
  S   V   O (명사절)
  우리는 추정한다   우리의 다음 여름휴가가 우리로 하여금 어떤 느낌이 들게 만드는지를

07

STEP 1 <u>사람들은</u> <u>그들에게 가장 이익이 되는 것을 행동함으로써</u> <u>장려금에</u> <u>반응한다.</u>
  S   M   M   V

STEP 2 <u>People</u> <u>respond</u> <u>to incentives</u> <u>by doing / what is in their best interests.</u>
  S   V   M   M (doing의 O가 명사절)
  사람들은   반응한다   장려금에   행동함으로써 / 그들에게 가장 이익이 되는 것을

08

STEP 1 <u>여러분은</u> <u>종잇조각이나 분필 가루가 그 펜에 달라붙는 것을</u> <u>발견할 것이다.</u>
  S   O   V

STEP 2 <u>You</u> <u>will find</u> <u>that the bits of paper or chalk dust cling to the pen.</u>
  S   V   O (명사절)
  여러분은 발견할 것이다   종잇조각이나 분필 가루가 그 펜에 달라붙는 것을

09

STEP 1 <u>그는</u> <u>전통적인 배급 방식을 찾는 것이 거의 불가능하다는 것을</u> <u>알았다.</u>
  S   O   V

STEP 2 <u>He</u> <u>knew</u>
  S   V
  그는 알았다

<u>that looking for conventional distribution would be almost impossible.</u>
  O (명사절)
  전통적인 배급 방식을 찾는 것이 거의 불가능하다는 것을

10

STEP 1 <u>그녀는</u> <u>누구에게도</u> <u>특정한 사람들이 유리한 점을 갖고 있다는 인상을</u> <u>주지 않는다.</u>
  S   IO   DO   V

STEP 2 <u>She</u> <u>does not give</u>
  S   V
  그녀는   주지 않는다

<u>anyone</u> <u>the impression / that certain people have an advantage.</u>
  IO   DO (명사절–동격절)
  누구에게도   인상을 / 특정한 사람들이 유리한 점을 갖고 있다는

Tip

• 의문사 how가 이끄는 절이 estimate의 목적어로 쓰였다.

• make(사역동사) + O + OC : O가 OC하게 만들다

Tip

• by + -ing : ～함으로써

• 관계대명사 what은 '～하는 것'이라는 뜻으로, what이 이끄는 절은 명사절로 doing의 목적어로 쓰였다.

Tip

• 접속사 that이 이끄는 절이 find의 목적어로 쓰였다.

Tip

• 접속사 that이 이끄는 절이 knew의 목적어로 쓰였다.

• that절에서 동명사구 looking ～ distribution이 주어로 쓰였다.

Tip

• give + IO + DO : IO에게 DO를 주다

• 동격의 접속사 that이 이끄는 절이 직접목적어 the impression을 부연 설명한다.

11

STEP 1 나는 <u>그 천사들 중 한 명에게</u> <u>왜 그가 치료를 받지 않았는지를</u> <u>물었다.</u>
S   IO   DO   V

STEP 2 <u>I</u>   <u>asked</u>   <u>one of the angels</u>   <u>why he had not been healed.</u>
S   V   IO   DO (명사절)
나는   물었다   그 천사들 중 한 명에게   왜 그가 치료를 받지 않았는지를

Tip

• ask + IO + DO :
IO에게 DO를 묻다

• one of the + 복수명사 :
~ 중의 하나

• why절은 간접의문문(의
문사 + S + V)의 어순을
따르고 있다.

• why절에서 주절 시점(과
거)보다 이전 시점을 표현
하기 위해 had p.p.가 쓰
였다.

12

STEP 1 <u>언어적 지식이</u> <u>네가 사회적으로 적절한 발화를 이해하고 만들어 낼 수 있다는 것을</u> <u>보장하지 않는다.</u>
S   O   V

STEP 2 <u>Linguistic knowledge</u>   <u>does not guarantee</u>
S   V
언어적 지식이   보장하지 않는다

<u>that you can understand and produce / socially appropriate speech.</u>
O (명사절)
네가 이해하고 만들어 낼 수 있다는 것을 / 사회적으로 적절한 발화를

Tip

• 접속사 that이 이끄는 절
이 guarantee의 목적어
로 쓰였다.

• '사회적으로 적절한 발화'
라는 의미에 맞게 social
은 형용사 appropriate를
꾸며 주는 부사(socially)
로 쓰였다.

13

STEP 1 <u>어떤 사람들은</u> <u>그들의 피가 그들을 부상으로부터 보호해 준다는 전설을</u> <u>믿었다.</u>
S   O   V

STEP 2 <u>Some people</u>   <u>believed</u>
S   V
어떤 사람들은   믿었다

<u>myths / that their blood could protect them from wounds.</u>
O (명사절 - 동격절)
전설을 / 그들의 피가 그들을 부상으로부터 보호해 준다는

Tip

• 동격의 접속사 that이 이
끄는 절이 목적어 myths
를 부연 설명한다.

• protect A from B : A를
B로부터 보호하다

14

STEP 1 <u>그들은</u> <u>달이 얼마나 큰지 그리고 그것이 얼마나 멀리 있는지 알기를</u> <u>원했다.</u>
S   O   V

STEP 2 <u>They</u>   <u>wanted</u>   <u>to know / how big the moon was / and how far away it was.</u>
S   V   O (know의 O가 명사절)
그들은   원했다   알기를 / 달이 얼마나 큰지 / 그리고 그것이 얼마나 멀리 있는지

Tip

• want + to-V : ~하기를
원하다

• 의문부사 how가 이끄
는 두 개의 간접의문문이
know의 목적어로 쓰였다.

• 의문부사 how + 형용사 /
부사 + S + V : 얼마나 ~
한지

15

STEP 1 <u>이 모델에서의 문제점은</u> <u>한 사람이 얼마나 많이 웃을지를 그것이 보장하지 못한다는 것이다.</u>
              S   V + SC

STEP 2 <u>The problem / in this model</u>
                    S
     문제점은 / 이 모델에서의

<u>is that it does not guarantee / how much a person will laugh.</u>
           V + SC   (guarantee의 O가 명사절)
     그것이 보장하지 못한다는 것이다 / 한 사람이 얼마나 많이 웃을지를

[11 - 15] VOCA

heal 치료하다   linguistic 언어의   myth 전설, 신화   guarantee 보장하다   wound 부상, 상처

Tip

• 접속사 that이 이끄는 절이 주격보어로 쓰였다.

• that절에서 의문사 how가 이끄는 절이 guarantee의 목적어로 쓰였다.

1 (t)echnologies   **2** ③   **3** see which of the friends were watching TV and what they were watching

해석 및 해설

핵심내용 소셜 텔레비전 시스템이 시청자들 사이의 상호 작용과 유대감을 형성한다.

새로운 기술들은 새로운 상호 작용과 문화적 규칙을 만든다. TV 시청을 부추기는 방법으로, 이제 소셜 텔레비전 시스템은 서로 다른 장소에 있는 TV 시청자들 사이의 사회적 상호 작용을 가능하게 한다. 이런 시스템은 TV를 이용하는 친구들 사이에 더 큰 유대감을 만드는 것으로 알려져 있다. 한 현장 연구는 30세에서 36세 사이의 다섯 명의 친구들이 자신들의 집에서 TV를 보면서 어떻게 의사소통하는지에 초점을 두었다. 그 기술은 그들이 친구들 중 어떤 이가 TV를 보고 있는지와 그들이 무엇을 보고 있는지를 알 수 있게 해 주었다. 그들은 소셜 텔레비전을 통해 의사소통하는 방법, 즉 음성 채팅을 할 것인지 혹은 문자 채팅을 할 것인지를 선택했다. 그 연구는 음성 (채팅)보다는 문자 (채팅)에 대한 선호도가 강하다는 것을 보여 주었다. 이용자들은 문자 채팅을 선호하는 두 가지 주요한 이유를 말했다. 우선, 문자 채팅은 수고와 집중을 덜 필요로 했고, 음성 채팅보다 더 재미있었다. 둘째, 연구 참여자들은 문자 채팅을 더 예의 바른 것으로 여겼다.

VOCA plus
watch 보다

1

소셜 텔레비전 시스템과 같은 새로운 '기술'의 발전은 시청자들 사이의 상호 작용을 가능하게 해 주어 더 큰 유대감을 형성하게 만든다고 설명하고 있다. 따라서 '기술'이라는 단어가 들어가면 되는데, 동사가 복수형인 create이므로 technologies가 적절하다.

2

(A) 사회적 상호 작용을 가능하게 했다고 했으므로 '유대감(connectedness)'이 적절하다. isolation: 고립
(B) 소셜 텔레비전를 통하여 의사소통에 초점을 둔 실험을 했으므로 서로의 정보를 알 수 있게 해 주었다는 의미로 allowed가 적절하다. forbid: 금지하다
(C) 문자 채팅의 장점이 이어지고 있으므로 '선호하는(favoring)'이 적절하다. dislike: 싫어하다

3

STEP 1 친구들 중 어떤 이가 TV를 보고 있는지와 그들이 무엇을 보고 있는지를 <u>안다</u>
　　　　　　　　　　　O (O1 + O2)　　　　　　　　　　　　　　　　V

STEP 2 <u>see</u> <u>which of the friends were watching TV</u> <u>and</u> <u>what they were watching</u>
　　　　 V　　　　 O1 (명사절–간접의문문)　　　 접속사　　 O2 (명사절–간접의문문)
　　　　 안다　 친구들 중 어떤 이가 TV를 보고 있는지를　 그리고　 그들이 무엇을 보고 있는지를

Tip
• allow + O + OC(to-V) : O가 OC할 수 있게 해 주다
• 「의문사 + S + V」 형태의 두 개의 간접의문문이 see의 목적어로 쓰였다.

구문 분석

4행 One field study focused **on how five friends** between the ages of 30-36 communicated **while watching** TV at their homes.

▶ 간접의문문(의문사 + S + V)이 전치사 on의 목적어로 쓰였다.
▶ while watching은 본래 while they were watching에서 주어 + 동사가 생략된 형태의 분사구문이다.

Unit 11 목적어가 형용사구의 수식을 받는 문장 쓰기

단어 배열 Practice

01 He carried only a briefcase filled with sheets of paper covered with odd symbols and codes.

02 One of my professors gave me an idea to publish the story in a newspaper asking for help.

03 Recreational divers use a snorkel linked to a mask so that they can breathe with it in shallow water.

04 He sent me a certain program designed to recover photos that were deleted from flash memory cards by mistake.

05 The government's strategy did not provide any motivation to produce shoes in various sizes that met people's needs.

06 The males have rear wings extending to the end of the belly.

07 He found the opportunity to create value through agreements that made both parties gain benefits.

08 Such misunderstanding offers evidence for the existence of sociolinguistic rules of speaking.

09 He wrote a letter saying that a hospital is providing free medical treatment for patients with kidney problems.

10 Bactrian camels have two humps storing fat which can be converted to water and energy when food is not available.

11 We have to find a way to help them stand on their own two feet.

12 We have encouraged the people working for and with us.

13 Native people do not grow green vegetables packed with vital nutrients such as vitamin A.

14 Collecting gives children opportunities to learn skills that can be used every day.

15 Alexander received a letter accusing the physician of having been bribed to poison his master.

01

STEP 1 그는 낯선 상징들과 기호들로 덮인 종이들로 가득한 서류가방만을 들고 있었다.
S · O (O + M) · V

STEP 2 He carried
S V
그는 들고 있었다

only a briefcase / filled with sheets of paper / covered with odd symbols and codes.
O (O +M)
서류 가방만을 / 종이들로 가득한 / 낯선 상징들과 기호들로 덮인

Tip
• a briefcase와 fill(채우다)의 관계는 수동이므로 filled라는 과거분사가 쓰였다. filled ~는 문장의 목적어인 a briefcase를 수식한다.
• 과거분사구 covered with odd symbols and codes는 paper를 수식한다.

02

STEP 1 나의 교수님들 중 한 분이 나에게 도움을 요청하는 그 사연을 신문에 내 보라는 의견을 주셨다.
S IO DO (DO + M) V

STEP 2 One of my professors gave me
S V IO
나의 교수님들 중 한 분이 주셨다 나에게

an idea / to publish the story in a newspaper / asking for help.
DO (DO + M)
의견을 / 그 사연을 신문에 내 보라는 / 도움을 요청하는

Tip
• give + IO + DO : IO에게 DO를 주다
• 직접목적어 an idea는 to부정사의 형용사적 용법으로 쓰인 to publish ~의 수식을 받는다.
• 현재분사구 asking for help는 the story를 수식한다.

03

STEP 1 여가 활동으로 다이빙을 하는 사람들은 <u>얕은 물에서 그들이 그것으로 호흡할 수 있도록</u>
　　　　　　　　S　　　　　　　　　　　　　　　　　M

<u>마스크에 연결된 스노클을</u>　<u>사용한다.</u>
　　O (O + M)　　　　　　V

STEP 2 <u>Recreational divers</u>　　　　　<u>use</u>　　　　　<u>a snorkel / linked to a mask</u>
　　　　　S　　　　　　　　　　　V　　　　　　　　　O (O + M)
　　　여가 활동으로 다이빙을 하는 사람들은　　사용한다　　　스노클을 / 마스크에 연결된

<u>so that they can breathe with it / in shallow water.</u>
　　　　　　　　　　M
　　　그들이 그것으로 호흡할 수 있도록 / 얕은 물에서

04

STEP 1 <u>그는</u>　<u>나에게</u>
　　　S　　IO

<u>실수로 플래시 메모리 카드에서 삭제되었던 사진들을 복구하도록 고안된 어떤 프로그램을</u>　<u>보냈다.</u>
　　　　　　　　　　　DO (DO + M)　　　　　　　　　　　　　　V

STEP 2 <u>He</u>　<u>sent</u>　<u>me</u>　<u>a certain program / designed to recover photos / that were deleted /</u>
　　　S　　V　　IO　　　　　　　　　DO (DO + M)
　　　그는　보냈다　나에게　　어떤 프로그램을 / 사진들을 복구하도록 고안된 / 삭제되었던 /

<u>from flash memory cards / by mistake.</u>

　　　　　플래시 메모리 카드에서 / 실수로

05

STEP 1 <u>정부의 전략은</u>　<u>사람들의 필요를 충족시킬 다양한 크기의 신발을 생산할 어떤 동기도</u>
　　　　　S　　　　　　　　　　　　　O (O + M)

<u>제공하지 못했다.</u>
　　V

STEP 2 <u>The government's strategy</u>　<u>did not provide</u>
　　　　　　S　　　　　　　　　　　V
　　　　정부의 전략은　　　　　　제공하지 못했다

<u>any motivation / to produce shoes in various sizes / that met people's needs.</u>
　　　　　　　　　　　　O (O + M)
　　어떤 동기도 / 다양한 크기로 신발을 생산할 / 사람들의 필요를 충족시킬

[01 - 05] VOCA

briefcase 서류 가방　odd 낯선, 이상한　shallow 얕은　code 기호　delete 삭제하다　by mistake 실수로

strategy 전략　motivation 동기

Tip

• a snorkel과 link의 관계가 수동이므로 linked라는 과거분사가 쓰였다. linked ~는 문장의 목적어인 a snorkel을 수식한다.

• so that + S + can[may] + V : ~하기 위하여
(= in order to-V
= so as to-V)

Tip

• send + IO + DO : IO에게 DO를 보내다

• 직접목적어인 a certain program과 design의 관계가 수동이므로 designed라는 과거분사가 쓰였다. designed ~는 문장의 직접목적어인 a certain program을 수식한다.

• 주격 관계대명사 that이 이끄는 절이 선행사 photos를 수식한다.

Tip

• 목적어 any motivation은 to부정사의 형용사적 용법으로 쓰인 to produce ~의 수식을 받는다.

• 주격 관계대명사 that이 이끄는 절이 선행사인 shoes를 수식한다.

06

STEP 1 그 수컷들은 <u>복부의 끝까지 뻗어 있는 뒷날개를</u> 가지고 있다.
　　　　　S　　　　　O (O + M)　　　　　V

STEP 2 The males　have　rear wings / extending to the end of the belly.
　　　　　　S　　　　V　　　　　　　O (O + M)
　　　　그 수컷들은　가지고 있다　　뒷날개를 / 복부의 끝까지 뻗어 있는

07

STEP 1 <u>그는</u> <u>양쪽이 이익을 얻게 해주었던 합의를 통해 가치를 창출하는 기회를</u> 찾아냈다.
　　　　S　　　　　　　　O (O + M)　　　　　　　　　　　V

STEP 2 He　found　the opportunity / to create value through agreements /
　　　　S　　V　　　　　　　　O (O + M)
　　　그는　찾아냈다　　기회를 / 합의를 통해 가치를 창출하는 /

that made both parties gain benefits.

　　　　　　양쪽이 이익을 얻게 해주었던

08

STEP 1 <u>그러한 오해는</u> <u>사회 언어학적 발화 규칙의 존재에 대한 증거를</u> 제공한다.
　　　　　S　　　　　　　O (O + M)　　　　　V

STEP 2 Such misunderstanding　offers
　　　　　　　　S　　　　　　V
　　　　　그러한 오해는　　　제공한다

evidence / for the existence of sociolinguistic rules of speaking.
　　　　　　　　O (O + M)
증거를 / 사회 언어학적 발화 규칙의 존재에 대한

09

STEP 1 <u>그는</u> <u>한 병원이 신장 문제를 가진 환자들에게 무료로 치료를 해 주고 있다고 이야기하는 편지를</u> 썼다.
　　　　S　　　　　　　　　　O (O + M)　　　　　　　　　　V

STEP 2 He　wrote　a letter / saying /
　　　　S　　V　　　　O (O + M)
　　　그는　썼다　　편지를 / 이야기 하는 /

that a hospital is providing free medical treatment / for patients with kidney problems.

한 병원이 무료로 치료를 해 주고 있다고 / 신장 문제를 가진 환자들에게

Tip

- rear wings와 extend(펼치다. 뻗다)의 관계가 능동이므로 extending이라는 현재분사가 쓰였다. extending ~은 문장의 목적어인 rear wings을 수식한다.

Tip

- 목적어 the opportunity는 to부정사의 형용사적 용법으로 쓰인 to create ~의 수식을 받는다.
- 주격 관계대명사 that이 이끄는 절이 선행사 agreements를 수식한다.

Tip

- such + (a/an + 형용사) + 명사
  cf. so + 형용사 + (a/an) + 명사
- 목적어 evidence는 전치사 for가 이끄는 형용사구의 수식을 받는다.

Tip

- a letter와 say(말하다)의 관계가 능동이므로 saying이라는 현재분사가 쓰였다. 현재분사 saying ~은 문장의 목적어인 a letter를 수식한다.
- 접속사 that이 이끄는 절이 saying의 목적어로 쓰였다.
- provide B for A : A에게 B를 제공하다 (= provide A with B)

10

STEP 1 쌍봉낙타는
           S

먹을 것이 없을 때 물과 에너지로 전환될 수 있는 지방을 저장하는 두 개의 혹을   가지고 있다.
                      O (O + M)   V

STEP 2 <u>Bactrian camels</u>   <u>have</u>   <u>two humps / storing fat / which can be converted /</u>
         S   V   O (O + M)
     쌍봉낙타는   가지고 있다   두 개의 혹을 / 지방을 저장하는 / 전환될 수 있는 /

<u>to water and energy / when food is not available.</u>
           물과 에너지로 / 먹을 것이 없을 때

[06 - 10] VOCA

rear 뒤의, 뒤쪽의   extend 뻗다   belly 복부, 배   agreement 합의   party 모임, 당, 단체   misunderstanding 오해   evidence 증거   existence 존재   sociolinguistic 사회 언어학의   kidney 신장   Bactrian camel 쌍봉낙타   hump 혹   convert 전환시키다

Tip
- two humps와 store(저장하다)의 관계가 능동이므로 storing이라는 현재분사가 쓰였다. 현재분사 storing ~이 문장의 목적어인 two humps를 수식한다.
- 주격 관계대명사 which가 이끄는 절이 선행사 fat을 수식한다.

11

STEP 1 우리는 그들이 자립할 수 있도록 도와주는 방법을 찾아야 한다.
       S   O (O + M)   V

STEP 2 <u>We</u> <u>have to find</u> <u>a way / to help them / stand on their own two feet.</u>
     S   V   O (O + M)
   우리는 찾아야 한다   방법을 / 그들을 도와주는 / 자립할 수 있도록

Tip
- 목적어 a way는 to부정사의 형용사적 용법으로 쓰인 to help의 수식을 받는다.
- help + O + OC(V / to-V) : O가 OC하도록 도와주다
- stand on one's two feet : 자립하다

12

STEP 1 우리는 우리를 위해 그리고 우리와 함께 일하는 사람들을 격려해왔다.
       S   O (O + M)   V

STEP 2 <u>We</u> <u>have encouraged</u> <u>the people / working for and with us.</u>
     S   V   O (O + M)
   우리는   격려해왔다   사람들을 / 우리를 위해 그리고 우리와 함께 일하는

Tip
- the people과 work(일하다)의 관계가 능동이므로 working이라는 현재분사가 쓰였다. 현재분사 working ~은 목적어인 the people을 수식한다.

13

STEP 1 원주민들은 비타민 A와 같은 필수 영양분으로 가득한 녹색 채소를 재배하지 않는다.
       S   O (O + M)   V

STEP 2 <u>Native people</u> <u>do not grow</u>
       S   V
   원주민들은   재배하지 않는다

<u>green vegetables / packed with vital nutrients / such as vitamin A.</u>
                   O (O + M)
   녹색 채소를 / 필수 영양분으로 가득한 / 비타민 A와 같은

Tip
- green vegetables와 pack(채우다)의 관계가 수동이므로 packed라는 과거분사가 쓰였다. 과거분사 packed ~는 문장의 목적어인 green vegetables를 수식한다.

14

STEP 1 수집을 하는 것은 아이들에게 일상에서 사용될 수 있는 기술을 배울 기회를 준다.
              S   IO   DO (DO + M)   V

STEP 2 Collecting   gives   children
            S   V   IO
       수집을 하는 것은   준다   아이들에게

opportunities / to learn skills / that can be used every day.
                             DO (DO + M)
     기회를 / 기술을 배울 / 일상에서 사용될 수 있는

15

STEP 1 Alexander는 그 의사가 그의 주군을 독살하도록 뇌물을 받았다고 고발하는 편지 한 통을 받았다.
            S   O (O + M)   V

STEP 2 Alexander received
             S   V
      Alexander는   받았다

a letter / accusing the physician of having been bribed / to poison his master.
                                  O (O + M)
     편지 한 통을 / 그 의사가 뇌물을 받았다고 고발하는 / 그의 주군을 독살하도록

[11 - 15] VOCA

encourage 격려하다   pack 채우다, 메우다   vital 필수의   nutrient 영양분   physician 의사   bribe 뇌물을 주다   poison 독살하다

Tip

· give + IO + DO :
IO에게 DO를 주다

· 직접목적어인
opportunities는 to부정
사의 형용사적 용법으로
쓰인 to learn ~의 수식
을 받는다.

· 주격 관계대명사 that이
이끄는 절이 skills를 수식
한다.

Tip

· a letter와 accuse(고발
하다)의 관계가 능동이므
로 accusing이라는 현재
분사가 쓰였다. 현재분사
accusing ~은 문장의
목적어인 a letter를 수식
한다.

· accuse A of B :
A가 B하는 것을 고발하다
[비난하다]

· bribe는 '뇌물을 주다'라
는 의미의 타동사로, '뇌물
을 받다'라는 의미가 되도
록 수동태로 쓰였다. 시간
상 뇌물을 받은 시점이 편
지를 받은 시점보다 이전
이므로 had been p.p.가
와야 하는데, 전치사 of
뒤이므로 having been
p.p.로 쓰였다.

1 ③　　**2** (b) much → little　　**3** Selling focuses mainly on the firm's desire to sell products for revenue.

해석 및 해설

[핵심 내용] 판매는 회사의 요구에 초점을 맞추는 반면, 마케팅은 소비자의 요구에 초점을 맞추고 궁극적으로 판매자도 이롭게 한다.

판매와 마케팅 사이의 차이는 아주 간단하다. 판매는 주로 수익을 위해 제품을 판매하고자 하는 회사의 요구에 초점을 맞춘다. (B) 회사의 현재 제품에 대한 수요를 창출하기 위해 판매원 그리고 다른 형태의 판촉이 사용된다. 분명히, 판매자의 요구가 아주 강하다. (C) 그러나, 마케팅은 소비자의 요구에 초점을 맞추고 궁극적으로 판매자 또한 이롭게 한다. 제품이나 서비스를 진정으로 마케팅할 때, 신제품 개발 과정의 아주 초기에서부터 소비자의 요구가 고려되며, 소비하는 대중들의 충족되지 않은 요구에 부응하기 위해 제품과 서비스의 결합이 기획된다. (A) 적절한 방식으로 제품이나 서비스를 마케팅할 때, 소비자의 요구가 이미 존재하고 그 요구를 충족시키기 위해 제품이나 서비스가 단지 만들어지고 있기 때문에 아주 <u>많은(→ 적은)</u> 판매 활동이 필요하다.

VOCA plus
revenue 수익
desire 요구, 욕구

1

주어진 글에서 판매는 주로 수익을 위해 제품을 판매하고자 하는 회사의 요구에 초점을 맞춘다고 말하고 있으므로, 판매를 위해 판매원과 판촉이 활용된다는 내용의 (B)가 주어진 글에 이어져야 한다. 그러한 판매자의 요구와는 반대로, 마케팅은 소비자의 요구에 초점을 맞추고 있다는 내용의 (C)가 이어지고, 마케팅 부분을 추가적으로 설명하고 있는 (A)가 마지막에 오는 것이 가장 적절하다.

2

(b) 소비자의 요구가 이미 존재하고 있고 제품이나 서비스는 그 요구를 충족시키기 위해 이미 만들어지고 있으므로, 아주 '적은(little)' 판매 활동이 필요할 것이다. 따라서 much는 little로 고쳐야 한다.

3

STEP 1 <u>판매는</u> <u>주로</u> <u>수익을 위해 제품을 판매하고자 하는 회사의 요구에</u> <u>초점을 맞춘다.</u>
　　　　　S　　M　　　　　　　O (O + M)　　　　　　　V

STEP 2 <u>Selling</u>　<u>focuses mainly on</u>　<u>the firm's desire / to sell products for revenue.</u>
　　　　　S　　　　V + M　　　　　　　　O (O + M)
　　　　판매는　　~에 주로 초점을 맞춘다　　회사의 요구 / 수익을 위해 제품을 판매하고자 하는

Tip
・ to sell ~은 to부정사의 형용사적 용법으로 사용되어 desire를 수식하고 있다.
・ focus on : ~에 초점을 맞추다

구문 분석

[3행] When a product or service is marketed in the proper manner, very little selling is necessary / because the consumer need already exists and the product or service **is** merely **being produced to satisfy** the need.

▶ is being produced는 현재진행형 수동태이다.
▶ to satisfy는 '충족시키기 위해'라는 의미로 목적을 나타내는 부사적 용법의 to부정사이다.

[8행] Marketing, however, focuses on the needs of the consumer, ultimately **benefiting** the seller as well.

▶ benefiting ~은 Marketing이 의미상의 주어로, 연속동작을 나타내는 부대상황의 분사구문으로 쓰였다.

Unit 12 목적어가 형용사절의 수식을 받는 문장 쓰기

단어 배열 Practice

01 The shift in Earth's mass has changed the location of the axis on which Earth rotates.

02 I met a boy who told me that his best friend was an elderly man on his street.

03 You will see that some people are taking care of work that is unrelated to the current meeting.

04 Bull cofounded the first theater in which actors performed in Norwegian rather than Danish.

05 Rasputin had a strong charm that drew many people to him including the Russian empress who had a seriously ill son.

06 Lying weakens the general practice of truth telling on which human communication relies.

07 We design close readings that enable kids to explore more deeply than surface-level reading.

08 Merely touching an object increases the feelings of ownership that a person has for the object.

09 Telling them the truth could possibly induce a depression that would accelerate their physical decline.

10 Sharing personal opinions activated the same brain circuits that respond to rewards like food and money.

11 A family visited the public elementary school where I taught deaf students.

12 They wanted to do something that might revive their dying community.

13 The person whom you meet may have many friends who can benefit you.

14 She reminded me of my friend Kathy who was suffering after a car accident.

15 The teacher wrote back a long reply in which he dealt with thirteen of the questions.

01

STEP 1 지구의 질량 이동은   지구가 자전하는 축의 위치를   변화시켜 왔다.
　　　　　　S　　　　　　　　O (O + M절)　　　　　　V

STEP 2 The shift in Earth's mass   has changed
　　　　　　　　　S　　　　　　　　　V
　　　　　　지구의 질량 이동은　　　변화시켜 왔다

the location of the axis / on which Earth rotates.
　　　　O (O + M절)
축의 위치를 / 지구가 자전하는

Tip
• 「전치사+관계대명사」인 on which가 이끄는 절이 선행사 the axis를 수식한다. on which는 관계부사 where로 바꿔 쓸 수 있다.
• = … the location of the axis **which** Earth rotates **on**.

02

STEP 1 나는   자신의 가장 친한 친구가 그의 동네에 있는 한 노인이라고 말한 한 소년을   만났다.
　　　　　　S　　　　　　　　　O (O + M절)　　　　　　　　　　　　　V

STEP 2 I   met   a boy / who told me / that his best friend was an elderly man / on his street.
　　　　　S　　V　　　　　　　　　　　　　　O (O + M절)
　　　　나는 만났다　한 소년을/ 나에게 ~라고 말한 / 자신의 가장 친한 친구가 한 노인이다 / 그의 동네에 있는

Tip
• 주격 관계대명사 who가 이끄는 절이 선행사 a boy를 수식한다.
• tell + IO + DO : IO에게 DO를 말하다

03

STEP 1   당신은   어떤 사람들이 현재 회의와 관련이 없는 일을 처리하고 있는 것을   볼 것이다.
　　　　　　S　　　　　　　　　　O (O + M절)　　　　　　　　　　　　　　　　V

STEP 2   You   will see
　　　　　　S　　V
　　　　　당신은　볼 것이다

that some people are taking care of work / that is unrelated to the current meeting.
　　　　　　　　　　　　　　　　O (O + M절)
　　　　어떤 사람들이 일을 처리하고 있는 것을 / 현재 회의와 관련이 없는

04

STEP 1   Bull은   배우들이 덴마크어보다는 오히려 노르웨이어로 공연하는 최초의 극장을   공동 설립했다.
　　　　　　S　　　　　　　　　　　　O (O + M절)　　　　　　　　　　　　　　V

STEP 2   Bull   cofounded
　　　　　　S　　　　V
　　　　　Bull은　공동 설립했다

the first theater / in which actors performed in Norwegian / rather than Danish.
　　　　　　　　　　　　　　　O (O + M절)
　　최초의 극장을 / 배우들이 노르웨이어로 공연하는 / 덴마크어보다는 오히려

05

STEP 1   Rasputin은   중병에 걸린 아들이 있는 러시아 황후를 포함하여
　　　　　　S　　　　　　　　　　　　　M
　　많은 사람들을 자신에게 끌어당기는 강한 매력을   갖고 있었다.
　　　　　　O (O + M절)　　　　　　　　V

STEP 2   Rasputin   had   a strong charm / that drew many people to him
　　　　　　S　　　　V　　　　　　　　O (O + M절)
　　　　　Rasputin은　갖고 있었다　　강한 매력을 / 많은 사람들을 자신에게 끌어당기는

including the Russian empress / who had a seriously ill son.
　　　　　　　　　　　　　M
　　러시아 황후를 포함하여 / 중병에 걸린 아들이 있는

[01 - 05] VOCA

shift 이동　　mass 질량　　axis 축, 중심축　　rotate 자전하다　　elderly 나이든　　unrelated 관련이 없는

current 현재의　　cofound 공동 설립하다　　charm 매력　　including ~을 포함하여　　empress 황후

Tip
· take care of : ~을 돌보다, ~에 신경을 쓰다
(= look after = care for)
· 주격 관계대명사 that이 이끄는 절이 선행사 work를 수식한다.

Tip
· 「전치사 + 관계대명사」인 in which가 이끄는 절이 선행사 the first theater를 수식한다. in which는 where로 바꿔 쓸 수 있다.
· A rather than B : B라기 보다는 오히려 A

Tip
· 주격 관계대명사 that이 이끄는 절과 who가 이끄는 절은 각각 선행사 a strong charm과 the Russian empress를 수식한다.

06

STEP 1 <u>거짓말은</u> <u>인간의 의사소통이 신뢰하는 진실 말하기의 일반적인 관행을</u> <u>약화시킨다.</u>
　　　　　S　　　　　　　　　　　O (O + M절)　　　　　　　　　　　V

STEP 2 <u>Lying</u>　<u>weakens</u>
　　　　　S　　　　V
　　　　거짓말은　약화시킨다

<u>the general practice of truth telling / on which human communication relies.</u>
　　　　　　　　　　　　　　O (O + M절)
　　　진실 말하기의 일반적인 관행을 / 인간의 의사소통이 신뢰하는

Tip
- 「전치사 + 관계대명사」인 on which가 이끄는 절이 선행사 truth telling을 수식한다.
- the general practice는 truth telling과 의미상 동격을 이룬다.
- = … general practice of truth telling **which** human communication relies **on**.

07

STEP 1 <u>우리는</u> <u>표면적인 수준의 글 읽기보다는 아이들이 더 깊이 탐구하는 것을 가능하게 해 주는</u>
　　　　　S　　　　　　　　　　　　　O (O + M절)

<u>면밀한 글읽기를</u> <u>계획한다.</u>
　　　　　　　　　　V

STEP 2 <u>We</u>　<u>design</u>
　　　　　S　　　V
　　　우리는　계획한다

<u>close readings / that enable kids to explore more deeply / than surface-level reading.</u>
　　　　　　　　　　　　　O (O + M절)
　면밀한 글읽기를 / 아이들이 더 깊이 탐구하는 것을 가능하게 해 주는 / 표면적인 수준의 글 읽기보다는

Tip
- 주격 관계대명사 that이 이끄는 절이 선행사 close readings를 수식한다.
- enable + O + OC(to-V) : O가 OC하는 것을 가능하게 해 주다

08

STEP 1 <u>단지 어떤 물건을 만져 보는 것이</u> <u>어떤 사람이 그 물건에 가지는 소유욕을</u> <u>증가시킨다.</u>
　　　　　　S　　　　　　　　　　　　O (O + M절)　　　　　　　V

STEP 2 <u>Merely touching an object</u>　<u>increases</u>
　　　　　　　　S　　　　　　　　　V
　　　단지 어떤 물건을 만져 보는 것이　증가시킨다

<u>the feelings of ownership / that a person has for the object.</u>
　　　　　　　　　　　　O (O + M절)
　　　소유욕을 / 어떤 사람이 그 물건에 가지는

Tip
- 동명사구 touching ~은 문장의 주어로 단수 취급하므로 increases라는 단수동사가 쓰였다.
- 목적격 관계대명사 that이 이끄는 절이 선행사 the feelings of ownership을 수식한다.

09

STEP 1 <u>그들에게 진실을 말하는 것이</u>
　　　　　　　S

<u>그들의 신체적 쇠약을 가속화하는 우울함을</u> <u>아마도 유발할 수 있을 것이다.</u>
　　　　　　　O (O + M절)　　　　　　　　V

STEP 2 <u>Telling them the truth</u>　　<u>could possibly induce</u>
　　　　　　　S　　　　　　　　　　　V
　　　그들에게 진실을 말하는 것이　아마도 유발할 수 있을 것이다

<u>a depression / that would accelerate their physical decline.</u>
　　　　　　　　　　O (O + M절)
　　　우울함을 / 그들의 신체적 쇠약을 가속화하는

Tip
- tell + IO + DO : IO에게 DO를 말하다
- 주격 관계대명사 that이 이끄는 절이 선행사 a depression을 수식한다.

10

STEP 1 개인적인 의견을 공유하는 것이
          S

음식이나 돈과 같은 보상에 반응하는 동일한 두뇌 회로를   활성화시켰다.
                    O (O + M절)   V

STEP 2 Sharing personal opinions activated
                  S   V
      개인적인 의견을 공유하는 것이 활성화시켰다

the same brain circuits / that respond to rewards / like food and money.
                      O (O + M절)
      동일한 두뇌 회로를 / 보상에 반응하는 / 음식과 돈과 같은

[06 - 10] VOCA

practice 관행   rely on ~에 의존하다   ownership 소유권   induce 유발[유도]하다   accelerate 가속화하다
decline 감소, 쇠퇴   activate 활성화시키다   circuit 회로, 순환

Tip
- 주격 관계대명사 that이 이끄는 절이 선행사 the same brain circuits를 수식한다.
- 선행사에 「the + 최상급」, 「the + 서수」, the only, the very, the same, -body, -one, -thing이 오면 주로 관계대명사 that을 사용한다.

11

STEP 1 한 가족이 내가 청각 장애인 학생들을 가르치는 공립 초등학교를 방문했다.
        S   O (O + M절)   V

STEP 2 A family visited the public elementary school / where I taught deaf students.
        S   V   O (O + M절)
      한 가족이   방문했다   공립 초등학교를 / 내가 청각 장애인 학생들을 가르치는

Tip
- 관계부사 where가 이끄는 절이 선행사 the public elementary school을 수식한다.
- 관계부사 where는 「전치사 + 관계대명사」인 at which로 바꿔 쓸 수 있다.

12

STEP 1 그들은 그들의 죽어 가는 지역 사회를 부흥시킬지도 모를 무언가를 하는 것을 원했다.
        S   O (O + M절)   V

STEP 2 They wanted
        S   V
      그들은 원했다

to do something / that might revive their dying community.
                      O (O + M절)
      무언가를 하는 것을 / 그들의 죽어 가는 지역 사회를 부흥시킬지도 모를

Tip
- 주격 관계대명사 that이 이끄는 절이 선행사 something을 수식한다.
- '죽어 가는' 지역 사회라는 의미이므로 능동 의미인 현재분사 dying이 쓰였다.

13

STEP 1 당신이 만나는 사람이 당신에게 이익을 줄 수 있는 많은 친구들을 갖고 있을지도 모른다.
 　　　　　S 　　　　　　　　　　O (O + M절) 　　　　　　　　　　　　 V

STEP 2 The person / whom you meet 　 may have
 　　　　　　 S 　　　　　　　　 V
 　　　　 사람이 / 당신이 만나는 　　　 갖고 있을지도 모른다

many friends / who can benefit you.
 　　　　 O (O + M절)
 많은 친구들을 / 당신에게 이익을 줄 수 있는

14

STEP 1 그녀는 나에게 교통사고 후에 고통을 겪고 있는 내 친구 Kathy를 떠오르게 했다.
 　　　　 S 　　　　　　　　　 O (O + M절) 　　　　　　　　　　　 V

STEP 2 She 　 reminded
 　　　　 S 　　　 V
 　　 그녀는 　 떠오르게 했다

me / of my friend Kathy / who was suffering after a car accident.
 　　　　　　　　　 O (O + M절)
 나에게 / 내 친구 Kathy를 / 교통사고 후에 고통을 겪고 있는

15

STEP 1 그 선생님은 그가 그 질문들 중에서 13개를 다룬 긴 답장을 다시 써서 보냈다.
 　　　　　 S 　　　　　　　 O (O + M절) 　　　　　　　　 V

STEP 2 The teacher 　 wrote back
 　　　　　 S 　　　　　 V
 　　 그 선생님은 　　 다시 써서 보냈다

a long reply / in which he dealt with thirteen of the questions.
 　　　　　　　　 O (O + M절)
 긴 답장을 / 그가 그 질문들 중에서 13개를 다룬

[11 - 15] VOCA

deaf 청각 장애가 있는 　　 revive 부흥시키다 　　 community 지역 사회 　　 benefit ~에게 이롭다[이득이 되다]
suffer 고통 받다 　　 deal with ~을 다루다

Tip

- 목적격 관계대명사 whom이 이끄는 절이 선행사 The person을 수식하며, whom은 that 또는 who로 바꿔 쓸 수 있다. 이때 목적격 관계대명사는 생략 가능하다.

- 주격 관계대명사 who가 이끄는 절이 선행사 many friends를 수식하며 who는 that과 바꿔 쓸 수 있다.

Tip

- remind A of B : A에게 B를 상기시키다[생각나게 하다]

- 주격 관계대명사 who가 이끄는 절이 선행사 my friend Kathy를 수식한다.

Tip

- 「전치사 + 관계대명사」인 in which가 이끄는 절이 선행사 a long reply를 수식한다. in which는 관계부사 where로 바꿔 쓸 수 있다.

- = … a long reply **which** he dealt with thirteen of the questions **in**.

1 ③   2 Keeping a diary of things that they appreciate reminds them of the progress
3 (a) 감사하는 일들에 대해 일기를 쓰는 것 (b) negative self-talk

해석 및 해설

핵심 내용 성공한 사람들은 취침 전 감사하는 일들에 대한 일기를 쓰는 습관을 통해 긍정적 동기를 유지한다.
많은 성공한 사람들은 취침 시간 전에 하는 좋은 습관을 가지는 경향이 있다. 그들은 잠들기 직전, 낮 동안에 일어났던 고마운 세 가지 일들에 대해 돌아보거나 적어 보는 시간을 가진다. 그들이 감사하는 일들에 대해 일기를 쓰는 것은 삶의 어떠한 측면에서든 그들에게 그들이 그날 이룬 발전을 떠오르게 한다. 그것은 특히 그들이 어려움을 겪을 때 동기를 유지하도록 해 주는 핵심적인 역할을 한다. 그러한 경우, 많은 사람들은 힘든 하루로부터 오는 부정적인 장면들을 되풀이해 떠올리는 덫에 쉽게 빠진다. 그러나 그날 하루가 얼마나 힘들었는지 관계없이, 성공한 사람들은 대개 부정적인 자기 대화의 덫을 피한다. 왜냐하면 그것이 더 많은 스트레스를 유발할 뿐이라는 것을 그들이 알기 때문이다.

1

(A) 다음 문장에서 감사하는 일들에 대해 일기를 쓴다고 했으므로, thankful(고마운)이 적절하다. regretful: 후회하는
(B) 많은 사람들은 힘든 하루로부터 오는 부정적인 생각을 되풀이하기 쉽지만, 성공한 사람들은 이런 상황에도 동기를 유지한다고 했으므로 hardship(어려움)이 적절하다. success: 성공
(C) 성공한 사람들은 부정적인 자기 대화가 더 많은 스트레스를 유발할 뿐이라는 것을 안다고 했으므로, avoid(피한다)가 적절하다. employ: 이용하다

2

STEP 1   <u>그들이 감사하는 일들에 대해 일기를 쓰는 것은</u>   <u>삶의 어떠한 측면에서든</u>
　　　　　　　　　　　S　　　　　　　　　　　　　　　　　　　　　M

　　　　<u>그들에게 그들이 그날 이룬 발전을</u>   <u>떠오르게 한다.</u>
　　　　　　　　O (O + M절)　　　　　　　　　　V

STEP 2   <u>Keeping a diary / of things / that they appreciate</u>   <u>reminds</u>
　　　　　　　　　　　　　　S　　　　　　　　　　　　　　　　　　V
　　　　일기를 쓰는 것은 / 일들에 대해 / 그들이 감사하는　　　떠오르게 한다

　　　　<u>them / of the progress / they made that day</u>   <u>in any aspect of their lives.</u>
　　　　　　　　　O (O + M절)　　　　　　　　　　　　　　　　　　M
　　　　그들에게 / 발전을 / 그들이 그날 이룬　　　　　삶의 어떠한 측면에서든

3

(a) 특히 그들이 어려움을 겪을 때 동기를 유지하게 해 주는 것은 '감사하는 일들에 대해 일기를 쓰는 것 (keeping a diary of things that they appreciate)'을 가리킨다.
(b) 더 많은 스트레스를 유발하는 것은 앞 문장의 negative self-talk(부정적인 자기 대화)를 가리킨다.

구문 분석

5행 It serves as a key way **to stay** motivated, especially when they experience a hardship.
　▶ to stay는 a key way를 수식하는 형용사적 용법의 to부정사로 쓰였다.

7행 But regardless of **how badly their day went**, successful people typically avoid that trap of negative self-talk.
　▶ how ~ went는 regardless of의 목적어로 쓰인 간접의문문으로 「의문부사 + 부사 + S + V」의 어순을 취한다.

Unit 13 주격보어가 길어진 문장 쓰기

단어 배열 Practice

01 The button's real purpose is to make us believe that we have an influence on the traffic lights.

02 A lifespan of 75 is not much time to learn what matters in our life by ourselves.

03 This cycle is the fundamental reason why life has thrived on our planet for millions of years.

04 Debate is an ideal setting to develop coping strategies that allow people to manage their speech anxiety.

05 Buycotting is a positive activist tool that gives consumers power to make the most socially responsible business practices.

06 That is one of the reasons why we can't ignore this sense.

07 The real danger of an isolated story is that its original intention can be reversed.

08 Passion is a strong emotion that you can have for a person or an object.

09 The only problem was that I had to speak in front of a whole classroom full of students.

10 This story is a good example of a legend which native people invented to make sense of the world around them.

11 One of them is that mouthwash will make bad breath go away.

12 The purpose is to identify explosives that may be hidden on a person's body.

13 This is less true of some students whose parents make them read books.

14 Outdoor space is one of the things that they need to feel good and do well.

15 One of the ways to identify your values is to look at what frustrates or upsets you.

01

STEP 1 <u>그 버튼의 실제 목적은</u> <u>우리가 신호등에 영향을 끼칠 수 있다고 우리를 믿게 만드는 것이다.</u>
　　　　　 S　　　　　　　　　 　　　 V + SC

STEP 2 The button's real purpose
　　　　　 S
　　　그 버튼의 실제 목적은

is to make us believe / that we have an influence / on the traffic lights.
　　　　　　 V + SC
우리를 믿게 만드는 것이다 / 우리가 영향을 끼칠 수 있다고 / 신호등에

Tip

- 주격보어로 to부정사가 쓰였다.

- make(사역동사) + O + OC(V) : O가 OC하게 만들다

- believe의 목적어로 접속사 that이 이끄는 절이 쓰였다.

02

STEP 1 <u>75세의 수명은</u> <u>우리의 삶에서 혼자서 중요한 것을 배우기에 많은 시간이 아니다.</u>
　　　　　 S　　　　　 　　　 　　V + SC

STEP 2 A lifespan of 75　is not much time / to learn
　　　　　 S　　　　　　　　V + SC
　　　　75세의 수명은　　　 많은 시간이 아니다

what matters in our life / by ourselves.

배우기에 / 우리의 삶에서 중요한 것을 / 혼자서

Tip

- to learn은 형용사적 용법의 to부정사로 주격보어인 much time을 수식한다.

- 관계대명사 what이 이끄는 절이 learn의 목적어로 쓰였다.

- by oneself : 혼자서

03

STEP 1 <u>이러한 순환은</u> <u>왜 생명이 수백만 년 동안 우리 행성에서 번창해 왔는지의 근본적인 이유이다.</u>
        S   V + SC

STEP 2 <u>This cycle</u>
       S
     이러한 순환은

<u>is the fundamental reason / why life has thrived on our planet / for millions of years.</u>
                           V + SC
근본적인 이유이다 / 왜 생명이 우리의 행성에서 번창해 왔는지의 / 수백만 년 동안

Tip

• 관계부사 why가 이끄는 절이 주격보어인 선행사 the fundamental reason을 수식한다.

04

STEP 1 <u>토론은</u>
       S
<u>사람들이 그들의 발표 불안을 관리하도록 허락해 주는 대응 전략을 개발하는 데 이상적인 환경이다.</u>
                                    V + SC

STEP 2 <u>Debate</u> <u>is an ideal setting / to develop coping strategies /</u>
       S   V + SC
    토론은   이상적인 환경이다 / 대응 전략을 개발하는 데 /

<u>that allow people to manage their speech anxiety.</u>

           사람들이 그들의 발표 불안을 관리하도록 허락해 주는

Tip

• to develop은 형용사적 용법의 to부정사로 주격보어인 an ideal setting을 수식한다.

• 주격 관계대명사 that이 이끄는 절이 선행사 coping strategies를 수식한다.

• allow + O + OC(to-V) : O가 OC하도록 허락하다

05

STEP 1 <u>구매 운동은</u> <u>소비자들에게 가장 사회적으로 책임을 다하는 기업 관행을 만들기 위한</u>
       S   V + SC
<u>힘을 실어 주고자 하는 적극적인 실천주의자적 도구이다.</u>

STEP 2 <u>Buycotting</u> <u>is a positive activist tool / that gives consumers power /</u>
       S   V + SC
    구매 운동은   적극적인 실천주의자적 도구이다 / 소비자들에게 힘을 실어 주고자 하는 /

<u>to make the most socially responsible business practices.</u>

            가장 사회적으로 책임을 다하는 기업 관행을 만들기 위한

Tip

• 관계대명사 that이 이끄는 절이 주격보어인 선행사 a positive activist tool을 수식한다.

• give + IO + DO : IO에게 DO를 주다

• to make는 형용사적 용법의 to부정사로 gives의 직접목적어인 power를 수식한다.

[01 - 05] VOCA

purpose 목적   lifespan 수명   fundamental 근본적인   thrive 번창하다   debate 토론   strategy 전략
speech anxiety 발표 불안   buycotting 구매 운동(↔ boycott 구매[사용] 거부(하다), 보이콧(하다))   activist
실천주의자적인   practice 관행

06

STEP 1 그것이 왜 우리가 이 감각을 무시할 수 없는지의 이유들 중의 하나이다.
　　　　　S　　　　　　　　　　　　　V + SC

STEP 2 That is one of the reasons / why we can't ignore this sense.
　　　　　S　　　　　　　V + SC
　　　　　그것이　이유들 중의 하나이다 / 왜 우리가 이 감각을 무시할 수 없는지의

Tip
• 관계부사 why가 이끄는 절이 주격보어인 선행사 the reasons를 수식한다.

07

STEP 1 동떨어진 이야기의 진짜 위험은 그것의 원래 의도가 뒤집힐 수도 있다는 것이다.
　　　　　　　S　　　　　　　　　　　　V + SC

STEP 2 The real danger / of an isolated story is that its original intention can be reversed.
　　　　　　　　S　　　　　　　　　　　　　　　　V + SC
　　　　　진짜 위험은 / 동떨어진 이야기의　　그것의 원래 의도가 뒤집힐 수도 있다는 것이다

Tip
• 주격보어로 접속사 that이 이끄는 절이 쓰였다.
• 조동사가 포함된 문장의 수동태는 「조동사 + be + p.p.」로 쓴다.

08

STEP 1 열정은 당신이 사람이나 사물에 대해서 가질 수 있는 강렬한 감정이다.
　　　　　S　　　　　　　　　　　V + SC

STEP 2 Passion is a strong emotion / that you can have / for a person or an object.
　　　　　S　　　　　　　　　V + SC
　　　　열정은　　강렬한 감정이다 / 당신이 가질 수 있는 / 사람이나 사물에 대해서

Tip
• 목적격 관계대명사 that이 이끄는 절이 주격보어인 선행사 a strong emotion을 수식한다.

09

STEP 1 유일한 문제는 내가 학생들로 가득한 전체 교실 앞에서 말을 해야만 했던 것이었다.
　　　　　S　　　　　　　　　　　　　V + SC

STEP 2 The only problem
　　　　　　S
　　　　　유일한 문제는

was that I had to speak / in front of a whole classroom / full of students.
　　　　　　　V + SC
내가 말을 해야만 했던 것이었다 / 전체 교실 앞에서 / 학생들로 가득한

Tip
• 주격보어로 접속사 that이 이끄는 절이 쓰였다.
• full of students가 a whole classroom을 수식한다. full 앞에는 「주격 관계대명사 + be동사」인 which was가 생략되었다고 볼 수 있다.

10

STEP 1 이 이야기는 원주민들이 그들 주변의 세계를 이해하기 위해서 만들어 낸 전설의 좋은 예이다.
　　　　　S　　　　　　　　　　　　　V + SC

STEP 2 This story is a good example of a legend / which native people invented /
　　　　　S　　　　　　　　　V + SC
　　　　이 이야기는　　전설의 좋은 예이다 / 원주민들이 만들어 낸 /

to make sense of the world around them.

그들 주변의 세상을 이해하기 위해서

Tip
• 목적격 관계대명사 which가 이끄는 절이 선행사 a legend를 수식한다.
• to make sense of는 '~을 이해하기 위해서'라는 의미로 부사적 용법의 to부정사구이다.

11

STEP 1 <u>그것들 중 하나는</u> <u>구강 청결제가 입 냄새를 사라지게 만들 것이라는 것이다.</u>
      S   V + SC

STEP 2 <u>One of them</u> <u>is that mouthwash will make bad breath go away.</u>
      S   V + SC
    그것들 중 하나는   구강 청결제가 입 냄새를 사라지게 만들 것이라는 것이다

Tip
- 주격보어로 접속사 that이 이끄는 절이 쓰였다.
- make(사역동사) + O + OC(V) : O가 OC하게 만들다

12

STEP 1 <u>그 목적은</u> <u>사람의 몸에 숨겨져 있을지도 모르는 폭발물을 찾아내는 것이다.</u>
      S   V + SC

STEP 2 <u>The purpose</u> <u>is to identify explosives / that may be hidden on a person's body.</u>
      S   V + SC
    그 목적은   폭발물을 찾아내는 것이다 / 사람의 몸에 숨겨져 있을지도 모르는

Tip
- 주격보어로 to부정사가 쓰였다.
- 주격 관계대명사 that이 이끄는 절이 선행사 explosives를 수식한다.

13

STEP 1 <u>이것은</u> <u>부모가 그들에게 책을 읽히는 일부 학생들에게는 사실이 덜하다.</u>
      S   V + SC

STEP 2 <u>This</u> <u>is less true of some students / whose parents make them read books.</u>
      S   V + SC
    이것은   일부 학생들에게는 사실이 덜하다 / 부모가 그들에게 책을 읽히는

Tip
- 소유격 관계대명사 whose가 이끄는 절이 선행사 some students를 수식한다.

14

STEP 1 <u>야외 공간은</u> <u>기분이 좋고 잘 지내기 위해서 그들이 필요로 하는 것들 중 하나이다.</u>
      S   V + SC

STEP 2 <u>Outdoor space</u> <u>is one of the things / that they need / to feel good and do well.</u>
      S   V + SC
    야외 공간은   것들 중 하나이다 / 그들이 필요로 하는 / 기분이 좋고 잘 지내기 위해서

Tip
- 목적격 관계대명사 that이 이끄는 절이 선행사 the things를 수식한다.
- to feel good and (to) do well은 '기분이 좋고 잘 지내기 위해서'라는 의미로 부사적 용법의 to부정사이다.

15

STEP 1 <u>당신의 가치관을 알아보는 방법들 중 하나는</u>
                          S

<u>무엇이 당신을 좌절시키거나 당황하게 하는지를 살펴보는 것이다.</u>
                                V + SC

STEP 2 <u>One of the ways / to identify your values</u>
                     S
방법들 중 하나는 / 당신의 가치관을 알아보는

<u>is to look at / what frustrates or upsets you</u>.
           V + SC
살펴보는 것이다 / 무엇이 당신을 좌절시키거나 당황하게 하는지를

[11 - 15] VOCA

mouthwash 구강 청결제　　go away 사라지다　　explosive 폭발물　　frustrate 좌절시키다　　upset 당황하게 하다

Tip

• one of the + 복수명사 : ~한 것들 중의 하나

• 주어의 핵이 One이므로 단수동사 is가 쓰였다.

• to identify는 형용사적 용법의 to부정사로 the ways를 수식한다.

• to look은 명사적 용법의 to부정사이자 주격보어로 쓰였다.

• 의문사 what이 이끄는 간접의문문이 look at의 목적어로 쓰였다.

1 ④　　**2** (re)putation　　**3** The amount of milk consumed turned out to be the best indicator of total consumption

해석 및 해설

핵심 내용 '정직 상자'에 사람들이 지불했던 금액은 어떤 이미지가 그들로 하여금 자신들이 관찰되고 있다고 느끼게 했을 때 증가했다.

협조를 촉진하는 데 있어 평판의 중요성에 대한 최근의 실험 증거는 한 대학 학부의 차 마시는 공간에 있는 음료를 위한 '정직 상자'에 지불된 돈에 대한 분석에서 나왔다. Bateson과 동료들은 (항상 권장 가격 목록 위에 붙어 있는) 한 쌍의 눈 이미지가 꽃 이미지와 일주일 단위로 번갈아 나타날 때 그 상자에 지불된 돈을 살펴보았다. 소비된 우유량이 전체 소비량을 가장 잘 보여 주는 지표임이 밝혀졌지만, 꽃이 보일 때와 비교해서 눈이 보일 때, 몇 주간 리터당 거의 세 배가 넘는 돈이 눈에 띌 정도로 지불되었다. 물론 이 실험은 한 장소에서만 실시되었지만, 효과 크기가 인상적이고 사람들은 시스템을 속이는 모습이 관찰되기를 원치 않는다는 것을 나타내는 것 같다.

1

→ 연구에 따르면, 사람들이 '정직 상자'에 지불한 금액은 어떤 이미지가 그들로 하여금 자신들이 관찰되고 있다고 느끼게 했을 때 증가했다.

자신들이 관찰되고 있다고 느낄 때 지불 금액이 증가했다는 내용이므로, (A)에는 increased(증가했다), (B)에는 watched(관찰되다)가 들어가는 것이 가장 적절하다.

2

'정직 상자'에 사람들이 지불한 금액이 자신들이 관찰되고 있다고 느끼게 했을 때 증가했다는 내용으로, 협조를 촉진하는 데 있어 개인의 '평판'이 중요함을 알 수 있으므로 reputation이 적절하다.

3

STEP 1 <u>소비된 우유량이</u> <u>전체 소비량을 가장 잘 보여 주는 지표임이</u> <u>밝혀졌다.</u>
　　　　　S　　　　　　　　　SC　　　　　　　　　　V

STEP 2 <u>The amount of milk / consumed</u> <u>turned out</u>
　　　　　　　　S　　　　　　　　　　　　V
　　　　　　우유량이 / 소비된　　　　밝혀졌다

<u>to be the best indicator / of total consumption.</u>
　　　　　　　　　　　SC
　　가장 잘 보여 주는 지표임이 / 전체 소비량을

구문 분석

7행 ~, but remarkably almost three times more money was paid per liter in weeks when there were eyes portrayed, **compared to** when there were flowers portrayed.

▶ compared to : '~와 비교하여'라는 의미로 when there were eyes portrayed와 when there were flowers portrayed를 비교하고 있다.

VOCA plus

contribute to ~에 기여하다
decrease 감소하다
support 지지하다, 부양하다
consumption 소비
turn out 드러나다, 밝혀지다
indicator 지표

Tip

· 과거분사 consumed ~는 주어 The amount of milk를 수식한다.

· turn out은 주로 「turn out + that절」 또는 「turn out + to be ~」의 형태로 쓰인다.

Unit 14 목적격보어가 길어진 문장 쓰기

단어 배열 Practice

01 We induce our neighbors to help out with a neighborhood party.

02 They found the best predictor to be the number of tattoos that the rider had.

03 Unscheduled time helps you get the high priorities done and meet the unanticipated demands of your business.

04 Time alone allows people to sort through their experiences, put them into perspective, and plan for the future.

05 Buycotts make corporations realize that the most profitable choice is to fulfill their responsibilities to society.

06 Researchers asked participants how they would want their AVs to behave and control.

07 Some other dogs help people keep their homes safe from harmful insects.

08 These twins help scientists understand the connection between environment and biology.

09 I strongly encourage you to find a place to think and to discipline yourself to pause and use it.

10 This kind of genetic tracking helps doctors to predict the likelihood of a person getting a disease and to diagnose it.

11 I often hear the students say that they have read certain books.

12 Computers caused more students to have sleepless nights than TV did.

13 We encourage our significant others to do things for us.

14 This will teach the students to see the world from different points of view.

15 His father asked his son to join him in a new clothing business that he was starting.

01

STEP 1 우리는 우리의 이웃들이 동네 파티를 돕도록 유도한다.
　　　　　S　　　　O　　　　　OC　　　　　V

STEP 2 We　induce　our neighbors　to help out with a neighborhood party.
　　　　　S　　V　　　O　　　　　　　　　OC
　　　　우리는　유도한다　우리의 이웃들이　　　동네 파티를 돕도록

02

STEP 1 그들은 최고의 예측 변인이 탑승자가 가지고 있던 문신의 수라는 것을 발견했다.
　　　　S　　　O　　　　　　　OC　　　　　　　V

STEP 2 They　found　the best predictor
　　　　　S　　V　　　　O
　　　　그들은　발견했다　최고의 예측 변인이

to be the number of tattoos / that the rider had.
　　　　　　　　OC
　문신의 수라는 것을 / 탑승자가 가지고 있던

Tip
• induce + O + OC(to-V) :
　O가 OC하도록 유도하다

Tip
• find + O + OC(to-V) :
　O가 OC하다는 것을 발견하다

• the number of + 복수
　명사 : ～의 수
　cf. a number of + 복수
　명사 : 많은 ～ (= many)

• 목적격 관계대명사 that
　이 이끄는 절이 선행사
　tattoos를 수식한다.

03

STEP 1 일정이 잡히지 않은 시간은 당신이
　　　　　　　　S　　　　　　　　　　　 O

우선순위가 높은 일을 끝내고 당신의 업무의 예상치 못한 요구들에 응하도록 도와준다.
　　　　　　　　OC1 + OC2　　　　　　　　　　　　　　　　　　　　　　　　　　　V

STEP 2 <u>Unscheduled time</u>　　<u>helps</u>　　<u>you</u>
　　　　　　　　S　　　　　　　　　 V　　　　 O
　　　　　　일정이 잡히지 않은 시간은　 도와준다　 당신이

<u>get the high priorities done / and meet the unanticipated demands of your business.</u>
　　　　　　　　　　　　　　　OC1 + OC2
　　　　우선순위가 높은 일을 끝내도록 / 그리고 당신 업무의 예상치 못한 요구들에 응하도록

Tip

• help + O + OC(V / to-V)
: O가 OC하도록 도와주다

• get + O + OC(p.p.) :
O가 OC되다(수동 의미)

04

STEP 1 혼자 있는 시간은 사람들이 그들의 경험을 정리하고, 통찰하고, 미래를 계획하도록 허락한다.
　　　　　　　　S　　　　　　O　　　　　　　　　OC1 + OC2 + OC3　　　　　　　　　　V

STEP 2 <u>Time alone</u>　　<u>allows</u>　　<u>people</u>
　　　　　　　　S　　　　　　　 V　　　　　 O
　　　　　혼자 있는 시간은　 허락한다　 사람들이

<u>to sort through their experiences, / put them into perspective, / and plan for the future.</u>
　　　　　　　　　　　　　　　OC1 + OC2 + OC3
　　　　그들의 경험을 정리하도록 / 그것들을 통찰하도록 / 그리고 미래를 계획하도록

Tip

• allow + O + OC(to-V) :
O가 OC하도록 허락하다

• 목적격보어인 to sort, (to)
put, (to) plan이 병렬구조
를 이루고 있다.

• put ~ into perspective
: ~을 넓게 보다, ~을 통
찰하다

05

STEP 1 구매 운동은 회사들이
　　　　　　　　S　　　　　 O

가장 이익이 되는 선택은 사회에 대한 그들의 책임을 이행하는 것이라는 사실을 깨닫도록 만든다.
　　　　　　　　　　　　　　　　　OC　　　　　　　　　　　　　　　　　　　　　　　V

STEP 2 <u>Buycotts</u>　<u>make</u>　<u>corporations</u>
　　　　　　　　S　　　　V　　　　 O
　　　　　구매 운동은　 만든다　　회사들이

<u>realize / that the most profitable choice / is to fulfill their responsibilities to society.</u>
　　　　　　　　　　　　　　　　　OC
　　　깨닫도록 / 가장 이익이 되는 선택은 / 사회에 대한 그들의 책임을 이행하는 것이라는 사실을

Tip

• make(사역동사) + O +
OC(V) : O가 OC하게 만
들다

• 접속사 that이 이끄는 절
이 realize의 목적어로 쓰
였다.

• that절에서 to fulfill ~의
to부정사구가 주격보어로
쓰였다.

[01 - 05] VOCA

induce 유도하다　predictor 예측 변인　tattoo 문신　priority 우선순위, 우선권　unanticipated 예상치 못한
sort 정리하다　buycott 구매 운동　corporation 회사, 법인　profitable 이익이 되는　fulfill 이행하다

06

STEP 1

<u>연구자들은</u> <u>참가자들에게</u>
   S   IO

<u>그들은 자율 자동차(AV)가 어떻게 작동하고 제어하기를 원하는지</u> <u>물었다.</u>
                         DO   V

STEP 2

<u>Researchers</u> <u>asked</u> <u>participants</u>
    S   V   IO
연구자들은   물었다 참가자들에게

<u>how they would want / AVs / to behave and control.</u>
      DO (how + S + V + O + OC)
어떻게 그들은 원하는지 / 자율 자동차가 / 작동하고 제어하기를

Tip

- ask + IO + DO : IO에게 DO를 묻다
- DO 자리에 명사절인 간접의문문(의문사 + S + V)이 쓰였다.
- want + O + OC(to-V) : O가 OC하기를 원하다
- to behave and control은 want의 목적격보어로 to부정사의 명사적 용법으로 쓰였다.

07

STEP 1

<u>몇몇 다른 개들은</u> <u>사람들이</u> <u>해충들로부터 그들의 집을 안전하게 유지하도록</u> <u>도와준다.</u>
     S   O   OC   V

STEP 2

<u>Some other dogs</u> <u>help</u> <u>people</u> <u>keep their homes safe / from harmful insects.</u>
      S   V   O   OC
몇몇 다른 개들은   도와준다 사람들이   그들의 집을 안전하게 유지하도록 / 해충들로부터

Tip

- help + O + OC(V / to-V) : O가 OC하도록 도와주다
- keep + O + OC(형용사 / -ing / p.p.) : O가 OC하게 유지하다

08

STEP 1

<u>이런 쌍둥이들은</u> <u>과학자들이</u> <u>환경과 생물학의 관계를 이해하도록</u> <u>도와준다.</u>
     S   O   OC   V

STEP 2

<u>These twins</u> <u>help</u> <u>scientists</u>
    S   V   O
이런 쌍둥이들은 도와준다 과학자들이

<u>understand / the connection between environment and biology.</u>
                           OC
이해하도록 / 환경과 생물학 사이의 관계를

Tip

- between A and B : A와 B 사이

09

STEP 1

<u>나는</u> <u>여러분이</u> <u>생각할 수 있는 장소를 찾고</u>
 S   O   OC1

<u>잠시 멈추고 그것을 사용할 수 있도록 여러분 자신을 훈련시킬 것을</u> <u>강력하게 권장한다.</u>
                       OC2   M + V

STEP 2

<u>I</u> <u>strongly encourage</u> <u>you</u>
S   M + V
나는   강력하게 권장한다   여러분이

<u>to find a place / to think</u> <u>and</u> <u>to discipline yourself / to pause and use it.</u>
      OC1   접속사   OC2
장소를 찾기를 / 생각할 수 있는 그리고 여러분 자신을 훈련시킬 것을 / 잠시 멈추고 그것을 사용할 수 있도록

Tip

- encourage + O + OC (to-V) : O가 OC하도록 권장하다
- to think는 형용사적 용법의 to부정사로 a place를 수식한다.
- to pause and (to) use it은 '잠시 멈추고 그것을 사용하기 위해서'라는 뜻으로 목적을 나타내는 부사적 용법의 to부정사이다.

10

STEP 1 <u>이런 종류의 유전 추적은</u> <u>의사들이</u>
 S   O

<u>어떤 사람이 병에 걸릴 가능성을 예측하고 그것을 진단하도록</u> <u>도와준다.</u>
 OC1 + OC2   V

STEP 2 <u>This kind of genetic tracking</u>   <u>helps</u>   <u>doctors</u>
 S   V   O
 이런 종류의 유전 추적은   도와준다 의사들이

<u>to predict the likelihood of a person getting a disease / and to diagnose it.</u>
 OC1 + OC2
 어떤 사람이 병에 걸릴 가능성을 예측하도록 / 그리고 그것을 진단하도록

[06 - 10] VOCA

> **participant** 참가자   **AV** 자율 자동차(= Automatic Vehicle)   **behave** 작동하다   **connection** 관계
> **discipline** 훈련시키다   **genetic** 유전의   **tracking** 추적   **likelihood** 가능성   **diagnose** 진단하다

Tip
- help + O + OC(V / to-V) : O가 OC하도록 도와주다
- 목적격보어인 to predict 와 to diagnose는 병렬 구조를 이루고 있다.

11

STEP 1 <u>나는</u> <u>그 학생들이</u> <u>그들이 어떤 책들을 읽었다고 말하는 것을</u> <u>종종</u> <u>듣는다.</u>
 S   O   OC   M   V

STEP 2 <u>I</u>   <u>often hear</u>   <u>the students</u>   <u>say / that they have read certain books.</u>
 S   M + V   O   OC
 나는   종종 듣는다   그 학생들이   말하는 것을 / 그들이 어떤 책들을 읽었다고

Tip
- hear + O + OC(V / -ing) : O가 OC하는 것을 듣다
- 접속사 that이 이끄는 절이 say의 목적어로 쓰였다.
- often은 빈도부사로 be동 사와 조동사 뒤, 일반동사 앞에 위치한다.

12

STEP 1 <u>컴퓨터는</u> <u>TV가 그랬던 것보다</u> <u>더 많은 학생들이</u> <u>잠 못 드는 밤을 보내도록</u> <u>야기했다.</u>
 S   M   O   OC   V

STEP 2 <u>Computers</u>   <u>caused</u>   <u>more students</u>   <u>to have sleepless nights</u>   <u>than TV did.</u>
 S   V   O   OC   M
 컴퓨터는   야기했다   더 많은 학생들이   잠 못 드는 밤을 보내도록   TV가 그랬던 것보다

Tip
- cause + O + OC(to-V) : O가 OC하도록 야기하다
- did는 caused를 대신 받 는 대동사로 쓰였다.

13

STEP 1 <u>우리는</u> <u>우리의 중요한 타인들이</u> <u>우리를 위해 무언가를 하도록</u> <u>격려한다.</u>
 S   O   OC   V

STEP 2 <u>We</u>   <u>encourage</u>   <u>our significant others</u>   <u>to do things for us.</u>
 S   V   O   OC
 우리는   격려한다   우리의 중요한 타인들이   우리를 위해 무언가를 하도록

Tip
- encourage + O + OC (to-V) : O가 OC하도록 격려하다
- 'significant other(중요 한 타인)'이란 어떤 사람과 친밀한 관계를 맺고 있는 사람을 칭하는 말이다.

14

STEP 1 이것은 그 학생들이 다른 관점으로 세상을 보도록 가르칠 것이다.
          S   O   OC   V

STEP 2 This   will teach   the students
           S   V   O
          이것은 가르칠 것이다   그 학생들이

to see the world / from different points of view.
                    OC
세상을 보도록 / 다른 관점으로

Tip

• teach + O + OC(to-V) :
  O가 OC하도록 가르치다

15

STEP 1 그의 아버지는 그의 아들이 그가 시작하고 있던 새 의류 사업에 그와 함께해 줄 것을 부탁했다.
          S   O   OC   V

STEP 2 His father   asked   his son
           S   V   O
          그의 아버지는 부탁했다 그의 아들이

to join him in a new clothing business / that he was starting.
                        OC
새 의류 사업에 그와 함께해 줄 것을 / 그가 시작하고 있던

Tip

• ask + O + OC(to-V) :
  O가 OC할 것을 부탁하다

• 목적격 관계대명사 that
  이 이끄는 절이 선행사 a
  new clothing business
  를 수식한다.

[11 - 15] VOCA

certain 어떤   encourage 격려하다   significant 중요한, 상당한   point of view 관점   clothing 의류

해석 및 해설

핵심 내용 일하는 중간에 휴식을 취하는 것이 전반적으로 더 생산적이다.

나의 삶의 모든 면에 회복 시간을 도입하는 것이 나의 전반적인 경험을 바꾸어 놓았다. 각각 적어도 15분의 회복 시간이 뒤따르는 한 시간 반 동안의 활동을 네 번이나 다섯 번 집중적으로 하는 것에서, 내가 전에 하루 12시간 연속해서 일한 그 정도만큼의 일을 해낸다. 매주 하루를 종일 쉬는 것이 나를 덜 그러한(생산적인) 것이라기보다는 오히려 전반적으로 더 생산적이게 만든다. 그리고 마침내, 나는 휴가를 좋은 투자로 보게 되었다. 요즈음, 나는 단거리 선수처럼, 전에 마라톤 선수처럼 했던 것만큼의 일을, 훨씬 더 적은 시간에 훨씬 더 많은 에너지와 긍정적인 감정을 가지고 해낸다. 나는 나의 가족 및 친구들과 더 많은 시간을 보내며, 그렇게 할 때 나는 더 현실에 충실하다. 여기에 마법은 전혀 없다. 나는 그저 인간적인 욕구에 더 주의를 기울이고 있을 뿐이다.

1

일하는 중간에 휴식을 취하는 것이 더 생산적이라는 내용으로, ② '몸과 마음에 휴식할 시간을 주어라'가 제목으로 가장 적절하다.
① 생산성은 인내로부터 나온다
③ 운동에 중독되는 것은 위험하다
④ 긍정적인 생각으로 긍정적인 감정을 활성화하라
⑤ 일할 시간을 더 가지고 휴가는 줄여라

2

STEP 1   나를   덜 그러한(생산적인) 것이라기보다는 오히려   전반적으로 더 생산적이게   만든다
　　　　　　 O 　　　　　　　　　 M 　　　　　　　　　　　　　　　　 OC 　　　　　　　　 V

STEP 2   makes   me   more productive overall   rather than less so
　　　　　　　 V 　　　 O 　　　　　 OC 　　　　　　　　　　　　 M
　　　　　　　 만든다   나를   전반적으로 더 생산적이게   덜 그러한(생산적인) 것이라기보다는 오히려

3

휴가를 좋은 투자로 보게 되었다는 내용으로, a sprinter(단거리 선수)는 중간에 휴식을 취하지만 집중적으로 일하는 사람을 의미한다.

구문 분석

2행 In four or five intensive hour-and-a-half sessions, each **followed** by at least fifteen minutes of recovery, I get just about as much done as I **did** previously in a twelve-hour marathon day.
▶ each followed ~는 독립 분사구문으로 분사구문의 주어(each)가 주절의 주어(I)와 달라서 분사구문 앞에 남아 있는 형태이다.
　　as **each** is followed by ~, I get ...
　　→ **each** followed by ~, I get ...
▶ as I did previously에서 did는 앞에 있는 get을 대신하는 대동사로 의미상 과거이므로 과거형 did를 사용하였다.

VOCA plus
productivity 생산성
endurance 인내
get[be] addicted to ~에 중독되다
activate 활성화시키다

Tip
• 「make + O + OC(more productive ~)」의 5형식 문장이다.
• A rather than B : B라기보다는 오히려 A
• less so에서 so는 productive를 의미한다.

Unit 15 부사구를 포함하는 문장 쓰기 (1)

단어 배열 Practice

01 A year later, the newspaper was discontinued for a while due to (a fire.)

02 He thought that he had constructed the castle thanks to the rich resources (of the region.)

03 The investigation was made for the purpose of finding out what really went wrong.

04 Gandhi started fasting to protest the fighting between (Hindu and Muslims.)

05 A roadrunner is famous for its speed because it is fast enough to catch and eat (even a rattlesnake.)

06 (The Italian) government sent prisoners to Lampedusa in the middle of the 19th century.

07 According to medical doctors, your hair turning gray runs in your (family.)

08 Those who are reluctant to share things with others are liable to feel lonely.

09 I was too consumed with resentment and fear to feel the pain of the diagnosis of cancer.

10 (Ultrasound) produces an image by bouncing sound waves off an object inside the body.

11 To answer the question, we should know the opposite cases.

12 Your boyfriend might always show up late for dates in spite of knowing how important promptness is to you.

13 As a result of this fundamental fear, we worry that we'll be rejected in relationships, business, and life.

14 He felt quite depressed at the thought of the hard work ahead of him.

15 The members of the baseball team did their best only to lose the game.

01

STEP 1 <u>1년 후</u> <u>그 신문은</u> <u>화재로 잠시 동안</u> <u>휴간되었다.</u>
    M   S   M   V

STEP 2 <u>A year later,</u> <u>the newspaper</u> <u>was discontinued</u> <u>for a while / due to a fire.</u>
        M   S   V   M
       1년 후   그 신문은   휴간되었다   잠시 동안 / 화재로

02

STEP 1 <u>그는</u> <u>그 지역의 풍부한 자원 덕분에</u> <u>그가 성을 건설했다고</u> <u>생각했다.</u>
    S   M   O   V

STEP 2 <u>He</u> <u>thought</u> <u>that he had constructed the castle</u>
    S   V   O
   그는   생각했다   그가 그 성을 건설했다고

<u>thanks to the rich resources / of the region.</u>
                M
        풍부한 자원 덕분에 / 그 지역의

Tip

• 일반적으로 한 문장 안에 부사(구)가 여러 개 있는 경우, 「장소 + 방법 + 시간」의 순으로 나열하는데, 예외적으로 화자가 강조하고자 하는 의미를 앞으로 이동하거나 부사구가 긴 경우 뒤로 보내기도 한다.

Tip

• He가 생각한 시점은 과거이지만, 성을 건설한 것은 그보다 앞선 시제이므로 had constructed라는 과거완료가 사용되었다.

• thanks to : ~덕분에

03

STEP 1　그 조사는　무엇이 정말 잘못되었는지를 알아낼 목적으로　만들어졌다.
　　　　　 S 　　　　　　　　　　　 M 　　　　　　　　　　　　 V

STEP 2　<u>The investigation</u>　<u>was made</u>
　　　　　　　　 S 　　　　　　 V
　　　　　　그 조사는　　　만들어졌다

　　　　　<u>for the purpose of finding out / what really went wrong.</u>
　　　　　　　　　　　　　　　 M
　　　　　알아낼 목적으로 / 무엇이 정말 잘못되었는지를

04

STEP 1　간디는　힌두교도와 이슬람교도 사이의 싸움에 반대하기 위해서　단식을　시작했다.
　　　　　 S 　　　　　　　　　　　 M 　　　　　　　　　　　 O 　　 V

STEP 2　<u>Gandhi</u>　<u>started</u>　<u>fasting</u>
　　　　　　 S 　　　 V 　　　 O
　　　　　간디는　시작했다　단식을

　　　　　<u>to protest the fighting / between Hindu and Muslims.</u>
　　　　　　　　　　　　　　 M
　　　　　싸움에 반대하기 위해서 / 힌두교도와 이슬람교도 사이의

05

STEP 1　길달리기새는　그것이 방울뱀조차도 잡아먹을 정도로 충분히 빠르기 때문에
　　　　　　 S 　　　　　　　　　　　　　　 M절
　　　　　<u>스피드로 유명하다.</u>
　　　　　　 V + SC

STEP 2　<u>A roadrunner</u>　<u>is famous for its speed</u>
　　　　　　　 S 　　　　　　 V + SC
　　　　　길달리기새는　　　스피드로 유명하다

　　　　　<u>because it is fast enough / to catch and eat / even a rattlesnake.</u>
　　　　　　　　　　　　　　　　 M절
　　　　　그것이 충분히 빠르기 때문에 / 잡아먹을 정도로 / 방울뱀조차도

[01 - 05] VOCA

discontinue 중단하다　　due to ~ 때문에　　construct 건설하다　　resource 자원　　investigation 조사
purpose 목적　　fast 단식하다, 금식하다　　protest 항의[반대]하다　　roadrunner 길달리기새　　rattlesnake 방
울뱀

Tip

- for the purpose of +
-ing : ～할 목적으로
(= in order to-V
= so as to-V)
- 의문사 what이 이끄는 간
접의문이 finding out
의 목적어로 쓰였다.

Tip

- to protest는 to부정사의
부사적 용법으로 목적
(～하기 위해서)을 나타낸다.
- between A and B :
A와 B 사이의

Tip

- because로 시작하는
부사절 안에 to부정사
로 이루어진 부사구(to
catch and eat even a
rattlesnake)가 들어 있는
구조이다.
- 형용사 / 부사 + enough
+ to-V : ～할 정도로 충분
히 …하다

06

STEP 1 이탈리아 정부는 19세기 중반에 포로들을 Lampedusa로 보냈다.
　　　　　S　　　　　M　　　　　O　　　　　M　　　V

STEP 2 The Italian government　sent　prisoners
　　　　　　　　S　　　　　　　　V　　　　O
　　　　　　이탈리아 정부는　　　보냈다　　포로들을

to Lampedusa / in the middle of the 19th century.
　　　　　　　　　　　M
　　　Lampedusa로 / 19세기 중반에

Tip
· send + DO + to + IO :
IO에게 DO를 보내다
(= send + IO + DO)
· in the middle of :
~의 중반에

07

STEP 1 의사들에 따르면, 당신의 머리카락이 회색으로 변하는 것은
　　　　　M　　　　　　　　　　S

당신의 가족에서 유전된다.
　　M　　　　V

STEP 2 According to medical doctors,　　your hair turning gray
　　　　　　　　　　M　　　　　　　　　　　　　　S
　　　　　　의사들에 따르면　　　　　당신의 머리카락이 회색으로 변하는 것은

runs　in your family.
　V　　　M
유전된다　당신의 가족에서

Tip
· 동명사구(turning gray)
앞에 your hair가 의미상
의 주어로 사용되었다.
· turn + 형용사 :
~하게(으로) 변하다
· run in one's family :
혈통을 물려받다, 유전하다
(= run in the blood)

08

STEP 1 다른 사람들과 물건 공유하기를 꺼리는 사람들은 외롭다고 느끼기 쉽다.
　　　　　　　　S (S + M)　　　　　　　　　　　V + SC

STEP 2 Those / who are reluctant to share things / with others　are liable to feel lonely.
　　　　　　　　　　　　　S (S + M)　　　　　　　　　　　　　　　　V + SC
　　　　　사람들은 / 물건 공유하기를 꺼리는 / 다른 사람들과　　　외롭다고 느끼기 쉽다

Tip
· those who ~ : ~하는
사람들
· be reluctant to-V :
'~하는 것을 꺼리다[주저
하다]'란 뜻으로 to부정사
가 형용사 reluctant를 수
식하는 부사역할을 한다.
· be liable to-V : '~하기
쉽다'란 뜻으로 to부정사
가 형용사 liable을 수식하
는 부사역할을 한다.

09

STEP 1 나는 분개심과 두려움에 너무나 소진되어서 암 진단의 고통을 느낄 수 없었다.
　　　　　S　　　　　V + M　　　　　　　　　　M

STEP 2 I　was too consumed / with resentment and fear
　　　　　S　　　　　　　V + M
　　　나는　　너무나 소진되어서 / 분개심과 두려움에

to feel the pain / of the diagnosis of cancer.
　　　　　　　　　M
　고통을 느낄 수 없었다 / 암 진단의

Tip
· too ~ to … :
너무나 ~해서 …할 수 없다
(= so ~ that + S +
can't + V)

10

STEP 1 <u>초음파는</u> <u>몸 안에 있는 대상에 음파를 반사함으로써</u> <u>이미지를</u> <u>만든다.</u>
      S   M   O   V

STEP 2 <u>Ultrasound</u> <u>produces</u> <u>an image</u>
         S   V   O
      초음파는   만든다   이미지를

      <u>by bouncing sound waves / off an object / inside the body.</u>
                           M
      음파를 반사함으로써 / 대상에 / 몸 안에 있는

Tip
• by + -ing : ～함으로써

[06 - 10] VOCA

prisoner 포로, 죄수   run 유전되다, 전해지다   reluctant 꺼리는   consume 소비하다   resentment 분개
diagnosis 진단   cancer 암   ultrasound 초음파   bounce 반사하다, 튕기다

11

STEP 1 <u>그 문제를 답하기 위해서,</u> <u>우리는</u> <u>정반대의 상황을</u> <u>알아야만 한다.</u>
             M   S   O   V

STEP 2 <u>To answer the question,</u> <u>we</u> <u>should know</u> <u>the opposite cases.</u>
               M   S   V   O
      그 문제를 답하기 위해서   우리는 알아야만 한다   정반대의 상황을

Tip
• 부사구인 To answer the question을 강조하기 위해 맨 앞으로 이동했다.

12

STEP 1 <u>너의 남자 친구는</u> <u>시간을 지키는 것이 너에게 얼마나 중요한지 알고 있음에도 불구하고</u>
          S   M
<u>데이트에 항상 늦게 나올지도 모른다.</u>
         V + M

STEP 2 <u>Your boyfriend</u> <u>might always show up late for dates</u>
         S   V + M
      너의 남자 친구   데이트에 항상 늦게 나올지도 모른다

      <u>in spite of knowing / how important promptness is / to you.</u>
                           M
      알고 있음에도 불구하고 / 시간을 지키는 것이 얼마나 중요한지 / 너에게

Tip
• in spite of + -ing : ～에도 불구하고
• 의문부사 how로 시작하는 간접의문문(how + 형 / 부 + S + V)이 knowing의 목적어로 쓰였다.

13

STEP 1 이런 근본적인 두려움의 결과로서,
    M

우리는 관계, 사업, 그리고 인생에서 우리가 거절당하는 것을 걱정한다.
 S   O   V

STEP 2 As a result of this fundamental fear,
                    M
              이런 근본적인 두려움의 결과로서

we   worry   that we'll be rejected / in relationships, business, and life.
S   V   O
우리는 걱정한다   우리가 거절당하는 것을 / 관계, 사업, 그리고 인생에서

14

STEP 1 그는 그 앞에 놓여 있는 힘든 일을 생각하니 매우 우울해졌다.
 S   M   V + SC

STEP 2 He felt quite depressed at the thought of the hard work / ahead of him.
 S   V + SC   M
그는   매우 우울해졌다   힘든 일을 생각하니 / 그 앞에 놓여 있는

15

STEP 1 그 야구팀 선수들은 최선을 다했지만 결국 경기에서 졌다.
 S   V + O   M

STEP 2 The members of the baseball team did their best only to lose the game.
 S   V + O   M
그 야구팀 선수들은   최선을 다했다   결국 경기에서 졌다

[11 - 15] **VOCA**

opposite 반대의   promptness 시간을 지키는 것   fundamental 근본적인   reject 거절하다   depressed
우울한

Tip

· as a result of :
  ~의 결과로서

· '거절당하다'라는 의미로
  be rejected라는 수동태
  가 쓰였다.

Tip

· depress는 '우울하게 만
  들다'라는 의미의 타동사
  로, '우울해진'이라는 수
  동 의미를 나타내기 위해
  서 과거분사형 형용사인
  depressed가 쓰였다.

Tip

· do one's best :
  최선을 다하다

· only + to-V :
  결국 ~하다(부정적 결과
  를 나타내는 표현)

1 ③　**2** (D)ifferences　**3** allowing us to estimate how much genes influence a given trait

VOCA plus

influence 영향을 미치다

해석 및 해설

핵심 내용 쌍둥이를 통해 유전적 유사성의 차이점을 연구할 수 있다.

쌍둥이는 유전자를 연구할 특별한 기회를 제공한다. 쌍둥이 중 어떤 쌍들은 일란성이다. 즉, 그들은 그들의 DNA 안에 정확히 동일한 유전자들을 공유한다. (B) 다른 쌍들은 이란성으로, 평균적으로 그들의 유전자의 절반만을 공유한다. 유전적 유사성의 <u>차이점들</u>이 강력한 자연적인 실험으로 밝혀지면서, 우리로 하여금 유전자들이 주어진 특성에 얼마나 많이 영향을 미치는지 추정하도록 해 준다. (C) 예를 들어, 일란성 쌍둥이는 거의 항상 같은 눈 색깔을 갖고 있지만, 이란성 쌍둥이는 종종 그렇지 않다. 이것은 유전자가 눈 색깔에 있어서 어떤 역할을 한다는 것을 암시하고, 실제로 유전학자들은 관련된 몇몇 특정 유전자를 찾아냈다. (A) 같은 방법으로, 과학자들은 일란성 쌍둥이의 유사성을 이란성 쌍둥이의 유사성과 비교함으로써 어떤 다른 특성에서 유전자가 하는 역할을 추정할 수 있다. 만약 어떤 차이가 있다면, 그 차이의 크기가 유전자가 얼마나 많이 관련되어 있는지에 대한 단서를 제공한다.

1

주어진 글에서 일란성 쌍둥이를 Some pairs로 언급하고 있으므로, 이란성 쌍둥이를 Other pairs로 언급하며 설명하고 있는 (B)가 이어져야 한다. 일란성 쌍둥이와 이란성 쌍둥이의 예시를 설명하고 있는 (C)가 (B) 뒤에 이어지고, (C)의 예시에서 유전학자들이 유전자를 찾은 방법과 동일한 방법으로 과학자들이 일란성 쌍둥이의 유사성과 이란성 쌍둥이의 유사성을 비교했다는 내용의 (A)가 오는 것이 가장 적절하다.

2

유전적 유사성의 '차이점'을 연구하는 방법에 대한 내용으로, 동사가 복수형인 turn out이므로 Differences가 적절하다.

3

STEP 1 <u>우리로 하여금</u>　<u>유전자들이 주어진 특성에 얼마나 많이 영향을 미치는지 추정하도록</u>　<u>해 주며</u>
　　　　　　O　　　　　　　　　　　　　OC　　　　　　　　　　　　　　V

STEP 2 <u>allowing</u>　　<u>us</u>　　<u>to estimate / how much genes influence a given trait</u>
　　　　　　V　　　　　　O　　　　　　　　　　　　OC
　　　해 주며　　우리로 하여금　　추정하도록 / 유전자들이 주어진 특성에 얼마나 많이 영향을 미치는지

Tip

• 앞 문장이 완전한 문장이므로 동사를 더 이상 쓸 수 없다. 따라서 분사구문인 allowing ∼이 쓰였다.

• allow + O + OC(to-V) : O가 OC하도록 해 주다

• estimate의 목적어로 간접의문문(how much + S + V)이 쓰였다.

구문 분석

3행 In the same way, scientists can estimate the role genes play in any other trait **by comparing** the similarity of identical twins **to** the similarity of fraternal twins.

▶ 「compare A to B」는 'A와 B를 비교하다'는 의미이고, 전치사 by 뒤에서 comparing은 동명사로 쓰였다.

▶ by + -ing : ∼함으로써

12행 This **suggests** that genes play a role in eye color, and in fact geneticists have identified several specific genes [that are involved].

▶ suggests는 '암시하다'라는 의미로 사용되었다. '제안하다'라는 의미일 때는 that절 뒤에 「(should) 동사원형」이 온다.

Unit 16 부사구를 포함하는 문장 쓰기 (2)

단어 배열 Practice

01 (The boy) put his arm in front of his friend, motioning for me to go ahead.

02 Raised in a poor family, Confucius truly understood the suffering (of the people.)

03 Glancing at her beautiful neck with a diamond necklace on it, (he felt shy.)

04 Not having a car in the remote countryside, she was not able to visit (her mother often.)

05 Knowing that he wouldn't be able to buy food on his journey, he took large supplies (with him.)

06 (The car) dashed to the barricade with white smoke pouring out.

07 (The angry woman) kicked the door open, getting ready to fight with him.

08 (The creatures) are rarely seen by people, always living deep in the forest.

09 (A terrible fire) broke out last night, burning down ten houses.

10 (Sorrows) are forgotten in your brain sometime in the future, carved in your heart.

11 (The woman) greeted her returning son with her eyes shining with joy.

12 Tearing a picture from a magazine into pieces, she asked her daughter to put the picture together.

13 Powered by three engines, the vehicle is designed to go 1,050 miles per hour.

14 While talking among friends, you might say "Disney Land is the finest world's theme park."

15 Unable to find teaching work, he drifted into a writing career.

01

STEP 1 그 소년은 자신의 팔을 그의 친구 앞으로 두어서, 내가 먼저 가도록 손짓했다.
        S   O   M   V   M

STEP 2 **The boy** **put** **his arm** **in front of his friend,**
        S   V   O   M
        그 소년은   두었다   자신을 팔을   그의 친구 앞으로

motioning / for me / to go ahead.
        M
그리고 손짓했다 / 내가 / 먼저 가도록

Tip

• motioning ~ ahead는 연속동작(그리고 ~하다)을 나타내는 분사구문이다.

• 분사구문에서 for me는 to부정사의 의미상의 주어이다.

02

STEP 1 가난한 가정에서 길러졌기 때문에, 공자는 사람들의 고통을 진정으로 이해했다.
        M   S   O   V

STEP 2 **Raised in a poor family,** **Confucius** **truly understood**
        M   S   V
        가난한 가정에서 길러졌기 때문에   공자는   진정으로 이해했다

the suffering of the people.
        O
사람들의 고통을

Tip

• Raised ~ family는 이유 (~하기 때문에)를 나타내는 분사구문이다.

03

STEP 1 다이아몬드 목걸이를 하고 있는 그녀의 아름다운 목을 힐끗 보면서, 그는 부끄러워했다.
M · · · · · · S · V + SC

STEP 2 Glancing at / her beautiful neck / with a diamond necklace / on it, he felt shy.
M · · · · · · · · · · · · · · · S · V + SC
~을 힐끗 보면서 / 그녀의 아름다운 목 / 다이아몬드 목걸이를 하고 있는 / 그 위에 · 그는 · 부끄러워했다

04

STEP 1 외딴 시골에서 차를 갖고 있지 않았기 때문에, 그녀는 그녀의 엄마를 자주 방문할 수 없었다.
M · · · · · · · · · · · · S · O · M · V

STEP 2 Not having a car / in the remote countryside,
M
차를 갖고 있지 않았기 때문에 / 외딴 시골에서

she was not able to visit her mother often.
S · · · V · · · · O · · · M
그녀는 · 방문할 수 없었다 · 그녀의 엄마를 · 자주

05

STEP 1 그의 여행 중에 그가 음식을 살 수 없을 것이라는 걸 알고 있었기 때문에,
M

그는 많은 음식물을 그와 함께 가져갔다.
S · O · · M · · V

STEP 2 Knowing / that he wouldn't be able to buy food / on his journey,
M
알고 있었기 때문에 / 그가 음식을 살 수 없을 것이라는 걸 / 그의 여행 중에

he took large supplies with him.
S · V · · O · · · M
그는 · 가져갔다 · 많은 음식물을 · 그와 함께

[01 - 05] VOCA

in front of ~ 앞에 · motion 몸짓으로 신호하다 · raise 기르다 · Confucius 공자 · suffering 고통 · glance
at ~을 힐끗 보다 · remote 외딴, 먼 · journey 여행 · supply 물자, 비품

06

STEP 1 그 차는 하얀 연기를 퍼붓는 채로 그 바리케이드에 돌진했다.
S · · · M · · · · V + M

STEP 2 The car dashed to the barricade with white smoke pouring out.
S · · · V + M · · · · · · M
그 차는 · 그 바리케이드에 돌진했다 · 하얀 연기를 퍼붓는 채로

Tip

· Glancing ~ it은 동시동작(~하면서)을 나타내는 분사구문이다.

· 지각동사 felt의 주격보어로 형용사인 shy가 쓰였다.

Tip

· 분사구문의 부정은 「Not + 분사구문」이다.

· Not ~ countryside는 이유(~하기 때문에)를 나타내는 분사구문이다.

· 빈도부사는 be동사나 조동사 뒤, 일반동사 앞으로 그 위치가 정해져 있으나, usually, sometimes, often과 같은 빈도부사는 문두나 문미에 들어갈 수 있다.

Tip

· Knowing ~ journey는 이유(~하기 때문에)를 나타내는 분사구문이다.

· Knowing의 목적어로 that절이 쓰였다.

Tip

· with + O + OC(형용사 / -ing / p.p.) : 'O가 OC한[된] 상태로[채로]'라는 의미로 with의 O인 white smoke와 OC인 pour의 관계가 능동이므로 pouring이라는 현재분사가 쓰였다.

07

STEP 1 <u>화가 난 그 여자는</u> <u>문이 열리도록</u> <u>발로 찼고,</u> <u>그와 싸울 준비를 했다.</u>
　　　　　S　　　　　　O + OC　　　　　V　　　　　　M

STEP 2 <u>The angry woman</u> <u>kicked</u> <u>the door open,</u> <u>getting ready to fight with him.</u>
　　　　　　S　　　　　　　V　　　　O + OC　　　　　　　　M
　　　　　화가 난 그녀는　　발로 찼다　문이 열리도록　　(그리고) 그와 싸울 준비를 했다

Tip
- getting ～ him은 연속동작(그리고 ～하다)을 나타내는 분사구문이다.
- kick + O + OC(형용사) : O가 OC하도록 발로 차다

08

STEP 1 <u>그 생물체는</u> <u>항상 숲속 깊이 살기 때문에,</u> <u>거의 사람들에 의해서 보이지 않는다.</u>
　　　　　S　　　　　　　　M　　　　　　　　　　　　V + M

STEP 2 <u>The creatures</u> <u>are rarely seen / by people,</u> <u>always living deep in the forest.</u>
　　　　　　S　　　　　　　V + M　　　　　　　　　　　M
　　　　그 생물체는　거의 보이지 않는다 / 사람들에 의해서　항상 숲속 깊이 살기 때문에

Tip
- 생물체가 사람들에게 '보이는' 것이므로 are seen이라는 수동태가 쓰였다.
- always living ～ forest는 이유(～하기 때문에)를 나타내는 분사구문이다.

09

STEP 1 <u>지난밤에</u> <u>끔찍한 화재가</u> <u>발생했고,</u> <u>10채의 집을 불태웠다.</u>
　　　　　M　　　　S　　　　　V　　　　　　M

STEP 2 <u>A terrible fire</u> <u>broke out</u> <u>last night,</u> <u>burning down ten houses.</u>
　　　　　S　　　　V　　　M　　　　　　M
　　　끔찍한 화재가　발생했다　지난밤에　(그리고) 10채의 집을 불태웠다

Tip
- burning ～ houses는 연속동작(그리고 ～하다)을 나타내는 분사구문이다.

10

STEP 1 <u>슬픔은</u> <u>당신의 뇌에서 미래에 언젠가</u> <u>잊혀지고,</u> <u>가슴에는 새겨진다.</u>
　　　　　S　　　　　　M　　　　　　　　V　　　　　M

STEP 2 <u>Sorrows</u> <u>are forgotten</u> <u>in your brain / sometime / in the future,</u> <u>carved / in your heart.</u>
　　　　　S　　　　V　　　　　　　　M　　　　　　　　　M
　　　슬픔은　잊혀진다　당신의 뇌에서 / 언젠가 / 미래에　(그리고) 새겨진다 / 가슴에는

Tip
- carved ～ heart는 연속동작(그리고 ～하다)을 나타내는 분사구문이다.

[06 - 10] VOCA

dash 돌진하다　pour out 퍼붓다　creature 생물체　break out 발생하다　sorrow 슬픔　carve 새기다

11

STEP 1 <u>그 여자는</u> <u>기쁨으로 눈이 반짝이며</u> <u>그녀의 돌아온 아들을</u> <u>맞이했다.</u>
　　　　　S　　　　　M　　　　　　　　O　　　　　V

STEP 2 <u>The woman</u> <u>greeted</u> <u>her returning son</u> <u>with her eyes shining / with joy.</u>
　　　　　S　　　　V　　　　O　　　　　　　M
　　　그 여자는　맞이했다　그녀의 돌아온 아들을　눈이 반짝이며 / 기쁨으로

Tip
- with + O + OC(형용사 / -ing / p.p.) : 'O가 OC한[된] 채로'의 의미로 with의 O인 her eyes와 OC인 shine의 관계가 능동이므로 shining이라는 현재분사가 쓰였다.

12

STEP 1 잡지에 있는 사진을 조각으로 찢고 나서,

　　　　　　　　　　 M

그녀는 자신의 딸에게 그 사진을 맞춰 보도록 요구했다.

　S　　　 O　　　　　 OC　　　　　 V

STEP 2 <u>Tearing a picture / from a magazine / into pieces,</u>

　　　　　　　　　　　　 M

사진을 찢고 나서 / 잡지에 있는 / 조각으로

<u>she</u>　　<u>asked</u>　　<u>her daughter</u>　　<u>to put the picture together.</u>

　S　　　　 V　　　　　 O　　　　　　　　　 OC

그녀는　　요구했다　　자신이 딸에게　　　 그 사진을 맞춰 보도록

Tip
- Tearing ~ pieces는 시간(~한 후에)을 나타내는 분사구문이다.

13

STEP 1 세 개의 엔진으로 동력을 받아서, 그 차량은 시속 1,050 마일로 가도록 고안된다.

　　　　　　　　 M　　　　　　　　 S　　　　 SC　　　　　　　 V

STEP 2 <u>Powered by three engines,</u>　<u>the vehicle</u>　<u>is designed</u>　<u>to go 1,050 miles / per hour.</u>

　　　　　　　　 M　　　　　　　　　　 S　　　　　 V　　　　　　　 SC

세 개의 엔진으로 동력을 받아서　　 그 차량은　　 고안된다　　 1,050 마일로 가도록 / 시속

Tip
- Powered ~ engines는 동시동작(~하면서)을 나타내는 분사구문이다.
- be designed to : ~하도록 고안되다[제작되다]

14

STEP 1 친구들 사이에서 이야기를 하면서,

　　　　　　　　 M

너는 "Disney Land가 세상에서 가장 좋은 테마 공원이야" 라고 말할지도 모른다.

　S　　　　　　　　　 O　　　　　　　　　　　　　　　　 V

STEP 2 <u>While talking among friends,</u>　　<u>you</u>　　<u>might say</u>

　　　　　　　　 M　　　　　　　　　　　　 S　　　　 V

친구들 사이에서 이야기를 하면서　　 너는　 (~고) 말할지도 모른다

<u>"Disney Land / is the finest world's theme park."</u>

　　　　　　　　　 O

"Disney Land가 / 세상에서 가장 좋은 테마 공원이야"

Tip
- 분사구문은 접속사가 생략되는 것이 일반적이지만, 좀 더 정확한 의미 전달을 위해 접속사를 생략하지 않는 경우도 있다. (시간 또는 양보 접속사의 경우)
- While talking ~ friends는 동시동작(~하면서, ~하는 동안)을 나타내는 분사구문이다.

15

STEP 1 가르치는 일을 찾지 못해서, 그는 글 쓰는 직업으로 옮겼다.

　　　　　　　 M　　　　　　　 S　　　　 M　　　　 V

STEP 2 <u>Unable to find / teaching work,</u>　<u>he</u>　<u>drifted</u>　<u>into a writing career.</u>

　　　　　　　　 M　　　　　　　　　　 S　　 V　　　　 M

찾지 못해서 / 가르치는 일을　　 그는　 옮겼다　 글 쓰는 직업으로

Tip
- Unable ~ work는 이유(~하기 때문에)를 나타내는 분사구문으로, 앞에 Being이 생략된 형태이다.

[11 - 15] VOCA

greet 맞이하다　 tear 찢다　 put ~ together ~을 맞추다, ~을 조립하다　 vehicle 탈것, 차량　 design 고안하다
drift 밀려가다, 흘러가다

1 with up to 50,000 workers in a single colony coming together to make democratic decisions   **2** ①   **3** (M)ajority (R)ule

해석 및 해설

핵심 내용 꿀벌들은 새집 장소를 정할 때 민주적인 방법으로 결정한다.

꿀벌들은 한 군집의 최대 5만 마리의 벌이 함께 민주적인 결정을 내리기 위해 모이면서, 소위 '집단 지성'을 발전시켜 왔다. 봄철에 벌집이 너무 붐빌 때, 군집들은 새 벌집을 찾기 위해 정찰병을 보낸다. 어느 정찰병이라도 그 군집이 다음 벌집을 지을 장소에 대해 동의하지 않으면, 그들은 교양있는 방법으로 그 일을 논의한다. 즉 춤을 통해서 말이다. 각 정찰병은 다른 정찰병들에게 그들이 찾은 장소의 장점을 납득시키기 위해 'waggle dance'를 춘다. 그 춤이 더 열정적일수록, 그 정찰병은 그 장소를 더 마음에 들어 하는 것이다. 그 군집의 나머지 벌들은 그들이 선호하는 장소로 날아가서, 한 잠재적인 벌집이 모든 주변의 다른 춤들을 이길 때까지 춤에 합류하여 몸으로 투표한다. 만약 의회가 의견 불일치를 같은 방법으로 해결한다면 멋질 것이다.

VOCA plus

democratic 민주적인
vote 투표하다
invade 침략하다
concern 관심
mate 짝
principle 원칙
support 지지하다

1

STEP 1 <u>한 군집의 최대 5만 마리의 벌이</u> <u>함께 민주적인 결정을 내리기 위해 모이면서</u>
　　　　　　　　O　　　　　　　　　　　　　　　　OC + M

STEP 2 <u>with</u>　<u>up to 50,000 workers / in a single colony</u>　<u>coming together</u>
전치사 with　　　　　　　O　　　　　　　　　　　　OC
　　　　　최대 5만 마리의 벌이 / 한 군집의　　　　　함께 모이면서

<u>to make democratic decisions</u>
　　　　　M
민주적인 결정을 내리기 위해

Tip
· 동시동작을 나타내는 분사구문을 표현할 때는 「with + O + OC」의 구문을 쓰는데, OC에는 -ing / p.p. / 형용사 / 전치사 + N 을 쓸 수 있다.

· to make ~는 '~을 위해서'라는 의미로 목적을 나타내는 부사적 용법의 to 부정사구이다.

2

꿀벌들은 새 벌집 장소를 정할 때 모여서 춤을 추며 결정한다는 내용이므로, 빈칸에는 ① '몸으로 투표한다'가 들어가는 것이 가장 적절하다.

② 다른 벌집들을 침입한다
③ 더 많은 꽃을 찾는다
④ 짝들에게 더 많은 관심을 보인다
⑤ 자신의 의사소통 기술을 향상시킨다

3

새 벌집을 찾기 위해 여러 정찰병이 각각 찾은 장소 중, 나머지 벌들은 각자가 선호하는 장소로 날아가서 춤을 추며 이길 때까지 몸으로 투표한다고 했으므로 다수가 투표하는 장소가 새 벌집이 될 것임을 알 수 있다. 이는 Majority Rule(다수결의 원칙: 한 집단의 절반 이상의 사람들에 의해 지지 받은 결정이 그 집단의 모든 사람에게 유효하게 된다는 원칙)에 의한 것이라고 말할 수 있다.

구문 분석

6행 **The more enthusiastic** the dance is, **the happier** the scout is with his spot.
▶ The + 비교급 ~, the + 비교급 … : ~하면 할수록, 더욱 더 …하다

9행 It **would be** great **if** Congress **settled** their disagreements the same way.
▶ If + S + 과거동사[were] ~ , S + 조동사의 과거형 + 동사원형 … : 가정법 과거 구문으로, 현재의 사실을 반대로 가정하고 있다.

Unit 17 부사절을 포함하는 문장 쓰기

단어 배열 Practice

01 Once the factor causing stress disappears, the stress hormones (quiet down.)

02 When children are accustomed to using a toilet and toilet paper, they can (gain independence.)

03 (I) will not forget that day as long as I live to the end of my life.

04 His pain was so intolerable that he was having thoughts of ending his life.

05 (Wherever) you go on this globe, you can get along (with English.)

06 (You) can't fully appreciate your surroundings until you understand the rules of nature.

07 (No) matter what happens to our bodies or our minds, our souls remain whole.

08 (You'd) better keep walking lest you should fall asleep when you stray in a mountain.

09 Scientists collect information worldwide so that they can understand and predict changes in the weather more accurately.

10 (By) the time we get to the cinema, the film will already have started.

11 (As) parents of multiple children know, there is no one simple formula for meeting a baby's needs.

12 (There) was a young man who was intensely proud of his ability to sleep the moment his head touched the pillow.

13 (Whether) you think you can or you think you can't, you are right.

14 (Once) you can convince yourself that the first draft isn't your best writing, it will be easier to get started.

15 (No) matter how hard we try, we are unable to make ourselves laugh.

01

STEP 1 일단 스트레스를 유발하는 요소가 사라지면, 스트레스 호르몬은 잠잠해진다.
　　　　　　　　　　M절　　　　　　　　　　　　　　S　　　　　V

STEP 2 Once the factor / causing stress disappears, the stress hormones quiet down.
　　　　　　　　　　M절　　　　　　　　　　　　　　　　S　　　　　　　V
　　　일단 스트레스를 유발하는 요소가 사라지면　　　스트레스 호르몬은　　잠잠해진다

Tip
• 부사절 접속사 once(일단 ~하면)가 사용되었다. 부사절이 끝나는 단어 뒤에는 콤마(,)를 넣어 주는 것이 일반적이다.

02

STEP 1 아이들이 화장실과 휴지를 사용하는 데 익숙해질 때, 그들은 자립심을 얻을 수 있다.
　　　　　　　　　　　　M절　　　　　　　　　　　　　S　　O　　　V

STEP 2 When children are accustomed / to using a toilet and toilet paper,
　　　　　　　　　　　　　　M절
　　　　　아이들이 익숙해질 때 / 화장실과 휴지를 사용하는 데

they can gain independence.
 S　　　 V　　　　O
그들은　얻을 수 있다　자립심을

Tip
• be accustomed to -ing : '~하는 것에 익숙해지다'라는 뜻으로, to는 전치사이므로 뒤에 동사가 올 경우, 동명사 형태를 취한다는 점에 주의한다.
• 부사절의 경우, 문장 앞에 나와야 하는 조건이 표시되지 않는다면 뒷부분에 위치해도 무방하다.

03

STEP 1
나는 / 내 삶의 끝까지 / 내가 살아 있는 한 / 그날을 / 잊지 못할 것이다.
S   M   M절   O   V

STEP 2
I   will not forget   that day   as long as I live   to the end of my life.
S   V   O   M절   M
나는 잊지 못할 것이다   그날을   내가 살아 있는 한   내 삶의 끝까지

Tip
· 부사절 접속사 as long as (~하는 한)가 사용되었다.
· to the end of my life 는 부사구로 문장 앞이나 that day 뒤에 위치해도 무방하다.

04

STEP 1
그의 고통이 / 너무 견딜 수 없어서 / 그는 자신의 목숨을 끝내는 것을 생각하고 있었다.
S   V + SC   M절

STEP 2
His pain   was so intolerable   that he was having thoughts / of ending his life.
S   V + SC   M절
그의 고통이   너무 견딜 수 없었다   그래서 그는 생각하고 있었다 / 자신의 목숨을 끝내는 것을

Tip
· 결과를 나타내는 「so ~ that(매우 ~해서 …하다)」 구문이 사용되었다.

05

STEP 1
당신이 이 지구에서 어디를 가더라도, / 당신은 / 영어로 / 살아갈 수 있다.
M절   S   M   V

STEP 2
Wherever you go / on this globe,   you   can get along   with English.
M절   S   V   M
당신이 어디를 가더라도 / 이 지구에서   당신은   살아갈 수 있다   영어로

Tip
· 복합관계부사 wherever (어디든지)가 부사절 접속사로 사용된다.

[01 - 05] VOCA

factor 요소, 요인   disappear 사라지다   independence 자립심, 독립   pain 고통   intolerable 견딜 수 없는
globe 지구   get along 살아가다

06

STEP 1
당신은 / 당신이 자연의 규칙을 이해할 때까지는 / 주변 환경을 / 완전하게 이해할 수 없다.
S   M절   O   V

STEP 2
You   can't fully appreciate   your surroundings
S   V   O
당신은   완전하게 이해할 수 없다   주변 환경을

until you understand / the rules of nature.
M절
당신이 이해할 때까지는 / 자연의 규칙을

Tip
· not A until B : B할 때까지 A할 수 없다. B하고 나서야 비로소 A하다
· [의역] 당신은 자연의 규칙 을 이해하고 나서야 비로 소 주변 환경을 완전하게 이해할 수 있다.

07

STEP 1   <u>우리의 몸이나 우리의 정신에 무엇이 발생하더라도</u>   <u>우리의 영혼은</u>   <u>전체로서 남아 있다.</u>

                   M절   S   V + SC

STEP 2   <u>No matter what happens / to our bodies or our minds,</u>

                              M절

            무엇이 발생하더라도 / 우리의 몸이나 우리의 정신에

<u>our souls</u>   <u>remain whole.</u>

     S   V + SC

우리의 영혼은   전체로서 남아 있다

08

STEP 1   <u>당신은</u>   <u>당신이 산에서 길을 잃었을 때</u>   <u>당신이 잠들지 않도록</u>   <u>계속 걷는 것이 좋다.</u>

              S   M절   M절   V + O

STEP 2   <u>You'd better keep walking</u>   <u>lest you should fall asleep</u>

                    S + V + O   M절

            당신은 계속 걷는 것이 좋다   당신이 잠들지 않도록

<u>when you stray / in a mountain.</u>

                M절

당신이 길을 잃었을 때 / 산에서

09

STEP 1   <u>과학자들은</u>   <u>그들이 날씨에서의 변화를 더 정확하게 이해하고 예측하기 위해서</u>

                 S   M절

<u>전 세계에서</u>   <u>정보를</u>   <u>수집한다.</u>

       M   O   V

STEP 2   <u>Scientists</u>   <u>collect</u>   <u>information</u>   <u>worldwide</u>

                S   V   O   M

            과학자들은   수집한다   정보를   전 세계에서

<u>so that they can understand and predict / changes in the weather / more accurately.</u>

                                            M절

      그들이 이해하고 예측하기 위해서 / 날씨에서의 변화를 / 더 정확하게

10

STEP 1   <u>우리가 영화관에 도착할 때쯤이면,</u>   <u>그 영화는</u>   <u>이미 시작했을 것이다.</u>

                      M절   S   V

STEP 2   <u>By the time we get / to the cinema,</u>   <u>the film</u>   <u>will already have started.</u>

                      M절   S   V

      우리가 도착할 때쯤이면 / 영화관에   그 영화는   이미 시작했을 것이다

Tip
- no matter what + V :
무엇이 ~하더라도
(= whatever)

Tip
- had better + 동사원형 :
~하는 게 낫다
- keep + -ing : 계속 ~하다
- lest + S + should :
~하지 않도록

Tip
- so that + S + V :
~하기 위해서

Tip
- by the time + S + V :
~할 무렵
- '(미래 특정 시점까지) ~
했을 것이다'라는 의미로
미래완료 시제(will have
p.p.)가 사용되었다.

accurately 정확하게   appreciate 이해하다, 인정하다   surroundings 환경   stray 길을 잃다   predict 예측
하다

11

STEP 1 다 자녀의 부모가 알고 있는 것처럼, 아기의 요구를 만족시키기 위한
　　　　　M절　　　　　　　　　　　　　　　M
한 가지 간단한 공식은 없다.
S　　　　　　V

STEP 2 As parents of multiple children know,
　　　　　　　　M절
다 자녀의 부모가 알고 있는 것처럼

there is no one simple formula　for meeting a baby's needs.
there + V + S　　　　　　　　M
한 가지 간단한 공식은 없다　　　아기의 요구를 만족시키기 위한

Tip
- 부사절 접속사 as(~처럼)
가 사용되었다.

- there is + 단수명사 :
~가 있다

12

STEP 1 그의 머리가 베개에 닿자마자
　　　　　M절
잠드는 자신의 능력에 대해 매우 자랑스러워하는 한 젊은이가 있었다.
　　　　　　M절　　　　　　　　　　　　S　　V

STEP 2 There was a young man　who was intensely proud of his ability / to sleep
　　　　there + V + S　　　　　　　　M절
한 젊은이가 있었다　　　자신의 능력에 대해 매우 자랑스러워하는 / 잠드는

the moment his head touched the pillow.
　　　　　M절
그의 머리가 베개에 닿자마자

Tip
- 주격 관계대명사 who
가 이끄는 절은 선행사 a
young man을 수식한다.

- be proud of :
~을 자랑스러워하다

- to sleep은 his ability를
수식하는 형용사적 용법의
to부정사이다.

- the moment + S + V :
~하자마자

13

STEP 1 네가 할 수 있다고 생각하든 / 네가 할 수 없다고 생각하든, 네가 옳다.
　　　　　　　　　　　M절　　　　　　　　　　　　S　　V + SC

STEP 2 Whether you think you can / or you think you can't, you are right.
　　　　　　　　　　M절　　　　　　　　　　　　S　V + SC
네가 할 수 있다고 생각하든 / 네가 할 수 없다고 생각하든　네가　옳다

Tip
- 부사절 접속사인
whether(~이든 아니든)
가 사용되었다.

- whether A or B :
A이든 아니면 B이든

14

STEP 1 일단 초고가 당신의 최고의 글이 아니라는 것을 당신이 스스로에게 확신시킬 수 있다면,
<u>   M절   </u>

<u>시작하는 것이</u> <u>더 쉬울 것이다.</u>
　진S　　　　 V + SC

STEP 2 <u>Once you can convince yourself / that the first draft isn't your best writing,</u>
　　　　　　　　　　　　　　　　　　　M절

일단 당신이 스스로를 확신시킬 수 있다면 / 초고가 당신의 최고의 글이 아니라는 것을

<u>it will be easier</u> <u>to get started.</u>
　가S + V + SC　　　　　진S
　더 쉬울 것이다　　　시작하는 것이

Tip

· 부사절 접속사 once(일단 ～하면)가 사용되었다.

· convince + IO + DO(that절) : IO에게 DO를 확신시키다

· it이 가주어, to-V가 진주어로 사용되었다.

15

STEP 1 아무리 우리가 열심히 노력할지라도, <u>우리는</u> <u>우리 스스로가</u> <u>웃도록</u> <u>만들 수 없다.</u>
　　　　　　　　 M절　　　　　　　　 S　　　 O　　　 OC　　　 V

STEP 2 <u>No matter how hard we try,</u>
　　　　　　　　 M절

아무리 우리가 노력할지라도

<u>we</u> <u>are unable to make</u> <u>ourselves</u> <u>laugh.</u>
　S　　　　 V　　　　　　 O　　　　 OC
우리는　　 만들 수 없다　　 우리 스스로가　 웃도록

Tip

· no matter how + 형 / 부 + S + V :
아무리 ～할지라도
(= however)

· make + O + OC(V) :
O가 OC하게 만들다

[11 - 15] VOCA

multiple 다수의　 formula 공식　 needs 요구　 intensely 매우, 몹시　 pillow 베개　 convince 확신시키다
draft 초고, 초안

1 ④ **2** If you walk into a room that smells of freshly baked bread **3** (1) Never, till, do, you, miss (2) It, never, till, that

VOCA plus

smell of ~의 냄새가 나다

freshly 신선하게, 최근에

해석 및 해설

`핵심 내용` 사람들은 자신의 소중한 것들에 익숙해지면 그것들의 가치를 잊게 된다.

만약 당신이 갓 구운 빵 냄새가 나는 방으로 걸어 들어간다면, 꽤나 기분 좋은 그 냄새를 금방 알아차리게 된다. 하지만, 몇 분 동안 방에 머물러 보아라, 그러면 그 냄새는 사라지는 것 같을 것이다. 사실, 냄새를 다시 일깨우는 유일한 방법은 방을 나간 후 다시 들어오는 것이다. 정확히 똑같은 개념이 행복을 포함한 우리 삶의 많은 방면에 적용된다. 모든 사람에게는 행복을 느끼는 무언가가 있다. 아마도 사람들은 사랑하는 동반자, 건강, 만족스러운 직업, 보금자리, 또는 충분한 먹을 음식을 갖고 있을 것이다. 그러나 시간이 지남에 따라, 사람들은 그들이 가진 것에 익숙해지고, 마치 갓 구운 빵 냄새처럼 이런 소중한 것들은 의식 속에서 사라진다. 속담에서 말하듯이, 사람들은 우물이 마른 후에야 비로소 물의 소중함을 알게 된다.

1

빵 냄새의 예시를 통하여 익숙함이 가치 인식에 미치는 영향을 설명한 글이다. 마지막 부분의 빵 냄새처럼 이런 소중한 것들은 의식 속으로 사라지고 우물이 마른 후에야 물의 소중함을 알게 된다는 내용으로 보아, ④ '익숙함이 소중한 것의 가치를 잊게 한다.'가 요지로 가장 적절하다.

2

STEP 1
만약	당신이	갓 구운 빵 냄새가 나는 방으로	걸어 들어간다면
If	S	M	V

STEP 2

If you walk into a room / that smells of freshly baked bread
접속사 S V M
만약 당신이 걸어 들어간다면 방으로 / 갓 구운 빵 냄새가 나는

3

You never miss the water till the well runs dry.
S 부정어 V O till절

= [부정어 + till절 + 조동사 + S + 본동사(도치구문 구조)]

Never till the well runs dry do you miss the water.
부정어 till절 조동사 + S + 본동사

= [It is + 부정어 + till절 + that ~ (「It ~ that」 강조구문 구조)]

It is never till the well runs dry that you miss the water.
부정어 till절

구문 분석

`3행` In fact, the only way **to reawaken** it is **to walk** out of the room and **come** back in again.

▶ to reawaken은 the only way를 수식하는 형용사적 용법의 to부정사이다.
▶ to walk ~과 (to) come ~은 명사적 용법(보어)의 to부정사로 쓰여 '~하는 것'으로 해석한다.

`7행` **As time passes**, however, they **get used to** what they have and, just like the smell of fresh bread, these wonderful assets disappear from their consciousness.

▶ As는 '~함에 따라'라는 의미의 부사절 접속사로 쓰였다.
▶ get used to N / -ing : ~에 익숙해지다

Tip

• that은 a room을 선행사로 하는 주격 관계대명사로, a room이 단수이므로 단수동사 smells가 쓰였다.

Unit 18 가정법이 들어간 문장 쓰기

단어 배열 Practice

01 (If) the plane were discovered by the German troops, he and his family might lose their lives in the air.

02 (If) Tom had finished college when he was in his twenties, he could be promoted to a better position now.

03 (If) Beethoven were alive today, he would be surprised to see the audience keeping silent while his works were being played.

04 I wish I had received wise advice from those with more life experience than I had.

05 But for her, he might have dropped out of school and surely would have had a terrible life.

06 How would you feel (if) your children wanted to imitate a celebrity who has a troubled private life?

07 (If) the sun were to rise in the west, I would believe what you said.

08 Clinking champagne glasses would be a relatively dull exercise (if) it happened every evening.

09 (If) the decision to get out of the building hadn't been made, the entire team would have been killed.

10 (If) the domed stadium had not been built, major league baseball might not have survived in Houston.

11 If you had gone to war against your enemy, you would have destroyed a great empire.

12 Had Sally finished her project yesterday, she could attend the seminar today.

13 I wish there could be another chance for you.

14 People can actually end up appearing more foolish when they act as if they had knowledge that they do not.

15 Without donations from you, our center would not have enough funds to keep operating.

01

STEP 1 그 비행기가 독일 군대에 의해서 발견된다면,
　　　　　　　　　　　　M절

그와 그의 가족은　공중에서　그들의 목숨을　잃게 될지도 모른다.
　　S　　　　　　M　　　　　O　　　　　　V

STEP 2 If the plane were discovered / by the German troops,
　　　　　　　　　　　　　M절
　　　　　그 비행기가 발견된다면 / 독일 군대에 의해서

he and his family　　might lose　　their lives　　in the air.
　　　S　　　　　　　　V　　　　　　O　　　　　　M
그와 그의 가족은　잃게 될지도 모른다　그들의 목숨을　공중에서

Tip
• 문장 구조 : 〈가정법 과거〉
If＋S＋과거동사/were ~,
S＋조동사 과거형[would
/should/could/might]
＋동사원형 ….

02

STEP 1 Tom이 20대였을 때 대학을 마쳤더라면, 그는　지금 더 좋은 자리로　승진할 수 있을 것이다.
　　　　　　　　　M절　　　　　　　　　S　　　　　M　　　　　　　　V

STEP 2 If Tom had finished college / when he was in his twenties,
　　　　　　　　　　　　　M절
　　　　　Tom이 대학을 마쳤더라면 / 그가 20대였을 때

he　　could be promoted　　to a better position / now.
S　　　　　V　　　　　　　　　　　　M
그는　승진할 수 있을 것이다　　더 좋은 자리로 / 지금

Tip
• 문장 구조 : 〈혼합 가정법〉
(if절은 가정법 과거완료,
주절은 가정법 과거)
If＋S＋had p.p. ~,
S＋조동사 과거형＋동사
원형 ….

03

STEP 1 오늘날 베토벤이 살아 있다면,

　　　　　M절

그는　그의 작품이 연주되는 동안에　청중들이 침묵을 유지하는 것을 보고　놀랄 것이다.

　S　　　　M절　　　　　　　　　M　　　　　　　　　　　V + SC

STEP 2 If Beethoven were alive / today,　he　would be surprised

　　　　　　　M절　　　　　　　　　S　　V + SC

베토벤이 살아 있다면 / 오늘날　그는　놀랄 것이다

to see the audience keeping silent　while his works were being played.

　　　　　M　　　　　　　　　　　M절

청중들이 침묵을 유지하는 것을 보고　그의 작품이 연주되는 동안에

Tip
- 문장 구조 : 〈가정법 과거〉
- 감정을 나타내는 형용사 뒤의 to부정사는 원인(~해서, ~ 때문에)을 나타내는 부사적 용법으로 사용된다.
- see + O + OC(V / -ing / p.p.) : ~가 …하는[하고 있는 / 되는] 것을 보다

04

STEP 1 내가 가진 것보다 더 많은 인생 경험을 가진 사람들로부터　내가　현명한 조언을　받았더라면　좋을 텐데.

　　　　　　　　　　M　　　　　　　　　　　　　　　　S　　　　O　　　　　V　　　I wish

STEP 2 I wish　I　had received　wise advice

　　　　　　　S　　　V　　　　　　O

좋을 텐데 내가　받았더라면　현명한 조언을

from those / with more life experience / than I had.

　　　　　　　　　　M

사람들로부터 / 더 많은 인생 경험을 가진 / 내가 가진 것보다

Tip
- 문장 구조 :
  〈I wish + 가정법 과거완료〉
  I wish + S + had p.p.
  (~였다면 좋을 텐데)
  cf. 〈I wish + 가정법 과거〉
  : I wish + S + 과거동사 / were(~라면 좋을 텐데)

05

STEP 1 그녀가 없었다면,　그는　학교에서　중퇴했을지도 모르고　분명히　비참한 삶을　살았을 것이다.

　　　　M　　　　S　　　M　　　　　V1　　　　　　　분명히　　O　　　V2

STEP 2 But for her,　he　might have dropped

　　　　M　　　　　S　　　　　V1

그녀가 없었다면　그는　중퇴했을지도 모른다

out of school　and　surely　would have had　a terrible life.

　　M　　　　　접속사　M　　　　　V2　　　　　　O

학교에서　그리고　분명히　살았을 것이다　비참한 삶을

Tip
- 문장 구조 :
  〈But for + 가정법 과거완료〉
  But for + N / -ing, S + 조동사 과거형 + have p.p.(~이 없었다면)
  cf. 〈But for + 가정법 과거〉 : But for + N / -ing, S + 조동사 과거형 + 동사원형(~이 없다면)
- 이 문장은 주절의 동사 형태에 따라 가정법 과거인지 가정법 과거완료인지를 알 수 있는데, might have dropped와 would have had로 보아 가정법 과거완료임을 알 수 있다.

[01 - 05] VOCA

troop (주로 *pl.*) 군대, 병력　　promote 승진시키다　　audience 청중, 관객　　silent 조용한　　work 작품, 곡
advice 조언　　drop out of school 중퇴하다

06

STEP 1 <u>만약 당신의 자녀들이 문제가 있는 사생활을 가진 유명인사를 흉내 내고 싶어 한다면,</u>
M절

<u>당신은 기분이 어떨까?</u>
의문사 + 조동사 + S + V

STEP 2 How would you feel
의문사 + 조동사 + S + V
당신은 기분이 어떨까

if your children / wanted to imitate a celebrity / who has a troubled private life?
M절
만약 당신의 자녀들이 / 유명인사를 흉내 내고 싶어 한다면 / 문제가 있는 사생활을 가진

07

STEP 1 <u>해가 서쪽에서 뜬다면, 나는 네가 말했던 것을 믿을 것이다.</u>
M절   S   O   V

STEP 2 If the sun were to rise / in the west,   I   would believe   what you said.
M절   S   V   O
해가 뜬다면 / 서쪽에서   나는   믿을 것이다   네가 말했던 것을

08

STEP 1 <u>그 일이 매일 저녁 발생한다면, 샴페인 잔을 부딪치는 것은 상대적으로 지루한 행사가 될 것이다.</u>
M절   S   SC   V

STEP 2 Clinking champagne glasses   would be   a relatively dull exercise
S   V   SC
샴페인 잔을 부딪치는 것은   될 것이다   상대적으로 지루한 행사가

if it happened / every evening.
M절
그 일이 발생한다면 / 매일 저녁

09

STEP 1 <u>건물 밖으로 나가라는 그 결정이 내려지지 않았다면, 팀 전체가 죽게 되었을 것이다.</u>
M절   S   V

STEP 2 If the decision / to get out of the building / hadn't been made,
M절
그 결정이 / 건물 밖으로 나가라는 / 내려지지 않았다면

the entire team   would have been killed.
S   V
팀 전체가   죽게 되었을 것이다

Tip
- 가정법 과거가 사용된 의문문이다.
- 주격 관계대명사 who 가 이끄는 절이 선행사 a celebrity를 수식한다.

Tip
- 해가 서쪽에서 뜬다는 것은 자연 현상을 거스르는 것으로, 이와 같이 실현 가능성이 희박한 일을 표현할 때는 가정법 과거를 사용하여 「If + S + were to-V」로 나타낸다.
- what은 '~하는 것'이라는 의미의 관계대명사로, what you said가 believe의 목적어로 쓰였다.

Tip
- 주절이 앞에 사용되고, if 절이 뒤에 사용된 가정법 과거 문장이다.

Tip
- 문장 구조 :
  〈가정법 과거완료〉
  If + S + had p.p. ~,
  S + 조동사 과거형 + have p.p. ….
- to get ~은 the decision 을 수식하는 형용사적 용법의 to부정사구이다.

10

STEP 1 <u>돔 경기장이 건설되지 않았다면,</u> <u>메이저 리그 야구는</u> <u>휴스턴에서</u> <u>살아남지 못했을 것이다.</u>
           M절   S   M   V

STEP 2 <u>If the domed stadium / had not been built,</u>
                  M절
     돔 경기장이 / 건설되지 않았다면

     <u>major league baseball</u> <u>might not have survived</u> <u>in Houston.</u>
              S   V   M
     메이저 리그 야구는   살아남지 못했을 것이다   휴스턴에서

[06 - 10] VOCA

imitate 흉내 내다   celebrity 유명인사   private 사적인   clink glasses (땡그랑 하고) 잔을 맞부딪치다
relatively 상대적으로   dull 지루한   exercise 행사, 의식   entire 전체의   domed stadium 돔 경기장
survive 살아남다

Tip
• 문장 구조 :
〈가정법 과거완료〉
If + S + had p.p. ~,
S + 조동사 과거형 +
have p.p. ….

11

STEP 1 <u>당신이 적에 맞서서 전쟁을 일으켰다면,</u> <u>당신은</u> <u>위대한 제국을</u> <u>파괴했을 것이다.</u>
              M절   S   O   V

STEP 2 <u>If you had gone to war / against your enemy,</u>
                   M절
     당신이 전쟁을 일으켰다면 / 적에 맞서서

     <u>you</u>   <u>would have destroyed</u>   <u>a great empire.</u>
      S   V   O
     당신은   파괴했을 것이다   위대한 제국을

Tip
• 문장 구조 :
〈가정법 과거완료〉
If + S + had p.p. ~,
S + 조동사 과거형 +
have p.p. ….

12

STEP 1 <u>Sally가 어제 그녀의 프로젝트를 끝냈다면,</u> <u>그녀는</u> <u>오늘</u> <u>세미나에</u> <u>참석할 수 있을 것이다.</u>
                M절   S   M   O   V

STEP 2 <u>Had Sally finished / her project / yesterday,</u>
                   M절
     Sally가 끝냈다면 / 그녀의 프로젝트를 / 어제

     <u>she</u>   <u>could attend</u>   <u>the seminar</u>   <u>today.</u>
      S   V   O   M
     그녀는 참석할 수 있을 것이다   세미나에   오늘

Tip
• 문장 구조 : 〈혼합 가정법〉
(if절은 가정법 과거완료,
주절은 가정법 과거)
If + S + had p.p. ~,
S + 조동사 과거형 +
동사원형 ….

• if절에서 if가 생략되어
「Had + 주어 + p.p.」의
어순으로 도치되었다.

13

STEP 1 너를 위해서 <u>다른 기회가 있을 수 있다면</u> 좋을 텐데.
　　　　　M　　　　　S + V　　　　　I wish

STEP 2 <u>I wish</u> <u>there could be another chance</u> <u>for you.</u>
　　　　　　　　　　　there + V + S　　　　M
　　　　좋을 텐데　　다른 기회가 있을 수 있다면　너를 위해서

14

STEP 1 <u>사람들은</u> <u>그들이 갖고 있지 않은 지식을 갖고 있는 것처럼 행동할 때,</u>
　　　　　S　　　　　　　　　　　M절

<u>실제로는</u> 결국 더 어리석어 보일 수 있다.
　M　　　　V + O

STEP 2 <u>People</u> <u>can actually end up / appearing more foolish</u>
　　　　　S　　　　　M + V + O
　　　사람들은　　실제로는 결국 ~할 수 있다 / 더 어리석어 보일

<u>when they act / as if they had knowledge / that they do not.</u>
　　　　　　　　　　　M절
그들이 행동할 때 / 그들이 지식을 갖고 있는 것처럼 / 그들이 갖고 있지 않은

15

STEP 1 <u>여러분들로부터의 기부금이 없다면,</u> <u>우리 센터는</u> <u>계속 운영할 충분한 기금을</u> <u>갖지 못할 것이다.</u>
　　　　　　　　　M　　　　　　　　　S　　　　　　O　　　　　　　V

STEP 2 <u>Without donations / from you,</u>
　　　　　　　　　M
　　　기부금이 없다면 / 여러분들로부터의

<u>our center</u> <u>would not have</u> <u>enough funds / to keep operating.</u>
　　S　　　　　V　　　　　　　O
우리 센터는　　갖지 못할 것이다　충분한 기금을 / 계속 운영할

[11 - 15] VOCA

enemy 적　destroy 파괴하다　empire 제국　attend 참석하다　knowledge 지식　donation 기부(금)
fund 기금　operate 운영하다

Tip

• '~라면 좋을 텐데[~였다면 좋았을 텐데]'라는 우리말이 나오면 〈I wish + 가정법〉을 먼저 떠올리도록 한다. 그리고 I wish의 목적어절을 만들 때, 시제를 과거 또는 과거완료 중 무엇을 쓸지는 우리말을 통해 결정하도록 한다.

Tip

• 문장 구조 :
〈as if + 가정법 과거〉
S + V ~ as if + S + 과거동사 / were(마치 ~처럼)

• end up + -ing: 결국 ~하다

• 목적격 관계대명사 that이 이끄는 절이 선행사 knowledge를 수식한다.

Tip

• 문장 구조 :
〈without + 가정법 과거〉
Without + N / -ing,
S + 조동사 과거형 + 동사원형 … (~이 없다면)

• keep + -ing : 계속 ~하다

• to keep ~은 funds를 수식하는 형용사적 용법의 to부정사구이다.

---

1 ③   **2** (d) what → that   **3** had, been, enclosed, have, responded

VOCA plus
respond 답장을 보내다
quickly 빨리

해석 및 해설

핵심 내용 Carnegie는 조카들에게 수표를 보냈다고 편지를 썼지만, 실제로는 수표를 동봉하지 않아서 조카들로부터 빠른 답장을 받을 수 있었다.

20세기 초 대단한 경영인인 Andrew Carnegie가 한번은 자신의 누이가 두 아들에 대해 불평하는 것을 들었다. (B) 그들은 집을 떠나 대학을 다니면서 좀처럼 그녀의 편지에 답장을 하지 않았다. Carnegie는 자신이 그들에게 편지를 쓰면 즉각 답장을 받을 것이라고 그녀에게 말했다. (C) 그는 두 통의 훈훈한 편지를 그 아이들에게 보냈는데, 그들 각각에게 (그 당시에는 큰 액수의 돈이었던) 100달러짜리 수표를 보내게 되어 기쁘다고 그들에게 말했다. 그때 그는 편지들을 부쳤지만 수표들을 동봉하지는 않았다. (A) 며칠 이내에 그는 두 아이들로부터 훈훈한 감사의 편지를 받았는데, 그들은 편지의 말미에 그가 유감스럽게도 수표를 넣는 것을 잊었다고 말했다. 그 수표가 동봉되었다면, 그들은 그렇게 빨리 답장을 보냈을까?

1

주어진 글은 Carnegie의 누이가 두 아들이 편지에 답장을 하지 않는다고 불평했다는 내용으로, Carnegie 자신이 편지를 쓰면 즉각 답장을 받을 거라고 말하는 (B)가 뒤에 오고, 그가 두 통의 편지를 보내는 내용인 (C)가 온 뒤, 조카들로부터 훈훈한 감사의 편지를 받는 (A)가 마지막에 오는 것이 가장 적절하다. (B)에서 They는 주어진 글의 her two sons를 가리킨다.

2

(d) 관계대명사 what은 선행사를 포함하고 있으며, 주어나 목적어가 없는 불완전한 절이 이어진다. 이 문장에서는 뒤에 완전한 절이 왔기 때문에 앞의 절과 뒤의 절을 이어 주는 단순 접속사 기능을 하는 that으로 고쳐야 한다.

(a) early-twentieth-century는 businessman을 수식하는 형용사로 사용되고 있고, 세기를 나타낼 때는 서수를 사용한다. *ex.* 19th century : 19세기

(b) 지각동사는 목적어와의 관계가 능동일 때 목적격보어로 동사원형이 오므로 heard 뒤에 complain이 오는 것은 적절하다.

(c) 선행사 both boys를 받는 계속적 용법의 주격 관계대명사 who가 온 것은 적절하다.

(e) forget/remember는 뒤에 to부정사가 오면 '(미래에) ~할 것을 잊다/기억하다'로 해석하며, 동명사가 오면 '(과거에) ~했던 것을 잊다/기억하다'로 해석한다. 따라서 문맥상 미래를 나타내는 to부정사가 나온 것은 적절하다.

(f) rarely는 빈도부사로 be동사나 조동사 뒤, 일반동사 앞에 위치하므로 적절하다.

(g) tell은 4형식 동사로 간접목적어(them) 다음에 직접목적어 자리에 that절이 올 수 있으므로 적절하다.

3

과거 사실에 대한 반대 가정은 가정법 과거완료를 사용하며, 형식은 「If + S + had + p.p.~, S + 조동사 과거 + have + p.p.」로 나타낸다. 따라서 내용상 수표는 '동봉되는' 것이므로 enclose는 had been enclosed로, respond는 have responded로 써야 한다.

구문 분석

8행 He sent off two warm letters to the boys, and **told them that** he was happy to send **each of them** a check for a hundred dollars (a large sum in those days).

▶ told는 4형식 수여동사로 「간접목적어(them) + 직접목적어(that절)」가 쓰였다.
▶ each는 「each + 단수명사」, 「each of + 복수명사」로 쓴다.

Unit 19 비교 표현이 들어간 문장 쓰기

단어 배열 Practice

01 Millions of years ago, human faces weren't as flat as they are today.

02 In a lifetime, the average human heart will beat more than two and a half billion times.

03 In 1965, a baseball player named Maury Wills stole more bases than any other player in the major leagues.

04 To their surprise, they discovered that the carbon-colored rubber tires were five times more durable than the uncolored ones.

05 The number of cats, sheep, and cows living in the country was larger than that in the city.

06 A landform called a plateau can rise almost as high as a mountain.

07 It was found that spending as little as 5 dollars a day on others could significantly boost happiness.

08 Each year, the number of Koreans going abroad is larger than that of foreigners visiting Korea.

09 Nothing teaches kids quicker about what things cost than giving them their own money to spend.

10 Children who often get serious ear infections are twice more likely to become overweight later in life than kids with healthier ears.

11 The text-message usage of kids under 18 is over twice as much as that of people ages 18 to 24.

12 The amount of fat you eat should be no larger than the tip of your thumb.

13 Remember that nothing is more important than practice.

14 The more you find out about the other party, the more persuasive you will become in the negotiation.

15 A large knife with a broad blade is not so much a weapon as a necessity for some people.

01

STEP 1 <u>수백만 년 전에,</u> <u>인간의 얼굴은</u> <u>오늘날(그것들이 그러한)만큼</u> <u>납작하지 않았다.</u>
　　　　　M　　　　　　S　　　　　　　　M　　　　　　　　　V + SC

STEP 2 <u>Millions of years ago,</u>
　　　　　　　　M
　　　　　수백만 년 전에

<u>human faces</u>　<u>weren't as flat</u>　<u>as they are today.</u>
　　S　　　　　　V + SC　　　　　　　M
인간의 얼굴은　　납작하지 않았다　오늘날(그것들이 그러한)만큼

Tip

• as + (형용사 / 부사의) 원급 + as : 동등한 두 대상을 비교하는 원급 비교 표현으로, '~만큼 …한[하게]'이라는 의미이다.

02

STEP 1 <u>평생 동안,</u> <u>보통 사람의 심장은</u> <u>25억 번보다 더 많이</u> <u>박동할 것이다.</u>
　　　　　M　　　　　S　　　　　　　　M　　　　　　　V

STEP 2 <u>In a lifetime,</u>　<u>the average human heart</u>
　　　　　　　M　　　　　　　　　　S
　　　　　평생 동안　　　　보통 사람의 심장은

<u>will beat</u>　<u>more than / two and a half billion times.</u>
　　V　　　　　　　　　　M
박동할 것이다　　　더 많이 / 25억 번보다

Tip

• A + 비교급 + than + B : 우등 비교 표현으로, 'A는 B보다 더 ~하다'라는 의미이다.

• In a lifetime은 시간을 나타내는 부사구로 문장 뒤에 위치해도 무방하다.

03

STEP 1 <u>1965년에,</u> <u>Maury Wills라고 불리는 한 야구 선수는</u>
     M   S (S +M)

<u>메이저 리그에서</u> <u>다른 어떤 선수보다</u> <u>더 많은 도루를 했다.</u>
    M   V + O

STEP 2 <u>In 1965,</u> <u>a baseball player / named Maury Wills</u>
    M   S (S + M)

   1965년에   한 야구 선수는 / Maury Wills라고 불리는

<u>stole more bases</u> <u>than any other player / in the major leagues.</u>
    V + O   M

  더 많은 도루를 했다   다른 어떤 선수보다 / 메이저 리그에서

04

STEP 1 <u>놀랍게도,</u> <u>그들은</u> <u>검정색 계열의 고무 타이어가 색칠되지 않은 타이어보다 5배 더 내구성이 있다는 것을</u>
    M   S   O절 (S + V + M)

<u>알게 되었다.</u>
  V

STEP 2 <u>To their surprise,</u> <u>they</u> <u>discovered</u>
      M   S   V
    놀랍게도   그들은 알게 되었다

<u>that the carbon-colored rubber tires / were five times more durable /</u>
                  O절 (S + V + M)
  검정색 계열의 고무 타이어가 / 5배 더 내구성이 있다는 것을 /

<u>than the uncodored ones.</u>

   색칠되지 않은 타이어보다

05

STEP 1 <u>시골에 살고 있는 고양이, 양, 소의 숫자는</u> <u>도시에서의 그것(숫자)보다</u> <u>더 많았다.</u>
           S (S + M)   M   V + SC

STEP 2 <u>The number of cats, sheep, and cows / living in the country</u>
                   S (S + M)
    고양이, 양, 소의 숫자는 / 시골에 살고 있는

<u>was larger</u> <u>than that in the city.</u>
  V + SC   M
 더 많았다 도시에서의 그것(숫자)보다

[01 - 05] VOCA

flat 납작한, 평평한 average 보통의, 평균의 beat 박동하다 billion 10억의 name 이름을 지어 주다 steal a base 도루하다 discover 알아내다 carbon-colored 검정색 계열의 rubber 고무(로 만든) durable 내구성이 있는, 오래가는

Tip

- 비교급 + than any other + 단수명사 : '다른 어떤 ~보다 더 …한'이라는 의미로, 형태는 비교급이지만 내용상 최상급의 의미를 나타낸다.

- named ~는 a baseball player를 수식하는 과거분사구이다.

- In 1965는 시간을 나타내는 부사구로 문장 뒤에 위치해도 무방하다.

Tip

- 배수사 + 비교급 + than : 배수 비교 표현으로, ' ~보다 -배 더 …한'이라는 의미를 나타낸다.

- to one's surprise : 놀랍게도

- ones는 앞의 명사 tires의 반복을 피하기 위해 사용되었다.

Tip

- the number of : ~의 숫자
  cf. a number of : 많은

- living ~은 cats, sheep, and cows를 수식하는 현재분사구이다.

- that은 앞의 명사 the number의 반복을 피하기 위해 사용되었다.

06

STEP 1 고원이라고 불리는 지형은 거의 산만큼 높이 솟아오를 수 있다.
<u>S (S + M)</u>　　　　　　M　　　　V

STEP 2 A landform / called a plateau　can rise　almost as high as a mountain.
　　　　　<u>S (S + M)</u>　　　　V　　　　<u>M</u>
지형은 / 고원이라고 불리는　솟아오를 수 있다　거의 산만큼 높이

Tip
• 「as ～ as」 원급 비교 표현이 사용되었다.

07

STEP 1 다른 사람들에게 하루에 5달러만큼의 약간의 돈을 쓰는 것은 행복감을 상당히 증진시킬 수 있다는 것이
　　　　　　　　　　　　　　　　　　　　　　　진S

밝혀졌다.
V

STEP 2 It was found
　　　　　가S + V
　　　　　밝혀졌다

that spending as little / as 5 dollars a day / on others / could significantly boost /
　　　　　　　　　　　　　　　　진S
약간의 돈을 쓰는 것은 / 하루에 5달러만큼의 / 다른 사람들에게 / 상당히 증진시킬 수 있다는 것이 /

happiness.

행복감을

Tip
• 「It(가주어) ～ that(진주어)」 구문과 「as ～ as」 원급 비교 표현이 사용되었다.
• 진주어 that절 분석
① spending ～ others : 주어구
② could significantly boost : 동사구
③ happiness : 목적어

08

STEP 1 매년, 해외로 가는 한국인들의 숫자는 한국을 방문하는 외국인들의 그것(숫자)보다 더 많다.
　　　　M　　　<u>S (S + M)</u>　　　　　　　　M　　　　　　　　V + SC

STEP 2 Each year,　the number of Koreans / going abroad
　　　　　M　　　　　<u>S (S + M)</u>
　　　　　매년　　한국인들의 숫자는 / 해외로 가는

is larger　than that of foreigners / visiting Korea.
<u>V + SC</u>　　　　　　　M
더 많다　외국인들의 그것(숫자)보다 / 한국을 방문하는

Tip
• 「비교급 ～ than」의 우등 비교 표현이 사용되었다.
• 현재분사구인 going abroad와 visiting Korea는 각각 Koreans와 foreigners를 수식한다.
• that은 앞의 명사 the number의 반복을 피하기 위해서 사용되었다.

09

STEP 1 물건의 값이 얼마인지에 대해서 아이들에게 쓸 그들 자신의 돈을 주는 것보다 더 빨리
　　　　　　　　　　　　　　　　　　　M

아이들을 가르치는 것은 없다.
　O　　　S + V

STEP 2 Nothing teaches　kids
　　　　　S + V　　　O
　　가르치는 것은 없다　아이들을

quicker / about what things cost / than giving them / their own money / to spend.
　　　　　　　　　　M
더 빨리 / 물건의 값이 얼마인지에 대해서 / 그들에게 주는 것보다 / 그들 자신의 돈을 / 쓸

Tip
• 부정주어 + 비교급 + than : '어떤 –도 ～보다 더 … 하지 않다'라는 의미로, 형태는 비교급이지만 내용상 최상급의 의미를 나타낸다.
• give + IO + DO : IO에게 DO를 주다
• to spend는 money를 수식하는 형용사적 용법의 to부정사이다.

10

STEP 1 <u>종종 심각한 귀의 염증을 가진 아이들은</u> <u>살면서 나중에 건강한 귀를 가진 아이들보다</u>
                S (S + M)   M

<u>두 배 더 과체중이 될 가능성이 있다.</u>
       V + SC

STEP 2 <u>Children / who often get serious ear infections</u>
                  S (S + M)
         아이들은 / 종종 심각한 귀의 염증을 가진

<u>are twice more likely to become overweight</u> <u>later in life / than kids /</u>
          V + SC   M
     두 배 더 과체중이 될 가능성이 있다   살면서 나중에 / 아이들보다 /

<u>with healthier ears.</u>

    건강한 귀를 가진

[06-10] VOCA

landform 지형   plateau 고원   significantly 상당히   boost 증진시키다, 북돋우다   cost (비용, 값이) 들다
ear infection 귓병, 중이염   overweight 과체중의

Tip

• 「배수사 + 비교급 + than」의 배수 비교 표현이 쓰였다.

• 주격 관계대명사 who가 이끄는 절이 선행사 Children을 수식한다.

• be likely to-V : ~할 가능성이 있다, ~할 것 같다

11

STEP 1 <u>18세 미만 아이들의 문자 메시지 사용은</u> <u>18세부터 24세 사람들의 그것(사용)보다</u> <u>두 배 이상이다.</u>
                S   M   V + SC

STEP 2 <u>The text-message usage / of kids under 18</u>
                  S
     문자 메시지 사용은 / 18세 미만 아이들의

<u>is over twice</u> <u>as much as that of people / ages 18 to 24.</u>
   V + SC   M
 두 배 이상이다   사람들의 그것(사용)보다 / 18세부터 24세의

Tip

• 배수사 + as ~ as : 배수 비교 표현으로, '~보다 - 배 더 …한'이라는 의미를 나타낸다.

• that은 앞의 명사 the text-message usage의 반복을 피하기 위해 사용되었다.

12

STEP 1 <u>당신이 먹는 지방의 양은</u> <u>당신의 엄지손가락의 끝부분보다</u> <u>더 크면 안 된다.</u>
         S (S + M)   M   V + SC

STEP 2 <u>The amount of fat / you eat</u> <u>should be no larger</u> <u>than the tip of your thumb.</u>
         S (S + M)   V + SC   M
    지방의 양은 / 당신이 먹는   더 크면 안 된다   당신의 엄지손가락의 끝부분보다

Tip

• 「비교급 ~ than」의 우등 비교 표현이 사용되었다.

• 목적격 관계대명사가 생략된 you eat이 선행사 fat을 수식한다.

13

STEP 1 <u>어떤 것도 연습보다 중요하지 않다는 것을</u> <u>기억해라.</u>
O절 (S + V + SC + M)　　　　　　　　V

STEP 2 <u>Remember</u> <u>that nothing is more important</u> / than practice.
V　　　　　　　O절 (S + V + SC + M)
기억해라　　어떤 것도 중요하지 않다는 것을 / 연습보다

Tip
• 「부정주어 + 비교급 + than」 또는 「부정주어 + as ∼ as」는 내용상 최상급의 의미를 나타낸다.

14

STEP 1 <u>여러분이</u> <u>상대방에 대해서 더 많이</u> <u>알아낼수록,</u> <u>여러분은</u> <u>협상에서</u> <u>더 설득적으로 될 것이다.</u>
S1　　　　　　M　　　　　　V1　　　　S2　　　　M　　　　　V2 + SC

STEP 2 <u>The more</u>　<u>you</u>　<u>find out</u>　<u>about the other party,</u>
the 비교급　　S1　　V1　　　　　　M
더 많이　　여러분이　알아낼수록　　상대방에 대해서

<u>the more persuasive</u>　<u>you</u>　<u>will become</u>　<u>in the negotiation.</u>
the 비교급　　　　　S2　　　V2　　　　　　M
더 설득적으로　　여러분은　될 것이다　　　협상에서

Tip
• the 비교급 + S + V ∼, the 비교급 + S + V … : ∼하면 할수록, 더 …하다

15

STEP 1 <u>넓은 날을 가진 커다란 칼은</u> <u>어떤 사람들에게는</u> <u>무기라기보다는 필수품이다.</u>
S (S + M)　　　　　　M　　　　　　V + SC

STEP 2 <u>A large knife / with a broad blade</u>
S (S + M)
커다란 칼은 / 넓은 날을 가진

<u>is not so much a weapon as a necessity</u>　<u>for some people.</u>
V + SC　　　　　　　　　　　M
무기라기보다는 필수품이다　　　　어떤 사람들에게는

Tip
• not so much A as B : A라기보다는 B
(= not A so much as B = B rather than A)

[11 - 15] VOCA

usage 사용　tip 끝부분　thumb 엄지 손가락　practice 연습　other party 상대방　persuasive 설득력 있는
negotiation 협상, 협의　blade 날, 칼날　necessity 필수품

1 ① **2** end up feeling more disconnected and disillusioned than those with more modest expectations **3** (b) tends → tend (c) which → that (e) are → do

해석 및 해설

`핵심 내용` 학생들이 지나친 자신감을 가지면 부정적인 결과가 생겨날 수 있다.

어떤 사람은 학생들의 지나친 자신감에 대해 걱정할 이유라도 있는지 궁금해 할지 모른다. 어쨌든, 자신감은 자주 긍정적인 특성으로 여겨진다. 실제로, 연구는 학교에서 성공할 자신들의 능력에 자신감이 있는 학생들이 덜 자신감이 있는 학생들보다 학업 시험에서 더 잘하는 경향이 있음을 보여 준다. 그렇긴 하지만, 교실에서 지나치게 자신감 있는 것으로부터 부정적인 결과도 생겨난다. 대학에서 성공할 자신의 능력을 과신하는 학생들은 더 적당한 기대감을 가진 학생들보다 결국 더 단절됨과 환멸을 느끼게 된다. 지나친 자신감은 학생들로 하여금 자신들이 시험에 충분히 준비되어 있고 더 공부할 필요가 없다는 잘못된 생각을 하도록 둘 수도 있다. 학습에서 자신의 진척에 관해 비교적 정확하게 인식하는 학생들은 자신의 지식에 대해 오류가 더 생기기 쉬운 관점을 가진 학생들보다 더 효과적인 공부 습관을 사용하고 시험을 더 잘 보는 경향이 있다.

1

자신감은 자주 긍정적인 특성으로 여겨지고 자신감 있는 학생들이 학교의 학업 시험에서 더 잘하는 경향이 있기는 하지만, 지나친 자신감은 부정적인 결과를 가져오기도 한다는 내용이므로, ① '학생들의 학교생활에서의 지나친 자신감의 부정적 영향들'이 글의 주제로 가장 적절하다.
② 대학 전공 선택에서 고려해야 할 중요한 요소들
③ 학생들의 자신감을 형성하는 유용한 전략들
④ 학교에서의 학업 시험의 변화된 역할들
⑤ 나쁜 공부 습관을 바꾸는 효과적인 방법들

2

STEP 1 <u>더 적당한 기대감을 가진 학생들보다</u> <u>결국 더 단절됨과 환멸을 느끼게 된다</u>
　　　　　　　　　　M　　　　　　　　　　　　　V + O

STEP 2 end up / feeling more disconnected and disillusioned
　　　　　　　　　　　　　　　V + O
　　　　　　　　결국 더 단절됨과 환멸을 느끼게 된다

　　　　than those with more modest expectations
　　　　　　　　　　　　　M
　　　　　　　더 적당한 기대감을 가진 학생들보다

3

(b) 주어는 주격 관계대명사절 who ~ school의 수식을 받는 students이므로 복수동사인 tend가 적절하다.
(c) which 뒤에 이어지는 they ~ study가 완전한 절이고, 앞의 명사구 mistaken impressions와 동격을 이루기 때문에 동격의 접속사 that이 적절하다.
(e) those는 students를 가리키고, 앞의 동사 tend를 대신하는 대동사가 나와야 하므로 do가 적절하다.

구문 분석

`1행` One might wonder **whether** there is any reason **to be concerned** about over-confidence in students.
　▶ whether ~는 wonder의 목적어 역할을 하는 명사절로 사용되었고, 이때 whether는 if와 바꿔 쓸 수 있다.
　▶ any reason을 수식하는 형용사적 용법의 to부정사 to be concerned는 to부정사의 수동태 표현(to be p.p.)이다.

VOCA plus

critical 중대한, 결정적인
major 전공
strategy 전략
expectation 기대
disillusioned 환멸을 느끼는

Tip
• 「more ~ than」의 우등 비교 표현이 사용되었다.

• end up은 '결국 ~하게 되다'의 의미로 뒤에 동명사를 취한다.

• those는 앞의 명사 students의 반복을 피하기 위해 사용되었다.

구조가 특이한 문장 쓰기

단어 배열 Practice

01 Winning the lottery does not always make you happy.

02 None of your ideas will change the world if you keep them inside of your head.

03 (Never) did she imagine the effect her decision would have on her young son.

04 As the rubber on the can vibrates, so does the mirror.

05 (Only) for the devotion to his family does he do such hard work.

06 The employee who she believed was honest deceived her.

07 He was not very good at his work nor did he seem to improve.

08 (Near) my house are two big bakeries run by my close friends.

09 (Little) did I know at that time that the same principal would play a major part in my life ten years later.

10 The opponent's fists flew so fast that Maggie could barely block the punches.

11 Chuckwallas, fat lizards, are usually 20-25cm long and weigh about 1.5kg when mature.

12 (Not only) did he start talking much sooner than most children do, (but he could memorize nearly all the pages of his fairy tale books).

13 (No sooner) had I reached the house than I realized it was empty.

14 It was my secretary that sent the bill to Mr. Lane yesterday.

15 (Never before) had these subjects been considered appropriate for artists.

01

STEP 1 복권에 당첨되는 것이 항상 당신을 행복하게 만드는 것은 아니다.
                     S   M   O   OC   V

STEP 2 Winning the lottery   does not always make   you   happy.
                S   M + V   O   OC
       복권에 당첨되는 것이   항상 만드는 것은 아니다   당신을 행복하게

02

STEP 1 당신이 당신의 생각들을 당신의 머릿속에 넣어 두면
                            M절

    그것들 중에 어떤 것도 세상을 변화시키지 못할 것이다.
           S   O   V

STEP 2 None of your ideas will change   the world
                   S + V   O
     당신의 생각들 중에 어떤 것도 변화시키지 못할 것이다   세상을

     if you keep them / inside of your head.
                       M절
     당신이 그것들을 넣어 두면 / 당신의 머릿속에

Tip

• all, both, every, always, completely, absolutely, necessarily 등이 not과 같이 쓰이면 부분을 부정한다고 하여 '부분 부정'이라고 한다. '모두[둘 다, 모든, 항상, 완전히, 반드시, 꼭] ~인 것은 아니다'라고 해석한다.

Tip

• None of + 명사 : '어떤 것도 ~ 않다'라는 의미로, 전체 부정을 나타낸다.

03

STEP 1 <u>그녀의 결정이 그녀의 어린 아들에게 미칠 영향을</u> <u>그녀는</u> <u>결코 상상하지 못했다.</u>
O (O + M절)   O   M절 (M + 조동사 + S + V)

STEP 2 <u>Never did she imagine</u> <u>the effect / her decision would have / on her young son.</u>
M절 (M + 조동사 + S + V)   O (O + M절)
그녀는 결코 상상하지 못했다   영향을 / 그녀의 결정이 미칠 / 그녀의 어린 아들에게

Tip

- 부정어가 문장 앞으로 나오는 경우, 「부정어 + 조동사 + S + V」의 어순으로 도치가 이루어진다.

- 목적격 관계대명사가 생략된 her decision ~ son이 선행사 the effect를 수식한다.

- have an effect on : ~에 영향을 미치다

04

STEP 1 <u>깡통 위의 고무가 진동하는 것처럼,</u> <u>거울도</u> <u>역시 그렇다.</u>
M절   S   M + V

STEP 2 <u>As the rubber / on the can / vibrates,</u> <u>so does</u> <u>the mirror.</u>
M절   M + V   S
고무가 / 깡통 위의 / 진동하는 것처럼   역시 그렇다   거울도

Tip

- 긍정문에서 '~도 역시 그렇다'는 의미는 「so + 대동사 + 주어」로 나타낸다.

- 대동사는 동사의 반복을 피하기 위해 사용하는 동사로, 일반동사는 do / does / did로 받을 수 있다.

05

STEP 1 <u>오직 그의 가족에 대한 헌신을 위해</u> <u>그런 어려운 일을</u> <u>그는 한다.</u>
M   O   조동사 + S + V

STEP 2 <u>Only for the devotion / to his family</u> <u>does he do</u> <u>such hard work.</u>
M   조동사 + S + V   O
오직 헌신을 위해 / 그의 가족에 대한   그는 한다   그런 어려운 일을

Tip

- Only 구문이 문두에 사용되는 경우, 「Only 구문 + 조동사 + S + V」의 어순으로 도치가 이루어진다.

[01 - 05] VOCA

win the lottery 복권에 당첨되다   rubber 고무   vibrate 진동하다   mirror 거울   devotion 헌신

06

STEP 1 <u>그녀가 생각하기에 정직했던 그 직원이</u> <u>그녀를</u> <u>속였다.</u>
S (S + M절)   O   V

STEP 2 <u>The employee / who [she believed] was honest</u> <u>deceived</u> <u>her.</u>
S (S + M절)   V   O
그 직원이 / 그녀가 생각하기에 정직했던   속였다   그녀를

Tip

- 주격 관계대명사인 who와 관계절의 동사 was 사이에 she believed가 삽입되었는데, 삽입 표현은 '~하기에'라고 해석한다.

07

STEP 1 <u>그는</u> <u>자신의 일에</u> <u>그다지 능숙하지 못했고,</u> <u>그리고 그는 향상되는 것처럼 보이지도 않았다.</u>
S   M   V + SC   M절 (M + 조동사 + S + V)

STEP 2 <u>He</u>   <u>was not very good</u>   <u>at his work</u>   <u>nor did he seem to improve.</u>
S   V + SC   M   M절 (M + 조동사 + S + V)
그는   그다지 능숙하지 못했다   자신의 일에   그리고 그는 향상되는 것처럼 보이지도 않았다

Tip

- 「부정어(nor) + 조동사(did) + S(he) + V(seem)」 구조로, 부정어가 앞으로 나오면서 도치된 문장이다.

- be good at : ~을 잘하다, ~에 능숙하다

- nor : ~도 아니다 (and not의 의미)

08

STEP 1 <u>우리 집 근처에</u> <u>나의 친한 친구들에 의해 운영되는 두 개의 큰 제과점이</u> <u>있다.</u>
M   S (S + M)   V

STEP 2 <u>Near my house</u>   <u>are</u>   <u>two big bakeries / run by my close friends.</u>
M   V   S (S + M)
우리 집 근처에   있다   두 개의 큰 제과점이 / 나의 친한 친구들에 의해 운영되는

Tip
- 부사구가 강조를 위해 문장 앞으로 나오는 경우, 「부사구 + V + S」의 어순으로 도치가 이루어진다.
- 과거분사구인 run ~ friends가 two big bakeries를 수식한다.

09

STEP 1 <u>동일한 교장 선생님이 10년 후 내 인생에서 중대한 역할을 할 거라는 것을</u>
O절

<u>그때는</u> <u>나는 거의 알지 못했다.</u>
M   M절 (M + 조동사 + S + V)

STEP 2 <u>Little did I know</u>   <u>at that time</u>
M절 (M + 조동사 + S + V)   M
나는 거의 알지 못했다   그때는

<u>that the same principal / would play a major part / in my life / ten years later.</u>
O절
동일한 교장 선생님이 / 중대한 역할을 할 거라는 것을 / 내 인생에서 / 10년 후

Tip
- 「부정어(Little) + 조동사(did) + S(I) + V(know)」의 구조로, 부정어가 앞으로 나오면서 도치된 문장이다.
- that이 이끄는 명사절이 동사 know의 목적어로 쓰였다.

10

STEP 1 <u>상대방의 주먹이</u> <u>너무 빨리</u> <u>날아와서</u> <u>Maggie는 거의 그 펀치들을 막을 수 없었다.</u>
S   M   V   M절

STEP 2 <u>The opponent's fists</u>   <u>flew</u>   <u>so fast</u>   <u>that Maggie / could barely block / the punches.</u>
S   V   M   M절
상대방의 주먹이   날아왔다 너무 빨리   그래서 Maggie는 / 거의 막을 수 없었다 / 그 펀치들을

Tip
- so ~ that ... : 너무 ~해서 …하다 (결과)
- so가 있는 절은 주절이고, that이 이끄는 절은 종속절, 즉 부사절이다.

[06-10] VOCA

honest 정직한   deceive 속이다   improve 향상되다, 개선되다   run 운영하다(run – ran – run)   principal 교장   major 중대한   opponent 상대방   fist 주먹   barely 거의 ~ 않다   block 막다

11

STEP 1 <u>통통한 도마뱀인 chuckwalla는</u> <u>대개 20~25cm 길이이고,</u>
S   V + SC

<u>성장했을 때</u> <u>무게가 약 1.5kg 나간다.</u>
M   V + SC

STEP 2 <u>Chuckwallas, / fat lizards,</u>   <u>are usually 20-25cm long</u>
S (동격)   V + SC
Chuckwallas는 / 통통한 도마뱀인   대개 20~25cm 길이이다

<u>and</u>   <u>weigh about 1.5kg</u>   <u>when mature.</u>
접속사   V + SC   M
그리고   무게가 약 1.5kg 나간다   성장했을 때

Tip
- Chuckwallas와 fat lizard는 동격이다.
- 접속사 when과 mature 사이에는 「주어 + 동사」인 they are가 생략되어 있다.

12

STEP 1 대부분의 아이들이 하는 것보다 말하기를 훨씬 더 빨리 그가 시작했을 뿐만 아니라,
　　　　　　　　M　　　　　　 O1　　　 M　　　 M절 (M + 조동사 + S1 + V1)

그는 그의 동화책의 거의 모든 페이지를 암기할 수 있었다.
S2　　　　　 O2　　　　　　　 V2

STEP 2 <u>Not only did he start</u> <u>talking</u> <u>much sooner / than most children do,</u>
　　　　　 M절 (M + 조동사 + S1 + V1)　　 O　　　　　　　　 M
　　　　　 그가 시작했을 뿐만 아니라　 말하기를　 훨씬 더 빨리 / 대부분의 아이들이 하는 것보다

<u>but</u> <u>he</u> <u>could memorize</u> <u>nearly all the pages of his fairy tail books.</u>
접속사　 S2　　　 V2　　　　　　　　　　　 O2
　　　　 그는　 암기할 수 있었다　　　　 그의 동화책의 거의 모든 페이지를

13

STEP 1 내가 그 집에 도착하자마자 그곳이 비어 있다는 것을 나는 깨달았다.
　　　 M절 (M + 조동사 + S + V)　　 O절　　　　 S　　 V

STEP 2 <u>No sooner had I reached the house than</u> <u>I</u> <u>realized</u> <u>it was empty.</u>
　　　　 M절 (M + 조동사 + S + V)　　　　　 S　　 V　　　 O절
　　　　 내가 그 집에 도착하자마자　　　　　 나는 깨달았다 그곳이 비어있다는 것을

14

STEP 1 어제 Mr. Lane에게 청구서를 보낸 것은 바로 내 비서였다.
　　　　　　 관계사절　　　　　　　　 It was + 강조 어구

STEP 2 <u>It was my secretary</u> <u>that sent the bill / to Mr. Lane / yesterday.</u>
　　　 It was + 강조 어구　　　　　　 관계사절
　　　 바로 내 비서였다　　 청구서를 보낸 것은 / Mr. Lane에게 / 어제

15

STEP 1 이런 대상들이 화가들에게 적합하다고 결코 이전에는 여겨지지 않았다.
　　　　 S　　　　　 SC　　　　　　 M + V

STEP 2 <u>Never before / had these subjects / been considered</u> <u>appropriate for artists.</u>
　　　　 M절 (M + 조동사+S+V)　　　　　　　　　　　　 SC
　　　 결코 이전에는 / 이런 대상들이 / 여겨지지 않았다　　 화가들에게 적합하다고

[11 - 15] **VOCA**

> lizard 도마뱀　 weigh 무게가 ~이다　 mature 다 자란, 성인이 된　 empty 비어 있는　 secretary 비서　 bill 청구서　 subject 대상　 consider 여기다　 appropriate 적절한

Tip
- 「부정어(Not only) + 조동사(did) + S(he) + V(start)」의 구조로, 부정어가 앞으로 나오면서 도치된 문장이다.
- not only A but (also) B : A뿐만 아니라 B도

Tip
- no sooner A than B : 'A하자마자 B하다'라는 의미로, A가 B보다 먼저 발생한 것이기 때문에 A는 B보다 하나 앞선 시제를 쓴다. 따라서 A는 과거완료, B는 과거형으로 쓴다.

Tip
- It is[was] ~ that ... : '...한 것은 바로 ~이다[였다]'라는 뜻으로, It과 that 사이에 강조하고자 하는 말을 넣어 표현한다.

Tip
- 「Never(부정어) before + had + S + p.p.」의 구조이다. 완료시제가 포함된 문장에서 도치가 일어나는 경우, 주어와 조동사 have[has, had]의 어순이 바뀐다.

1 (w)ords　**2** (Only recently) have humans created various languages and alphabets to symbolize these "picture" messages　**3** ⑤

해석 및 해설

[핵심 내용] 우리는 문자가 아니라 이미지로 기억한다.

당신은 사실 말이 아니라 이미지로 생각한다는 것을 알고 있었는가? 이미지는 간단히 말해 생각과 경험을 보여 주는 심상(心象)이다. 초기 인류는 모래나 자신이 사는 동굴 벽에 그림을 그림으로써 수천 년 동안 자기 생각과 경험을 다른 사람들에게 전달했다. 최근에서야 이 '그림' 메시지를 기호로 나타내기 위해서 다양한 언어와 알파벳을 인간이 만들어 냈다. 당신의 마음은 아직 이 비교적 새롭게 생겨난 것에 적응하지 못했다. 이미지가 말보다 뇌에 훨씬 더 커다란 영향을 주는데, (사실) 눈에서 뇌로 이어지는 신경이 귀에서 뇌로 이어지는 신경보다 25배 더 크다. 예를 들어, 당신은 종종 흔히 어떤 사람의 얼굴은 기억나지만, 그 사람의 이름은 기억나지 않는다. '그림 하나가 천 마디 말의 가치가 있다.'라는 오래된 속담은 맞는 말이다.

1

(a)가 포함된 문장은 글의 도입부로서 사람들은 말이 아니라 이미지로 생각하고 기억한다고 했으므로 words가 들어가는 것이 가장 적절하다.

2

STEP 1　이 '그림' 메시지를 기호로 나타내기 위해서 다양한 언어와 알파벳을 인간이 만들어 냈다.
　　　　　　　　　　　M　　　　　　　　　　O　　　　　조동사 + S + V

STEP 2　have humans created
　　　　　조동사 + S + V
　　　　　인간이 만들어 냈다

　　　　　various languages and alphabets to symbolize these "picture" messages.
　　　　　　　　　　O　　　　　　　　　　　　　　M
　　　　　　　다양한 언어와 알파벳을　　　이 '그림' 메시지를 기호로 나타내기 위해서

3

우리는 문자가 아니라 이미지로 생각한다는 내용으로 보아, ⑤ '그림 하나가 천 마디 말의 가치가 있다'는 속담을 추론할 수 있다.
① 말보다 행동이 더 중요하다
② 서투른 목수가 연장만 탓한다
③ 겉보기로 판단해서는 안 된다
④ 펜은 칼보다 더 강하다

구문 분석

[6행] An image has a **much** greater impact on your brain than words; the nerves from the eye to the brain are **twenty-five times larger than** the nerves from the ear to the brain.
▶ much는 비교급을 강조하는 부사로 a lot, still, far, even과 바꿔 쓸 수 있다.
▶ 「배수사 + 비교급 + than」 또는 「배수사 + as + 원급 + as」 구문은 '~보다 –배 더 …한'의 의미로 배수 비교 표현을 나타낸다.

VOCA plus
symbolize 상징하다
various 다양한
language 언어
blame ~을 탓하다
mighty 강한

Tip
• 부사구인 Only recently가 문두에 나와 있기 때문에 주어와 동사가 도치된 「have + S + p.p.」의 구조로 쓰였다.
• to symbolize ~는 '~을 나타내기 위해서'라는 의미로 목적을 나타내는 to부정사의 부사적용법으로 쓰였다.